Gebhard Kohler Theresia F. Honda

KIMYŌ ▪ Band II

Shugyō – Übung und Verzicht

„Warum findet ihr nicht von selbst das rechte Urteil?“
(Lukas 12,57)

Gebhard Kohler Theresia F. Honda

KIMYŌ

Band II
Shugyō – Übung und Verzicht

Ein Dokument
der Zen-Jou Community Foundation

eos

1. Auflage 2011

mail@eos-verlag.de
www.eos-verlag.de

ISBN 978-3-8306-7473-3

Bibliografische Information der Deutschen Bibliothek
Die Deutsche Bibliothek verzeichnet diese Publikation
in der Deutschen Nationalbibliografie;
detaillierte bibliografische Angaben
sind im Internet unter http://dnb.ddb.de abrufbar.

EOS Druck Sankt Ottilien
Printed in Germany

修行
黄檗泰山書

Kaligraphie „Shugyō“
von Sengoku Taizan Rōshi (仙石泰山老師)
der Ōbaku-Zen-Shule

Inhalt

Umkehr – Kimyō – im Kontext

Das für unsere Zeit notwendende Handeln ist Umkehr – *Kimyō* –: das Erwachen aus dem Lebens-Grund lässt das Ihm-Gemäße sowohl erkennen als auch Tat werden. Umkehr ist Abkehr von einer missverstandenen, missdeuteten Lebenspraxis; die verdinglicht instrumentalisierte Beugung des Lebens-Grundes unter die eigenen Interessen hat zur Folge, dass, wer darin befangen ist, sich von dem uns Erhaltenden ausschließt. Wahre Umkehr ist jedoch nicht nur Abkehr vom Widerspruch des sich Ausschließens vom Leben, sondern muss in Hinkehr zum *Leben-Selbst* münden: Umkehr wird zum Weg der Heimkehr.

Das hier dargelegte Erfahrene beruht in seinem Grund-Verständnis auf dem christlichen Glaubens-Weg. Die Auseinandersetzung mit verschiedenen außerchristlichen Glaubens-Wegen, vor allem das sich Ein-lassen auf den buddhistischen Übungs-Weg verschiedener Zen-Schulen in Ostasien, steht dem christlichen Glauben grundsätzlich nicht entgegen, sondern hat den Horizont unseres Glaubens erweitert und vertieft. Es ist zu wünschen, dass sich *das Wie* dieses Einwirkens dem Leser aus der Aneignung des Textes selbst erschließt; allerdings, der eigentliche Zugang liegt in der authentisch eingeholten Erfahrung. Unsere Absicht ist, für den Leser gegenwärtig zu halten, dass in all den Schriften die Berührung der Wege immer zugrunde liegt; deshalb wurde KIMYŌ als Leit-Chiffre für das erhellende Ausfalten des Dargelegten gewählt. Unsere intendierte Weg-Weisung ist sowohl die Darstellung des Unerwacht-seins, weshalb die Leidenschaft für die Welt erweckt wird, was uns vom Leben trennt, als auch die Schilderung des mühsamen Weges zum Erwachen.

KIMYŌ Bd. I hat zum Ziel, das Insgesamt des in den Parabeln Dargelegten zueinander in Beziehung zu setzen. Dies ermöglicht, das Ganze von einem externen Standort aus frei anzugehen, um Verborgenes in den Parabeln, das sonst leicht übersehen wird, sichtbar zu machen. Das oftmals vielschichtig Verwobene biblischer Aussagen mag hierdurch etwas deutlicher in unser Blickfeld rücken. Diese Schürfarbeit von verschiedenen Blickwinkeln aus gibt uns die Chance, außerchristliche Erfahrungen mit einzubeziehen. Der Grund, weshalb uns die Auseinandersetzung mit Lukas zu dieser Art der Darstellung bewegt hat, war die mühsam reifende Einsicht, dass man die Erzählung aufbrechen, ja vielleicht sogar zertrümmern muss, um den Lukanischen Text mit spezifischen Erläuterungen zu füllen, so dass sein eigentlicher Kern freigelegt werden kann. Das zertrümmerte Bild-Objekt gibt die Chance, aus seinen Teilen ein Mosaik zu bilden, welches dann als ein Ganzes seine ihm eigenständige Aussage-Kraft entfalten kann.

Der Grundtext *Unerwacht* ist als Einstieg schematisch-plakativ gehalten, seine Entfaltung geschieht in den *Erläuterungen*. Es ist ratsam, ihn im Kontext der Erläuterungen – soweit in diesem Band vorhanden – zu lesen, um sich in den variierten Wiederholungen nicht in der Meinung zu verfangen, das Gesagte sei so nicht mehr nötig; die Art des Textes ist eigens als ein Raster für die je spezifischen Erläuterungen angelegt. In ihnen wird das intendierte Bedeutungs-Feld der zentralen Begriffe des Grundtextes entfaltet. Wiederholungen sind nicht zu vermeiden, weil sich beim Lesen im jeweiligen Kontext Möglichkeiten eröffnen können, Semantisch-Verengtes aufzubrechen, dies vor allem hinsichtlich der Aussagen, durch welche die Bewusstseins-Struktur von je verschiedenen Blickwinkeln her offengelegt werden soll.

Im vorliegenden Band sind sieben zentrale Erläuterungen enthalten. In ihnen ist vor allem die Verschränkung des von uns her möglichen Bemühens – *Shugyō* 修行 – mit der notwendigen Dimension, das erbarmende Handeln des Himmels – *Jihi* 慈悲 – für das Gelingen des Weges dargelegt. Steht *Shugyō* im rechten Verhältnis zu *Jihi*, erweisen sie sich als das den Weg Tragende und das ihn Gelingen-lassende. Schlüssel-Worte wie das *Leben-Selbst* werden in den Erläuterungen vertieft; in den Texten deutet zum Beispiel der Begriff *Leben-Selbst* hin: auf Gott als Urgrund und Urheber von allem, aber es kann auch der Himmel schlechthin damit gemeint sein. Letztlich will es jedoch auf die *Inner-Trinitarische-Akt-Dynamik* hinweisen. Im Kontext dieses Bedeutungs-Feldes sind Personalpronomen – als Lesehilfe – groß geschrieben. Die beigefügten Anmerkungen als Ergänzung zu den Erläuterungen wollen weitere Verständnis-Hilfen geben, um spezifische Aspekte der in den Texten gemachten Aussagen zu vertiefen.

Entwicklungen, die sich im Text feststellen lassen, spiegeln unser jahrelanges Ringen um eine Klärung der *Berührungs-Pole* beider Wege. Auch alle unsere bisherigen Erfahrungen mit Sesshin-Teilnehmern sind ebenfalls eingeflossen, was vor allem für den rechten Umgang mit den Erläuterungen nicht übersehen werden darf. Um dem in der Thematik selbst liegenden Verflochten-sein der gemachten Aussagen gerecht zu werden, hat sich das Überlappen, ja das gegenseitige Durchfließen von Grundthemen über den jeweiligen Themenbereich hinweg als notwendig erwiesen. Die Erläuterungen sind also nicht je für sich als abgeschlossene Themen zu betrachten, sondern im Fortgang wird das zuvor Dargelegte unter bis dahin noch unberücksichtigten Aspekten weiter entfaltet. Für den Leser liegt darin nicht nur Mühe, sondern es gibt ihm auch eine Chance, in das Dargelegte auf dem Weg der Einholung tiefer einzudringen.

Professor Tamaki Kōshirō, ein Suchender und solider Kenner des buddhistischen Schrifttums – bis zu seinem Tod ein Praktizierender – war neun Jahre lang unser Lehrer. Wir haben allen Grund, für diese Begegnung dankbar zu sein. In den Gesprächen und seinen Weg-Weisungen ließ er uns teilhaben an seinem eigenen Weg, seinen Erfahrungen und Früchten. Aber auch seine Sorge um das rechte Verständnis der Tradition hat er mit uns geteilt. In einer Atmosphäre der Offenheit und des Wohlwollens hat er unsere Arbeit begleitet. Die Schriften, die er hinterlassen hat, fordern weiter zur Auseinandersetzung mit ihm heraus. Die übersetzten Auszüge aus seinen Werken sollen helfen, den *Shugyō-Weg* zu verdeutlichen: das innere Verkosten von Wahrheit, Freiheit und Leben, das in seiner Konsequenz zur Versöhnung mit sich, den anderen und mit dem *Leben-Selbst* führt. Das erfahrene Frei-werden vom Diktat des Eigen-Willens öffnet für den sich weitenden Sinn-Horizont des Mit-einander-lebens. Es wird bewusst, dass jeder Akt, der davon ausschließt, dem Leben-an-sich entgegen wirkt.

Im Ringen, um zum Kern dessen, was *Shugyō* ist, vorzustoßen, finden sich in den Erläuterungen die diesen Sachverhalt erhellend-stützenden Zitate aus dem Bonhoeffer Brevier. Die existentiellen Aussagen von Dietrich Bonhoeffer zielen ohne Umschweife auf das im Wort *Shugyō* implizit-intendiert Enthaltene: sich vom *Leben-Selbst* – Seiner Wahrheit – durchdringen und umformen zu lassen, um letztlich in sie integriert zu werden. Wer diesen Weg gehen will, kann nicht an der Oberfläche verweilen; er ist angefragt, sich für das mit dem Leben Übereinstimmende zu entscheiden. Im *Shugyō* geht es darum, dass sich die Finsternis unseres Bewusstseins lichtet: die Überwindung von Geburt und Tod. Das eigene Bemühen, durch das Bewegung in unser spezifisches Disponiertsein kommt, muss aus dem Glauben getragen, ja gestimmt sein, auf dass das Unheile im Erwogen-sein – um der wahren Früchte willen – heil werde.

Der vorgelegte Text, auf verschiedenen Ebenen gelesen, will Weg-Weisung zur Einholung der Erfahrung sein. Je nach seiner Voraussetzung kann der Leser das für ihn im Augenblick *Not-wendende* finden; entscheidend ist und bleibt: sich schlicht, ohne Vorurteil darauf einzulassen. Im Bild gesprochen ist es wie mit einer Pyramide, durch die wir verschiedene waagrechte Schnitte legen. Je tiefer wir die Schnittfläche ansetzen, desto größer wird sie: unser Text will so verstanden eingeholt werden. Deshalb sollte niemand enttäuscht sein, wenn zu Beginn – ihn schürfend – nur ein erster Zugang sich erschließt. Jede Ebene der Erschließung ist immer Einladung zum Aufbruch, sich auf den Weg in je tieferer Weise einzulassen.

Was die im Text vorkommenden chinesischen Zeichen – bezogen auf zentrale buddhistische Begriffe – betrifft, übten wir äußerste Zurückhaltung; es wäre nach unserer Überzeugung dem hier Dargelegten dienlicher gewesen, hätten wir uns mehr auf diese Art ausdrücken können, dies vor allem, da ihre Umschrift leicht am intendierten Bedeutungs-Feld vorbeizielt. Die Schriftzeichen wollen aus der Erfahrung, auf die sie hinweisen, bzw. die sie zum Ausdruck bringen, uns durch ihre bildfunktionale Charakteristik nicht nur Inhalte erschließen, sondern auch die Schleuse zum Nicht-Wissen auftun; zu einem Wissen, das nicht im instrumentellen Bewusstsein gebunden bleibt, sondern darüber hinaus weist.

Der Text intendiert nicht Wissens-Anhäufung, sondern es soll das Verlangen, sich auf den Weg zu machen, hiermit geweckt werden. Das Anliegen des Textes liegt also nicht im diskursiven Verstehen, sondern zunächst in der Reinigung des Herzens. Deshalb ist die Entscheidung zum Einstieg, der Entschluss zum Weitergehen und das Sich-angezogen-erfahren zum Auf-dem-Weg-bleiben, ja, das Weiter-voran-müssen, notwendig, da sich erst hierdurch das Dargelegte des Weges erschließt, wofür es Weg-Weisung sein will. In dem Maße, wie die intendierte Erfahrung eingeholt wird, stellt sich auf diesem Weg ein Ausgleich zwischen dem diskursiven Verstehen und dem Nicht-Wissen ein; die damit korrespondierenden Vermögen sind hier integriert. Um das diskursive Wissen mit dem in ihm grundgelegten Vermögen auszuschöpfen, dafür ist es verwiesen auf die Dimension des Nicht-Wissens, welches sich täglich neu aktualisierend vorwärts drängt und dadurch weitet. Nicht-Wissen ist fähig, seine ihm zugeordneten Erkenntnis-Funktionen zu relativieren und zu limitieren, d.h., all das Behindernde des Lebens in ihnen aufzudecken, um so den Menschen in die ihm eigene Freiheit zu führen, da Nicht-Wissen am Verobjektivieren der Bezugs-Felder nicht partizipiert. Hierdurch erwacht eine Offenheit im Bewusstsein, die das Zeichen des Lebens kreativ – nicht gebunden in Konventionen – annimmt.

Die buddhistischen Zitate und Gedanken, schlicht, das diesbezüglich einfließende Übungs-/Erfahrungs-Gut ist als wirkende Hefe intendiert, um das je spezifische der Wege – christlich-buddhistisch – aber auch ihre gemeinsame Basis in dem, was sie verbindet, aufzudecken, denn das sich Berührende lässt in die Kern-$_{F}$ – in ihr Verhältnis von Identität und Differenz – eintauchen und sie schürfend entschlüsseln. Hier finden wir die Naht-Stelle für das allen Wegen Zugrundeliegende; sind unsere Wege dort nicht verankert, bleiben sie in ihrem Vollzug problematisch.

Alle Übersetzungen aus den Werken von Professor Tamaki und Suttanipãta sind Eigen-Übersetzungen. Die hier verwendete Bedeutung der Fremdwörter, soweit sie nicht erklärt sind, möge sich aus dem Kontext erschließen; dies gilt vor allem für buddhistische Ausdrücke aus dem Japanischen und dem Sanskrit: ihre wahre Entschlüsselung ist verwiesen auf das erwägende Verkosten.

Zum Einstieg

Für das Verständnis der hier dargelegten Konzeption ist es unerlässlich, den Grundtext *Unerwacht* von den *Erläuterungen* klar zu unterscheiden. Dem Grundtext, dem das Schema eines Rasters zur Vernetzung der Erläuterungen unterlegt ist, sind deren siebenundsechzig Themen ihrem jeweiligen Bedeutungs-Feld gemäß placiert zugeordnet. Es geht hierbei nicht um eine in sich folgerichtige übliche Darlegung der spezifischen Themen, sondern durchgehend werden Problem-Knoten aufgezeigt, die alle – bezogen auf die Kern-$_F$ – sie umkreisen wie eine Kugel, um unter verschiedenen Blickwinkeln mittels solcher Knoten die Komplexität ihres Bedeutungs-Feldes ins Blickfeld zu holen. Die Struktur der im Grundtext nur andeutungsweise skizzierten Bedeutungs-Felder ist im Prinzip immer die gleiche: der Widerspruch der Differenz zur Identität der Kern-$_F$, die Möglichkeit seiner Auflösung und auch deren Folgen sind plakativ umrissen; wird die Aufhebung der vorgefundenen Widersetzlichkeit zur Identität der Kern-$_F$ verweigert, ist auch der hierdurch sich einstellende Schaden angedeutet. In Form einer Kugel, bildlich gedeutet, soll uns die kosmische Dimension der Kern-$_F$ – ihr Mikro-Kosmos – bewusst werden. Demzufolge zielt der hier vertretene Anspruch ihrer Restituierung nicht nur auf ein Kurieren von Details, sondern vielmehr die Komplexität des mit der Kern-$_F$ gegebenen Lebens will dadurch ins Blickfeld gerückt werden. Wird der Text *Unerwacht* als etwas üblich dargeboten zu Lesendes verstanden, dann ist der Leser in eine Richtung geführt, die ihm die Chance zum Einstieg nimmt und ihn fehlleitet, so dass das hiermit Intendierte ihm verschlossen bleibt. Die andeutungsweise umrissenen Problem-Felder im Grundtext korrespondieren mit den Erläuterungen; in ihnen ist das zunächst Skizzierte in seiner Bedeutung letztlich entfaltet.

Beim Lesen des Textes *Unerwacht* fällt die Wiederholung fast gleich lautender Aussagen auf, wodurch der Eindruck entstehen kann, als handle es sich hierbei um versehentlich Wiederholtes. Der Grund hierfür ist jedoch im sich Überlappen der Themen-Felder zu sehen. Die hier konzipierte Struktur der Erläuterungen schließt eine klare Trennung der Bedeutungs-Felder aus, und nicht nur das, sondern bei dem intendierten Versuch, den Mikro-Kosmos der Kern-$_F$ offen zu legen, ist es nicht möglich, eine klare Feld-Trennung aufgrund der Vernetzung der einzelnen Erläuterungen vorzunehmen, denn das würde die jeweiligen Bedeutungs-Felder eingreifend reduzieren. Solch eine Reduktion könnte zu dem Fehlschluss verleiten, als wäre es angängig, damit die Komplexität der Kern-$_F$ transparent auszusagen, um ihr so gerecht zu werden.

Unerwacht

Im Menschen sind zwei Grund-Anlagen[1] erfahrbar: die eine, das Wahre zu erkennen, gegeben aus dem *Identischen* des Seelen-Grundes, die andere, das, welches der Wahrheit nicht entspricht, für wahr zu halten, verursacht aus dem *Nicht-Identischen* der Seele, soweit sie eingetrübt ist. In dieser Anlage kann sich die Neigung des Menschen, sich zu erheben, verbergen. Die Ursache dieser Neigung vermag er von sich aus nicht einzusehen, weil die Kraft der Einsicht selbst davon betroffen ist.[2] Deshalb kann er sich das Recht nehmen, alles, was ihm dienlich zu sein scheint, mit gutem Gewissen zu beanspruchen. Gesteuert aus diesem vermeintlichen Recht verfängt sich sein Handeln, das den inneren Widerspruch spiegelt, in trügerischem Irrtum.

Aufgrund des Nicht-Identischen erfährt die Seele Mangel, ihre Bedürftigkeit. Dieser Mangel treibt den Menschen – bis hinein in seinen Alltag – zu einem Ausgleich.[3] Wenn er die Ursache seines Mangels wahrnimmt, erst dann weiß er um sein *Gespalten-sein* mit sich selbst und mit der gesamten Schöpfung: Heilung tut not.[4] Da uns aber diese Zwiespältigkeit nicht gegenwärtig ist, können wir nicht umhin, Ausgleichs-Objekte außerhalb des inneren Grundes zu suchen, mittels derer sich unser innerer Mangel jedoch nicht bewältigen lässt. Wäre uns dies bewusst, würden wir uns – veranlasst aus der erfahrenen Einsicht –, entscheiden, umzukehren, anstatt darin zu verharren. Solange wir in diesem Tun befangen bleiben, wird die Spaltung nicht nur nicht überwunden, sondern vielmehr vertieft sie sich, ja, letztlich verlieren wir uns darin. Je größer der Verlust, desto stärker wird das Verlangen, dem Pseudo-Gewinn nachzujagen: Selbstentfremdung ist die Folge. Es muss uns klar werden, dass wir aus dem fehlgeleiteten Verlangen die uns geschenkten Vermögen in der Zeit zerstreuen, anstatt zu sammeln. Denn im *Gegenwärtig-werden,* allein im Sammeln aller Vermögen, erschließt sich das Leben, wonach wir im Innersten dürsten.[5]

Sucht der Mensch den Ausgleich für seinen Mangel außerhalb seiner wahren Identität, so projiziert er sein Erwarten in ein Etwas: jedes mögliche Vorkommnis kann für ihn zum Objekt werden. Diese Projektion ist eine Selbst-Täuschung, denn er erschafft sich in diesem Akt seine Objekte. In dem Maße, wie er, in seiner Absicht gebunden, draußen verweilt, erfährt er Verlust, der zur *Ent-Täuschung* führt. Indem die Objekte durch Enttäuschung ihre Anziehungskraft verlieren, verfällt er nicht selten auf sich selbst als Objekt der Objekte: *sein Ich ist nun für ihn letztes Refugium.*[6] Aus dem Tausch dessen, was wahr ist, mit dem, was er für wahr hält, kann in ihm die Illusion nisten, er sei in seinen Grund gekehrt. In Wahrheit aber ist er durch diesen Tausch in seiner Ich-Sucht eingeschlossen; der Riss der Spaltung vertieft sich, sein Mangel bleibt unerfüllt.

Unser *Mensch-sein* ist aufgrund des Nicht-Identischen zum Identischen unausweichlich in die Entscheidung gestellt. Das Identische, verwiesen allein auf das *Leben-Selbst,* ist unberührbar von allem, was Ihm ungleich ist. Im Nicht-Identischen jedoch ist unser Mangel – als eine Folge des Ungehorsams – grundgelegt. Wäre in uns keinerlei Störung, würde das Nicht-Identische vom Identischen erfüllt. Aus diesem *Erfülltsein* könnten wir die Entscheidung für das *Leben-Selbst* ohne Selbst-Täuschung fällen.[7] Indem der Mensch sein *Gestört-sein* als Tatsache annimmt, wird er einsichtig, dass sein Mangel nicht von den Objekten, an denen er anhaftet, sondern vom Identischen erfüllt werden muss. Die Bedingung hierfür ist die Bereitschaft, sich entschieden dem *Leben-Selbst* zu stellen.[8] Weil wir jedoch von dieser Störung nicht nur befallen, sondern beherrscht sind, können wir die Entscheidung für das uns Leben-Schenkende *ohne wenn und aber* nicht treffen. In diesem Unentschieden,[9] in dem wir verweilen, suchen wir infolge unseres Mangels die Stimme aus dem Zeitlosen zwar zu vernehmen, aber gleichzeitig haften wir weiterhin am Zeitgebundenen, ohne uns des Widerspruchs bewusst zu werden. Aufgrund des *Unentschieden-seins* geben wir dunklen Mächten einen Anlass, unseren Mangel mit dem Ihrigen zu füllen, uns fehlzuleiten und in Finsternis zu binden.

Jede Entscheidung, die der Mensch zu treffen vermag, hängt ab von seinen Dispositionen,[10] die dem in ihm Grundgelegten – dem Wahren – widerstreben. Soweit er von ihnen gereinigt und befreit ist, kommt ihm unmittelbar die Entscheidung aus dem Identischen zu. Erst dann wird er fähig, das Unbegreifliche aus dem *Leben-Selbst* von dem Ihm Widerstreitenden klar zu unterscheiden. Jedoch: unsere Entscheidungen sind oftmals getroffen aus Interessen, die ihren Beweggrund in unseren Dispositionen haben. Gesteuert aus ihnen sind wir unfähig, zu unterscheiden, aus welcher Verursachung der Handlungs-Impuls stammt; verblendet richten wir unser Augenmerk primär auf das Begreifliche. Zwar wollen wir leben, ja sogar ewig, aber ohne frei zu werden von den Dingen, an denen wir haften: für das Unbegreifliche verweilen wir im Unentschieden.[11] Dieses Verhalten, das wir aufgrund unserer Feigheit sogar rechtfertigen, ist nichts anderes als eine Verweigerung des authentischen Lebens.

Die bestimmende Willenskraft zur Entscheidung für das *Leben-Selbst* kommt dem Menschen aus dem Identischen zu. Aufgrund seines *Gestört-seins* in der Differenz vermag er aus eigener Kraft diese Entscheidung nicht zu treffen. Dennoch ist er dazu berufen, ihr nicht auszuweichen, weil er erst durch sie – die Trennung mit allem Lebenden überwindend – authentisch Mensch sein kann.[12] Hierzu bedarf er der *Initiation*, die durch *Übung und Verzicht* ausreifen muss.

Das *Leben-Selbst* lässt uns im Alltag, oft sogar in einem schlichten Ereignis, Seine Gegenwart erfahren. Eine Blume zum Beispiel kann uns in ihrer Absichtslosigkeit treffen, uns zur Einsicht führen, wie sehr wir in Absichten gebunden sind.

Wer davon wirklich initiatorisch berührt wird, kann innerlich nicht zur Ruhe kommen. Versucht er ehrlich, von seinen Absichten frei zu werden, dann sieht er allmählich, wie tief sein Eigen-Wille,[13] der aus eigener Kraft nicht zu überwinden ist, in ihm wurzelt. Das Erkennen dieser Tatsache lässt einen tiefen Zweifel in ihm – an sich selbst – erwachen, so dass er in seiner erfahrenen Ausweglosigkeit, seiner Not, um Hilfe ruft. Soweit das Rufen seinem aufrichtigen Herzen entspringt, wird ihm Hilfe zukommen. Bleibt aber die Hilfe – für ihn erfahrbar – aus, so muss er lernen: der Not-Schrei ist möglicherweise nicht aufrichtig, oder der Zeitpunkt für die Antwort ist noch nicht gekommen, weil durch den anhaltenden Schmerz ein Reifungsprozess geschehen soll. In vorbehaltloser Annahme dessen, was er ist, kann sich für ihn der Weg von der Äußerlichkeit zu seiner Wurzel auftun.[14] Ein Weg des Vertrauens, der das innere Auge öffnet, lässt ihn erkennen, dass alles Unversöhnte der Aussöhnung bedarf.

Im schlichten Geschehnis mit der Blume wird Empfangen und Geben gegenwärtig. Das, was sie empfängt zu ihrem Dasein, teilt sie als Lebensfreude mit. Hat sie ihren Auftrag erfüllt, verwelkt sie, als nähme sie ihre Vergänglichkeit stillschweigend an. Von ihr kann der Mensch lernen, dass er seine Vergänglichkeit, die bis dahin verdrängt war, auch annehmen muss. Letztlich ist es das Öffnen hin auf das *Leben-Selbst*[15], das ihn erkennen lässt, dass er primär doch nur empfing und nicht wirklich fähig war, zu geben. Nun wird er für das Empfangene dankbarer und begegnet dem Unbegreiflichen, das allem Leben schenkt, ehrfürchtiger. In ihm wächst die Bereitschaft zu teilen: sein Empfangen und Geben wird offener und ist immer weniger in versteckten Absichten gebunden. Indem er sich entscheidet, das Vergängliche zu lassen, um vom *Leben-Selbst* geführt zu werden, hat für ihn der Weg der Läuterung, der nicht zu trennen ist von der unablässigen Umkehr, begonnen. Das Erwachen auf das *Leben-Selbst* hin macht ihn fähig, sowohl das Empfangen als auch das Weiterschenken geschehen zu lassen, so dass er von den darin wirkenden Ich-Absichten befreit wird. Ihm wird alles Lebende, das er zuvor eher als Objekt betrachtete, nicht mehr fremd, sondern vertraut. Seine Trennung vom Einen, aus dem alles geworden ist, wird überwunden. In ihm wird der Wille, mit allem Lebenden zur Ur-Quelle des Lebens zurückzukehren, lebendig.

Obwohl wir ahnen, dass unser Leben vom *Leben-Selbst* umfasst ist, suchen wir es – wie absurd es auch sein mag – außerhalb von ihm. Jeder, der seine Entscheidungen aus dem Eigen-Willen trifft, schließt sich von dem, was sein Leben trägt, aus. Da uns dieser Sachverhalt aufgrund unseres Unwissens[16] nicht einsichtig ist, scheitern wir oft im Handeln aus vermeintlich guten Absichten.[17] Die Versuchung ist groß, die Ursache des Scheiterns außerhalb von uns selbst zu suchen: der innere Zwiespalt vertieft sich. Misstrauen[18] keimt, dessen Gesichter sind: Angst, Gleichgültigkeit, Hass, Mutlosigkeit, Ungeduld und Zorn. Aus dieser Hinfälligkeit sind wir versucht, das Leben, das Unverfügbare, noch mehr zu verfügen, unter Umständen sogar durch versteckte Akte der Rache zu schädigen, die sich nicht selten als Schadenfreude entpuppen. Wird hier nicht unsere Unfähigkeit zu verzeihen – *das Unversöhnt-sein* – sichtbar![19] Darum ist das Selbst-Erkennen äußerst vonnöten,[20] indem wir dem, was unser *Mensch-sein* ausmacht, unbeirrt begegnen; sonst bleiben wir nach wie vor im Dämmerzustand zwischen Leben und Tod.[21]

Wie absurd ist die Tatsache: wir suchen mit unserem Eigen-Willen das Leben zu verfügen, um etwas zu sein, dennoch teilt sich uns das *Leben-Selbst* frei vom *Verfügen-wollen* unablässig mit. Unsere Erbärmlichkeit und *sein Mit-leiden* werden hier sichtbar. Im Spiegel seines Erbarmens sollen unsere Missetaten, unter denen wir – oftmals uneinsichtig – leiden, erkannt werden; denn wir können *unser wahres Gesicht* nur in diesem Spiegel schauen.[22] Sein erbarmendes *Zu-Wenden,* selbst in den kleinsten Dingen, lädt uns ein, zu Ihm zu kehren.[23] Indem uns dies einsichtig wird, im Kleinen wie im Grossen, entdecken wir unser *Geborgen-sein;* Dankbarkeit müsste daraus entspringen. Nur ein in Wahrheit dankbarer Mensch vermag den Ruf des Lebens zu hören und darauf zu antworten. Die Wirklichkeit Seiner Zuwendung bleibt einem Menschen, solange er sich selbst zugewandt ist, verschlossen. Daher erkennt er nicht, dass ihm eine Fülle von Leben, worin er eingebettet ist, zukommt. Trotz unserer Blindheit kann sich *aus Seinem Erbarmen* Entscheidung ereignen, denn im *Je-Schon* ist das *Noch-Nicht* verborgen; es ist unmöglich, sich für das *Je-Unbekannte* zu entscheiden. In der Identität nämlich birgt sich das Vermögen, dass wir uns willentlich der Entscheidung für das *Leben-Selbst* stellen können. Wer sich dieser Entscheidung stellt, begibt sich – *von Ihm geführt* – auf den Weg der Läuterung,[24] worin sein Wille letztlich im Willen dessen, das uns leben lässt, sich einfindet.

Nur im Vertrauen auf das *Leben-Selbst,* das wir als solches – ohne Warum – annehmen, erschließt sich uns das Unbegreifliche.[25] Hieraus vermögen wir eine Entscheidung für das Lebens-Ganze zu treffen, die in ihrem Vollzug oftmals Zeitbedingtem entgegensteht, so dass ihre Früchte nicht selten erst im Nachhinein sichtbar werden. Soll selbst eine Entscheidung innerhalb dessen, was wir begreifen können, Früchte des Lebens tragen, muss sie ihren wahren Ursprung im Unbegreiflichen haben, aus dem das Leben ununterbrochen fließt. Da uns aber das Begreifliche näher zu liegen scheint, sowohl was sein Erreichen als auch die Früchte daraus betrifft, neigen wir dazu, uns dem Greifbaren zuzuwenden. Das Unbegreifliche wird verstellt, das Begreifliche – trotz seiner Vergänglichkeit – gewinnt Absolutheits-Charakter. Vergänglichkeit jedoch, die unsere Verdrängung des Todes bewusst werden lässt, erweckt Angst, die das Dasein bedroht. Diese tief in uns wurzelnde Angst ist eigentlich die treibende Kraft, uns in der Vergänglichkeit einzukapseln. Verharren wir im Unentschieden, indem wir uns nicht auf das Unvergängliche hin öffnen, wird das Vermögen, uns für das Leben zu entscheiden, vergeudet: unentschieden verderben wir. Dessen ungeachtet meldet sich Unruhe aus dem Identischen, die uns drängt, die Entscheidung für das Leben zu treffen; diese Unruhe[26] dauert an, bis wir der Mahnung aus dem Identischen horchend folgen, damit unser Inneres von der Anfüllung mit der weltlichen Sorge, vom Festklammern an sich selbst, befreit, ja gereinigt wird. Das *Gereinigt-werden* ist fundamental für das Weg-Verständnis, denn Ich-Anhaftung ist deckungsgleich mit Finsternis. Sie kann sich selbst den Anschein des Wahren geben, so dass wir sie für wahr halten und ihr erliegen.

Unumgänglich ist für uns, dass wir die Verstecke in uns lichten lassen, denn in ihnen verbirgt sich die Ursache der Uneinsichtigkeit in unser zwiespältiges Handeln. Gesteuert aus den in uns wirkenden dunklen Kräften, trachten wir, das Leben zu verfügen. Es ist absurd, dass wir oftmals aus Unwissen diese versteckten Behausungen in uns verteidigen, sie sogar zu rechtfertigen suchen. Wir wollen weder des Wahren, dessen Willen gemäß wir ursprünglich geschaffen sind, noch des Unwahren, das uns in seinen Diensten bindet, innewerden. Je mehr wir diese Verstecke zu bewahren suchen, desto mehr verhärtet sich unser Herz. Aufgrund der Unentschiedenheit lassen wir das Dunkle unerkannt – sich mit Schein-Wahrheiten tarnend und durch gut scheinendes Handeln täuschend – wirken.[27] Aus dieser Grundhaltung entsteht das zerstörerische Leiden, das sich naturgemäß auch auf das Umfeld überträgt: das im Versteck hausende Unfassbare trachtet unsere ganze Lebenswelt zu durchdringen. Die negativ initiierende Kraft bindet und verbindet die darin Verstrickten. Sie trennt uns vom Leben, so dass wir – oftmals unwissend – in Widerspruch zu ihm treten. Der darin tief Befangene trachtet mit allen Mitteln, dem *Leben-Selbst* zu entfliehen. Er kann sich nicht vorstellen, wie die Welt nach dem Erwachen aussehen könnte. Trotz des Leidens verharrt er in seinem *Befangen-sein*, weil es nun für ihn zum Lebensinhalt geworden ist. Deshalb kann er sich der Illusion hingeben, er sei nicht vom Leben getrennt. Aus diesem Gefängnis kann keiner sich selbst befreien. Nur das *Leben-Selbst* kann uns das Tor zum Leben öffnen, indem es uns eine authentische Erfahrung schenkt.

Wenn aus der authentischen Erfahrung[28] des Unbegreiflichen der Anlass zur Umkehr geschenkt wird und der Mensch sich dazu entscheidet, diesen Weg – geführt aus dem Identischen – unbeirrbar zu gehen, dann wird er selbst von dieser Erfahrung frei und haftet nicht daran. Das *Leben-Selbst* führt ihn zum Grund und begegnet ihm dort: wahre Umkehr vollzieht sich. Da erkennt er, dass das Empfangene eine Gabe des Lebens ist, denn alles ins Leben zu rufen, auf es hin zu befreien, ist Sein Wille. Wer jedoch in seiner Erfahrung hängen bleibt oder diese sogar ignoriert, verweigert den Ruf zur Umkehr, so dass er nicht nur dem Grund, dem dieser Ruf unablässig entspringt, sondern auch allen und allem gegenüber die Umkehr schuldig bleibt. Weshalb? Weil dieser Ruf zur Umkehr über den Gerufenen hinaus auf das Größere hin verantwortet werden muss. Fasst er aber die Erfahrung emotional auf und folgt deshalb dem Ruf nicht, so bleibt er in ihr gebunden, wodurch sein Eigen-Wille erstarkt. Nun ist er genötigt zu glauben, dass die Erfahrung selbst genüge. Aus dieser Überzeugung sucht er in allem sich selbst zu bestätigen. Sein Zuwiderhandeln sollte jedoch sowohl vor ihm selbst als auch vor den anderen verborgen bleiben. Furcht davor, entlarvt zu werden, zwingt ihn, seine Rolle weiter zu spielen. Er muss nun ständig etwas leisten, weshalb er nicht zur Ruhe kommen kann. So fällt er dadurch, dass er diesen Ruf aus dem Identischen zur Entscheidung für das Leben verdrängt oder sogar zur eigenen Gunst missdeutet, in die *Machenschaft*.[29]

Der aus Verblendung durch das Ich, aus Ungehorsam, in die Machenschaft gefallene Mensch glaubt, sein Geschick aus eigener Kraft verfügen zu können. Durch diese Art des Schaffens, dem er anhängt, entfremdet er sich von sich selbst und letztlich vom Lebens-Ganzen. Die treibende Kraft dieses Machens ist der Eigen-Wille, vor allem das durch eine authentische Erfahrung gestärkte Ich, das versteckt Ansehen und Herrschaft sucht; dieses Ich will bedient werden, weshalb es versucht, seine Mitmenschen zu verdinglichen. Eine solche Grundhaltung, sei es aus Furcht oder Genugtuung, ist ausgerichtet hin auf das innerweltlich Verabsolutierte, nicht auf das *Leben-Selbst*. Machenschaft, getarnt mit einem lebensfreundlichen Gesicht, ist letztlich immer gesteuert aus dem Lebensfeindlichen – dem Widergöttlichen –, so dass die damit einhergehende Unterdrückung, unter der wir leiden, als Tatsache weitgehend uneinsichtig bleibt und umso wirksamer werden kann. In die Machenschaft gefallen ist nichts anderes, als das Eigene zu suchen. Alles allein aus eigener Kraft leisten zu können, wie wir glauben, ist aus dem Anspruch des Eigen-Willens verursacht. In dieser Weise vermögen wir dem *Leben-Selbst* im Menschen, in der Natur und in den Dingen nicht authentisch zu begegnen. Wäre all unser Tun und Lassen in Übereinstimmung mit dem *Leben-Selbst*, würde das Empfangen und das Geben in Einheit fallen.[30]

Echte Erfahrung will den Menschen immer zur Umkehr führen: Umkehr, indem menschliches Bemühen und das ihm Zukommende als Geschehnis ineinander wirken. In dem Maße, wie wir von unserem Grund getrennt sind, ist es uns in tieferer Weise verwehrt, auch unserer Bedürftigkeit einsichtig zu werden. In dieser Befindlichkeit, gebunden in Unfreiheit, sind wir aus unserem Misstrauen und Trotz fehlgeleitet. Wir neigen deshalb sehr zur Annahme, dass die Kraft, aus der der Weg zur Umkehr gegangen werden kann, durch das Vermögen eines besonderen Menschen zu empfangen sei. Die Entscheidung, die wir zu treffen haben, sollte sich dagegen stets vom göttlichen Entschluss, den ganzen Kosmos durch Christus mit sich zu versöhnen, geleitet wissen. In diesem Wissen können wir nicht nur unsere Bedürftigkeit, sondern auch den in uns gelegten Grund als wahr begreifen und annehmen. Der Weg zum Grund, die Umkehr, ist deshalb der Weg zur Befreiung vom Ego-Willen, auf dem uns diese beiden Einsichten begleiten. Der in Wahrheit Umgekehrte, der

Freigewordene, ist in seinem Vertrauen mitsamt – *zu sich und zum Leben-Selbst* – nicht mehr gestört.

Eine echte Erfahrung des Unbegreiflichen aus dem Lebens-Grund lässt sich weder festhalten noch verdinglichen. Das wäre völlig gegen ihre Natur! Weil das Vermittelte aus dem Lebensstrom zufließt, kann und darf man nicht daran haften. Sonst schlägt die Erfahrung ins Negative um und erstarrt. *Erfahrungen* aber, die der Mensch selbst erzeugt, weil er ein Etwas – das Besondere – sucht, woran er anhaften kann, sind abzulehnen. Eine Erfahrung, deren Ursache er selbst ist, ist nicht nur nicht echt, sondern in ihren Früchten verbirgt sich Verderbnis: indem das dem Leben Widersprechende den Ich-Anspruch rechtfertigt, kann es ihm gelingen, den Menschen aus dem gestimmt-sein seiner Dispositionen fehlzuleiten und ihn vom Lebensstrom zu trennen.

In der Folge unechter Erfahrungen, manipuliert von dem, was aus Missverständnis dem Leben widerstreitet, gibt es drei Kategorien:

- Innerhalb des Religiösen: da der Mensch nicht erkennt, dass er sich im Widerspruch zu seinem Grund befindet, ist er überzeugt, er stehe in der Wahrheit. Sein *Für-wahrhalten* rechtfertigt das eigene Handeln, so dass er nicht nur sich selbst, sondern auch die anderen täuscht und damit großen Schaden stiften kann: hier berühren wir die Ursache der religiösen Unterdrückung.
- Außerhalb des Religiösen: willentlich versucht der Mensch, indem er das Religiöse ignoriert, sich von seinem Grund zu trennen. Jedoch, um seine Haltung zu rechtfertigen, benötigt er einen Ersatz, den er trotz dessen Nichtigkeit für wahr hält und sich damit identifiziert. Er geht sichtbar nicht nur den das Leben verneinenden Weg, sondern auch andere zieht er mit hinein, die sich ihm – aus welchem Grund auch immer – anschließen.

– Die sich dazwischen Irrenden: überwiegend aber verhalten sich die Menschen dazwischen, weil ihnen der innere Anlass zur Entscheidung für oder gegen das Religiöse fehlt. Wie es scheint, fehlt ihnen nichts. Was ist nun aber ihre Erfahrung? Sie ist kollektiv![31] Weil der Urheber des Kollektivs nicht fassbar ist, bietet es sich an, der Verantwortung auszuweichen. Sie versuchen in all ihrem Tun und Nicht-tun sich als *man* zu verhalten: *man macht ..., man denkt..., man sagt..., man ist überzeugt, dass ...* etc. Feigheit und Berechnung bestimmen das Verhalten, dabei zu sein. Sie sind Mitläufer, weil das Vermittelte durch seine kollektive Erscheinung für sie Wahrheits-Charakter zu haben scheint: fraglos fühlen sie sich darin geschützt. Deshalb trachten sie nicht danach, dieser trügerischen Tatsache zu entfliehen. Es bleibt die Frage, warum ist der Mensch weithin unfähig, sich aus seinem Grund führen zu lassen?

In einer authentischen Erfahrung teilt sich das *Leben-Selbst* mit. Ereignet sie sich für denjenigen, der sie für sich sucht? Nein! Die Erfahrung selbst kann und darf nicht das Ziel sein. Überdies blockiert die darin wirkende Absicht das Ereignis; und selbst wenn sie sich ereignen würde, wäre ihr Inhalt für den Empfangenden wohl verstellt. Durch sie will das *Leben-Selbst*, indem es in uns den Durst nach der wahren Lebensquelle stiftet, den Weg zur Umkehr weisen. Das Erfahrene muss restlos auf Seine Quelle rückbezogen, ihr treu überlassen werden, um von dort Weg-Weisung zu empfangen. Gehen wir jedoch mit einer uns zugekommenen authentischen Erfahrung unachtsam um, so erleiden wir Schaden: das Verkostete wird veruntreut. Unser innerer Widerspruch, der durch jene Erfahrung aufgedeckt werden sollte, wird uns nicht nur nicht einsehbar, sondern wir werden in ihm tiefer gefesselt. Unachtsamkeit kommt aus Unwissen, dem fundamentalen Mangel, die Wahrheit zu erkennen. Die Neigung, die in der Erfahrung aufgetragene Verantwortung[32] zu ignorieren, zu verdrängen oder zu verweigern, nimmt zu. Wird die Verantwortung, umzukehren, nicht erkannt, so folgt daraus Leiden ohne Einsicht in dessen Ursache. Es ist Unwissen, zu glauben, man könne in der Erfahrung verweilen. Im Verweilen geht es primär um die genannte Verweigerung der Verantwortung; sie geschieht, weil die Erfahrung für die derzeitigen Interessen ein Hindernis ist. Diese Ignoranz, Verdrängung oder Verweigerung kann sich auf vielerlei Weise äußern. Es geht dabei immer um den eigenen Vorteil: das Ich benützt und missbraucht die Erfahrung als Mittel, um sich zu erheben. Unachtsamkeit[33] im Umgang mit allem mündet letztlich in Schuld. Wer aber achtsam dem Ruf zur Umkehr folgt, für den geschieht innere Befreiung von dem, was ihn manipuliert und quält. Je tiefer er die Refugien des Dunklen in sich schaut und dies bejahend annimmt, desto klarer wird ihm die Ursache seines Leidens: unversöhnt nistet dieses und jenes in ihm.[34] Der Weg des Lassens all dessen, an dem er haftet, lässt ihn *das falsche Sich-behaupten* durchschauen. Je tiefer er zur Wurzel der Störung – die innere Finsternis durchschreitend – hinabsteigt, desto freier wird er von verkehrten Bindungen: was er zuvor für glaubwürdig hielt, wird nun gegenstandslos. Der Weg kann zwar in diesem Leben begonnen, jedoch nicht vollendet werden. Denn der Mensch kann aufgrund seines verwobenen und darum zu verantwortenden *In-der-Welt-seins* nicht ganz frei werden von dessen Komplexität.

Auf diesem Weg ist das *Leben-Selbst* von Anfang an das eigentlich Handelnde. Kehrt der Mensch in seinen Grund,[35] so erhält er dort Einsicht in das ihm Aufgetragene. Zum ersten Mal geht ihm in Wahrheit der Sinn seines Daseins auf, seine Mitverantwortung auch für das Leiden in der Welt. Durch das existentiell einbezogene Erfahren von Leiden wird sein zuvor distanziertes *Unbeteiligt-sein* als Illusion entlarvt, denn jedes Ereignis trifft immer das Ganze. Das *Mit-leiden* zu vollziehen ist unmöglich, ohne dass der Weg des Sterbens im Eigen-Willen eingeschlagen wird: allerdings ist dieser Weg aus eigener Kraft allein nicht begehbar. Wer dem Weg des *Mit-leidens*[36] um der Umkehr willen treu bleibt, dem wird der

Sinn des *Mensch-seins* – erlöst zu werden – offenbar, indem das *Leben-Selbst* ihn dazu ruft und durch ihn wirkt: Nachfolge ist der Weg. Wer dagegen, aus welchem Grund auch immer, dem Ruf nicht folgt, dem verstellt sich der Weg zum Leben; die daraus zutage tretende Gewissens-Unruhe bleibt. Diese Unruhe zu verdrängen mündet in Schuld,[37] fesselt und agiert als Ursache für schwer aufzulösende Dispositionen.

Auf dem Weg lauern immer und überall Hindernisse, die uns das Weitergehen verwehren oder uns fehlleiten wollen. Selbst wenn für uns die Entscheidung zur Nachfolge außer Zweifel steht, kann es den Augenblick, in dem wir zu Fall kommen, doch geben. Unsere Entscheidung wankt, solange wir nicht frei sind vom Anhaften an das *Vergängliche.* Die Einsicht in diese Tatsache muss uns geschenkt werden. Je tiefer uns unser Unvermögen *aufgeht,* um so mehr kann das *Leben-Selbst* in uns wirken, weil es gerade dort, wo wir aus uns selbst nichts mehr vermögen, das Seine hineingießt. Wie und wann sich dies ereignet, bleibt uns letztlich verschlossen. Das Empfangene will und kann nur im Vertrauen fruchtbar werden.

Das *Leben-Selbst* schenkt sich, der Mensch empfängt: was im Augenblick Not tut, wird ihm für sein Weitergehen gegeben. Indem er sich in völliger Zuversicht zu Ihm, der Quelle des Lebens, wendet und Ihm in seiner Hingabe für das Empfangene dankt,[38] antwortet er auf Seinen Ruf. In seiner Antwort, ohne Zwiespalt im Herzen, verantwortet er die empfangenen Gaben. Das Empfangen geschieht schlicht im Vertrauen. Je aufrichtiger er nach dem *Leben-Selbst* – Seinem Willen – verlangt, desto entschiedener kann er sich von seinem Eigen-Willen lösen; seine Ehrfurcht vor Ihm[39] läutert sich, sie ist nicht mehr gebunden in kleingläubiger Furcht. Diese Ehrfurcht aber muss seinem Grund entsprungen sein, denn hierdurch wird *das Verwiesen-sein der Identität auf das Leben-Selbst,* welches sich in ihr mitteilt, manifest. Es ist unmöglich, dass derjenige, der sich ehrfürchtig dem *Leben-Selbst* völlig überlässt, von Ihm nicht durchdrungen wird. Wäre es nicht so, würde Es zu sich selbst im Widerspruch stehen. Ihm ist es eigen, alles, was ehrfürchtig Leben begehrt, damit zu erfüllen. *Das Erfüllt-sein* entlarvt die dunklen Mächte, bewahrt vor ihren Fallstricken und gibt dem Erfüllten die Kraft, in der Bedrängnis standhaft zu bleiben: eben diese Einung, das Erfüllt-sein, wollen die dunklen Mächte hindern, indem sie sich in das Zueinander von Identität und Differenz – in Analogie des Leben-Schenkenden zum Empfangenden – einzumischen versuchen. In ihrer Absicht trachten sie danach, das Bewusstsein des Menschen zu verdunkeln,[40] um ihn von der *Akt-Dynamik – dem wahren Lebens-Austausch* – abzutrennen. Dies kann ihnen deshalb gelingen, weil in uns das damit Korrespondierende, nämlich Finsternis haust. Je entfernter der Mensch vom Lebens-Fluss ist, desto verdunkelter wird sein Bewusstsein; Geist, Seele und Leib sind davon betroffen: dessen Folge sind *Gier, Zorn und Unwissen.*[41] Untergeordnet seinen Interessen erstarrt das vom Leben Empfangene, denn es verliert die Authentizität, die nur im Lebensfluss erhalten bleibt. Die daraus entstehende Verschuldung tritt unweigerlich zutage. Weil die Schuld, das Ungelöste, zu einem Hindernis der Einsicht in sich selbst wird, kann er getäuscht *aus eigener Kraft* zu leben versuchen. Aufgrund des Widerspruchs zu sich selbst – zu der in seinen Grund gelegten Identität – verliert er im eigentlichen Sinn sein *Mensch-sein*: die Umkehr ist blockiert.

Dieses fundamentale Hindernis trifft nicht nur das instrumentelle Bewusstsein, sondern reicht tief hinein bis in die Differenz der *Kern-*$_F$. Wer glaubt, über die instrumentellen Vermögen das Hindernis auflösen zu können, unterschätzt dessen Ausmaß, denn das Erkennen insgesamt ist davon befallen.[42] Was kann uns aus dieser Verblendung befreien? In einem Ereignis, dessen handelnde Kraft das *Leben-Selbst* ist, spiegelt sich der eigene Widerspruch. Durch das in die Identität eingegossene Licht aus dem Leben-Schenkenden schauen wir die Finsternis – den Schatten des Todes –, hierdurch will das Verlangen nach dem Unvergänglichen erweckt werden.

Im Versuch, der inneren Finsternis zu entfliehen, erkennen wir unausweichlich, dass die Störung, die unser Vertrauen unterwandert, nicht aus eigener Kraft zu bewältigen ist. Im Vertrauen auf die Kraft des Unbegreiflichen wird uns der Weg der Umkehr erschlossen; unser Wille muss diese Entscheidung mittragen, denn dafür ist er *das not-wendige Werkzeug*. Je mehr das Vertrauen wächst, umso weniger kann der Selbstanspruch des Eigen-Willens[43] Schaden stiften, so dass die dem Grund widersprechenden Absichten und deren Folgen allmählich versiegen. Ungeteiltes Vertrauen gibt dem Eigen-Willen keinerlei Spielraum. In dem Maße, wie der Eigen-Wille sich in den Willen des Lebens – sein erbarmendes Handeln – integriert, werden wir fähig, uns für das *Leben-Selbst* klar zu entscheiden. Das Eigene zu suchen, schmeckt nun nicht mehr, ja, es schmerzt sogar. Was würde geschehen, sollten wir uns dennoch gegen das Wirken des Lebens erheben? Wir würden dies als gegen uns selbst gerichtet erfahren und dadurch die aufgetragene Verantwortung verraten: eben davor will das *Leben-Selbst* uns bewahren.

Die ganze Schöpfung teilt uns das Leben, das sie in sich birgt, zeichenhaft in ihren Erscheinungen mit. Auch sie harrt sehnsüchtig, von der Vergänglichkeit, der sie unterworfen ist, befreit zu werden.[44] Diese Fesseln können weder der Mensch noch die Natur aus eigenem Vermögen lösen. Deshalb muss das *Leben-Selbst* in Seinem erbarmenden Handeln uns zu Hilfe kommen, um das Tor zum Leben zu erschließen.[45] Soll das erschlossene Tor für uns zur Gewissheit werden, sind wir aufgerufen, umzukehren. Indem wir uns im Vertrauen auf den Weg des Erwachens begeben, geschieht Umkehr. Wahres Erwachen vollzieht sich immer in Einheit mit dem in der ganzen Schöpfung gegenwärtigen Willen des Lebens. Sich nicht dem Eigen-Willen zuzuneigen, ihm nicht mehr zu folgen, ist ein Zeichen des Schweigens: im *Schweigen* allein kann jener Wille vernommen werden. Wie sehr in unserer ruhelosen Welt dagegen der – *von ihr gerechtfertigte* – Ich-Wille sich durchsetzen kann, zeigt sich in der von ihm belegten und dadurch entwerteten Zeit. *Das Überhören jenes Willens* bringt unseren sorglos anmaßenden Macht-Missbrauch hinsichtlich unserer Lebenswelt mit sich. Hierdurch kann für uns alles, was dienend unser Leben mit trägt, zum bloßen Objekt werden. Die gegenwärtige Lebenswelt spiegelt die Ignoranz der uns anvertrauten Verantwortung und kann deshalb für uns nicht mehr zum Anlass der Lebens-Wende werden. Die Konsequenz daraus trifft auch den *gegen seine Verantwortung* Handelnden selbst. Die Ursache seines Verhaltens ist ihm allerdings aufgrund seiner Dispositionen uneinsichtig, obwohl er unerbittlich davon eingeholt wird. Die Eintrübung im Speicher seines Bewusstseins korrespondiert mit einer dazu auftretenden Affektion, die das weitere Handeln bestimmt. Der ihn selbst treffende Schaden besteht zunächst in der weiteren Eintrübung seines Bewusstseins, weshalb er fortfährt, sich in illusionärer Weise zu verhalten, nämlich in der trügerischen Überzeugung, alles, was er tut, sei sein Recht. Er kann und will nicht einsehen, dass er von den daraus folgenden Konsequenzen nicht unberührt bleibt.[46] Würde jemand, der in Wahrheit unversehrt ist, sich selbst Schaden zufügen? Auf keinen Fall, denn das wäre ein bewusst gegen sich selbst gerichteter Akt. Wären wir zu unserem Lebens-Auftrag erwacht, könnte uns der Eigenwille nicht mehr binden. Es geht darum, vom selbst-zerstörerischen Leiden, das uns in Wirklichkeit nicht leben lässt, frei zu werden. Dann würden wir in der Bereitschaft wachsen, *mit-zu-leiden*, insbesondere, weil die Menschheit in ihrer Blindheit die Gabe des Lebens als ihr Eigentum betrachtet und deshalb missbraucht.

Wir sind als Mensch in die Entscheidung gerufen. Riskiert einer, sich diesem Anruf zu stellen, beginnt er mit sich selbst in einen Widerstreit zu treten. Konfrontiert mit der Widersetzlichkeit gegen das *Leben-Selbst*, die in seinem tiefsten Inneren nistet, entdeckt er nun schmerzlich *sein irrtümliches Verhalten*. Ferner erwartet ihn – ausgelöst durch seine Selbsterfahrung – die unausweichliche Auseinandersetzung mit seinem Umfeld, mit dem er bisher vertraut war. Je entschiedener er den

Weg geht, desto fremder wird ihm sein zuvor akzeptiertes Identifikations-Feld: in seiner Konsequenz wird aber auch das Verhalten der Mitmenschen in Frage gestellt. Da er jetzt für sie zum Störfaktor ihres angeblichen Friedens wird, reagieren sie zunächst mit Missachtung aus Unwissen. Geht er jedoch den eingeschlagenen Weg weiter, erfährt er Ablehnung, ja, er wird sogar – als ein Akt ihrer Selbstverteidigung – ausgestoßen. Diese existentielle Bedrohung kann in ihm Zweifel an der Echtheit seiner Entscheidung stiften.[47] Er ist nun in den Konflikt gedrängt, ob er das *Ausgeschlossen-sein* unbeirrbar durchzustehen vermag, oder ob er der Versuchung, vor der ihm jetzt möglichen und für ihn anstehenden Entscheidung zu fliehen,[48] erliegt und sich zurückwendet: immer lauert auf diesem Weg die Anfechtung. Um davor bewahrt zu werden, bedarf er sowohl der Hilfe von außen als auch von innen. Da er aufgrund seines Mangels das Wahre nicht ohne weiteres erfassen kann, muss sich ihm die Wahrheit selbst mitteilen, denn die eigentliche Führung kommt aus ihr. Deshalb ist es notwendig, dass er in der Bereitschaft wächst, sich von ihr führen zu lassen, und er treu der Entscheidung Schritt für Schritt diesem Weg folgt.

Der Mensch muss bejahen, dass er nur von seinem Schöpfer her etwas ist: ohne Ihn ist er ein Nichts.[49] Wähnt jemand, er sei aus sich selbst etwas, wird er dazu verführt, sich zum Maß seines Handelns zu setzen. Hierin wirken Ansprüche, das Identische zu verfügen, um selbst Herr zu sein. Gefangen in dieser Rolle, zwingt der eigene Anspruch, überall nach Bestätigung Ausschau zu halten. Die Kluft, die ihn vom Identischen trennt, muss er mit dem Seinen füllen.[50] Um davor bewahrt zu bleiben, in eine solche Anmaßung zu fallen, ist es erforderlich, dass *ihm die eigene Nichtigkeit aufgeht*. Hierfür ist es unumgänglich, dass, wer sich auf den Weg begibt, von seinen Dispositionen, die seine Entscheidung beeinträchtigen, sukzessiv gereinigt wird: letztlich ist das in uns Geschichtete ohne Rest zu lösen; wird eigene Schuld – der Widerspruch gegen das Leben – in ihrer Wurzel erkannt und eingestanden, kann diese getilgt werden. In dem Maße, wie sich dies ereignet, fällt sein Entscheiden mit dem Willen dessen, das ihn leben lässt, zusammen. Er sieht nun ein, dass jeder von uns – sowohl er selbst als auch seine Gegner – im innersten Grund vom *Leben-Selbst* angenommen ist.[51] Jetzt entdeckt er die wahre Lebens-Gemeinschaft, die selbst ihn – *ebenfalls zuvor Gegner Gottes* – aufnimmt. Die Übereinstimmung mit ihr lässt ihn sein Leben nun handelnd Gestalt gewinnen. Je freier von *seinem Selbst*, desto fähiger wird ein Mensch, dem anderen – auch seinem Schöpfer – ledig von allem, was in Absichten gebunden ist, zu begegnen: in dieser Transparenz wird das Leben – unvermischt – offenkundig.

Jeder von uns empfängt das Leben. Also dürfte niemand sagen, *gib mir* oder *ich habe nicht bekommen*.[52] Aus welchem Grund können wir die Tatsache des Empfangens, dass sich das *Leben-Selbst* uns unablässig schenkt, nicht schlicht wahrnehmen? Weil wir uns zu Ihm in einem Widerspruch, der uns der Einsicht in diese Störung beraubt, befinden, ist der Lebensstrom, der uns in Wahrheit trägt, verstellt. Trotz all dem ist das in uns gestiftete Vermögen zum authentischen Urteil als eine Kraft in unserem Grund gegenwärtig. Würden wir diese Kraft nicht ignorieren, sondern uns vielmehr ohne Veruntreuung, ohne uns selbst zu schmeicheln, mit ihrer Hilfe besinnen, dann ließe sie uns das erkennen, was dem Leben dient. Da wir aus Feigheit diesen Schritt nicht wagen, versuchen wir unser Versäumnis zu rechtfertigen, indem wir uns ständig mit anderen vergleichen.[53] Infolge dessen erfahren wir Ungleichheit, die wir je nach unserer äußeren und inneren Verfasstheit für gerecht oder ungerecht halten. Dieser Vergleich äußert sich oftmals in Neid, der das Begehren bewegt. Die erweckte Begierde trübt das Vermögen des Erkennens weiter ein, denn derartiges Vergleichen korrespondiert mit unseren Dispositionen. Indem sie sich vermehren, werden wir uns selbst zum Maß für Gerechtigkeit oder Ungerechtigkeit: Versteckter Stolz ist hier die Ursache für das Urteil.

Ferner, weil das Empfangen an sich als Anspruch auf Besitz verstanden wird, und weil das Vergleichen von unseren Interessen nicht frei sein kann, wird das Begehren nach dem geweckt, was wir nicht haben, oder dem, was nach unserer Ansicht von Gerechtigkeit zu geschehen hat. Wir sind deshalb versucht, unter diesem Anspruch von Gerechtigkeit unser eigenes Leiden in erfahrene Ungerechtigkeit zu übertragen, um es zu lindern. Bleibt unsere Überzeugung von Gerechtigkeit unerfüllt, erfahren wir uns nicht nur verletzt, sondern flüchten ins Zürnen; dies verrät, wie unfrei der Anspruch von uns selbst ist. Eben deshalb trachten wir danach, uns selbst zu rechtfertigen: ohne andere zu richten, ist dies nicht möglich. Befangen in der Überzeugung, was gerecht sei, stellen wir die Gerechtigkeit Gottes infrage, ja, sogar projizieren wir unsere Erfahrung von Ungerechtigkeit in Ihn, als sei Er ungerecht. Diese Haltung schlägt zurück, denn letztlich fällen wir damit ein Urteil über uns selbst. Gott hat jedoch in uns das Vermögen gestiftet, Seine Gerechtigkeit zu erkennen und ganz darauf zu vertrauen.[54] Je mehr der Ich-Wille in den Vordergrund tritt, desto seichter wird dieses Vertrauen, unser Bemühen um Gerechtigkeit verstrickt sich in die eigenen – uns selbst oftmals verborgenen – Interessen. Wir bedenken nicht, dass wir in Wirklichkeit durch eine solche Haltung die in Gottes Gerechtigkeit gegenwärtige Barmherzigkeit abweisen.

Gerechtigkeit Gottes,[55] wie ist sie zu erfahren? Seine allumfassend handelnde Gerechtigkeit ist ohne Maß, nicht innerweltlich zu fassen; sie zeigt sich in der Spanne zwischen Vergänglichkeit und Unvergänglichkeit. *Im Disponiert-sein hin* auf das Unfassbare lassen sich ihre Spuren entdecken, dies, indem wir mit dem eigenen Schicksal nicht mehr hadern, sondern es im Vertrauen auf Sein Lenken zu bejahen versuchen. Diese Grund-Haltung ist die Voraussetzung, um – befreit vom Gift des Misstrauens – vom Vertrauen auf das *Leben-Selbst* erfasst zu werden, was in uns die Hoffnung auf das Unvergängliche keimen lässt. Soweit der Mensch sich selbst als solcher annimmt und mit den anderen nicht mehr vergleicht, wird er befreit vom *Etwas-zu-sein, Etwas-zu-haben* und *Etwas-zu-wissen,* dies wiederum bewahrt ihn vor dem *Einfluss des Zeit-Geistes.* Gewöhnlich beurteilen wir die Gerechtigkeit Gottes aus der Neigung, das Vergängliche zu verabsolutieren. Jedoch, nur im Spiegel Seiner Gerechtigkeit vermögen wir zu schauen, dass das von uns selbst gesetzte Maß illusionär, daher trügerisch ist, denn unser diesbezügliches Intendieren ist in aller Regel gefärbt mit Nichtigem. *Das Verstrickt-sein* in der ausschließlichen Frage nach dem Sinn Seines Handelns blockiert uns, das empfangene Leben in Übereinstimmung mit Ihm zu entfalten. Das Entfalten vollzieht sich im Vertrauen auf Sein Erbarmen, das jedem letzten Endes gemäß dessen Handeln gerecht zukommt, wie und wann ist uns nicht zugänglich. Infolge dessen liegt *die Gleichheit* in Gottes Hand. Er schenkt jedem das Leben und es wird ihm auch genommen: in der gegebenen Zeit sollen wir lernen, es Ihm dankend zu überlassen.[56] Überlassen meint, das *Vergänglich-sein* handelnd anzunehmen, dies aus der Einsicht, dass *der von uns nicht bewältigbare Rest in Ihm, dem Beweggrund des Lebens, aufgehoben ist*: fehlt in unserer Intention diese Einsicht, ist die Gefahr groß, dass Gerechtigkeit nur innerhalb des Sozialgefüges verstanden und dadurch *von uns für bewältigbar* gehalten wird. Wer diese seine Begrenztheit nicht bejahen kann, bleibt handelnd in sich befangen. Deshalb kann er nicht alles, was Gott ihm – durch *Sein Gegenwärtig-sein* in allem – gibt, vorbehaltlos annehmen. Um seine Halbherzigkeit zu rechtfertigen, kann er nicht umhin, andere zu richten, wodurch er auf dem Weg ist, dem Selbstgericht zu verfallen.[57] Nur Ihm, dem Gerechten, ist es eigen, zu richten, in Ihm teilt sich letztlich das Gericht Gottes mit. Er – *das Leben-Selbst in eins mit dem Willen des Vaters* – will, dass auch wir *in eins* mit Ihm unser Leben wirken. Wir aber vermögen fast ohne Ausnahme nur in äußerster Not Sein Handeln – *Seine Barmherzigkeit* – als Gerechtigkeit anzunehmen.[58] Diese äußerste Not erfährt der Mensch spätestens im Angesicht des Todes. Hier erkennt er sein Anhaften an sich selbst als sinnlos, denn der ihm vertraute Boden, auf dem er zu stehen glaubte, kommt ihm abhanden. Führt ihn diese äußerste Erfahrung dazu, willig sich Ihm zu überlassen, dann kann das *Leben-Selbst* der eigentlich Handelnde werden.

Das *Leben-Selbst* will uns zur Ur-Quelle führen, indem Es uns den Weg bahnt durch unsere innere Öde, in der Finsternis, ja, Tod, herrscht, denn sie hindert uns, das Licht unverhüllt wahrzunehmen: der Weg ist *Übung und Verzicht* – ***Shugyō*** –, Weg der Umkehr. Auf diesem Weg soll die Läuterung unserer Differenz geschehen, damit sie mit dem Seinen erfüllt werde. Wie weist sich für uns der Weg? Er offenbart sich durch den, welcher der Umkehr nicht bedarf. Er selbst – Christus – ist DER WEG: Anfang und Ende aller Wege. *Shugyō nimmt seinen Anfang mit und in IHM*, gewöhnlich sind wir uns dessen nicht bewusst. Im Praktizieren von *Übung und Verzicht* werden wir vielfach über Korrekturen – die Läuterung[59] – zur Einsicht geführt, dass dieser Weg darauf hin zielt, in die Lebens-Quelle einzumünden. Es gilt, im Vertrauen auf den Weg den Hindernissen nicht auszuweichen: unbeirrbar, unerschrocken und ohne zurückzuweichen sind sie zu überwinden. Indem wir ausharren, schauen wir die innere Verderbnis, verursacht aus dem Wurzelgrund des schuldhaft Belastenden, was uns den wahren Lebensbezug, das Zu- und Miteinander verstellt; zuvor ging es doch primär nur um uns selbst. Wem das eigene Versagen *aufgeht*, dem wird die Verantwortung klar, die er für das größere Ganze mittragen muss: das Kriterium für die Echtheit des Weges.[60] Aus diesem Grund ist es unmöglich, den Weg für sich allein zu gehen, denn Umkehr kann und muss sich immer auf die Lebens-Gemeinschaft hin vollziehen. Wahre Gemeinschaft lässt sich nur aus dem *Leben-Selbst* formen, aus der Kraft, die in allem wirkt, alles verbindet, ordnet und belebt. Aufgrund der Entscheidung, die einer reumütig im Annehmen seiner Schuld trifft, erleidet er in seiner Umkehr den eigenen Widerspruch zum *Leben-Selbst*, was ihn durch und durch demütigt. Dieses Erleiden ist unentbehrlich, um dem Ich-

Willen zu sterben. Durch die hier zu vollziehende Art *des Sterbens* kann sich für ihn und zugleich für die anderen das Zurück zum Leben ereignen.[61]

Er, „das Wort", erniedrigt sich aus *Mit-leiden* in Seiner Menschwerdung zuunterst für die ganze Schöpfung, um sie ins Leben zurückzuführen: indem *Er sich entwürdigt*, soll der aus Missachtung verursachte Missbrauch des Lebens aufgehoben werden. *Sein Mit-leiden* will in uns den Samen stiften, der, indem er keimt und aufgeht, die Augen öffnet für das uns Aufgetragene: *mit Ihm in allem selbstlos mit-zu-leiden,*[62] das ist im wahrsten Sinne *Dienen*. Aus Seinem barmherzigen Handeln gestimmt, muss der Impuls – soll unser Tun selbstlos sein – sich aktualisieren: in keinerlei Absicht gebunden, will es nicht ausschließen.[63] Unser *Dienen-wollen* ist jedoch versteckt in Absichten gebunden, verzweckt und deshalb nicht frei von Unterdrückung. Um von dem Diktat des sich selbst verzweckten Verlangens befreit zu werden, dürfen wir unseren Blick nicht abwenden, wie Er unser Menschsein bis hinein in das Zuwiderhandeln gegen Ihn – *das Leben-Selbst* – offen legt. In seiner Konsequenz stehen wir vor der unausweichlichen Entscheidung, für oder gegen Ihn zu wirken. Der Entscheidung für Ihn zu folgen bedeutet ein stetes Hinunter in das Unversöhnte, das wir, indem es sich uns in Seinem Vergeben spiegelt, schauen.[64] Wenn die Wurzel, aus der in uns das *Wider-Gott-sein* sprießt, getroffen wird, enthüllt sich zum ersten Mal das Dunkle – dessen Abgründigkeit – in uns. Das kann zum Anlass werden, uns reuevoll auf den Weg der Nachfolge zu begeben, und zwar ohne rückfällig zu werden in der inneren Haltung, die sich dem *Leben-Selbst* vertrauend überlässt und zugleich alles, was in die eigenen Vermögen gelegt ist, in Einsatz bringt. Das zunächst Gegensätzliche wird allmählich handelnd zu einer Einheit verschmolzen; die daraus kommenden Früchte sind nun Früchte des Lebens. Wer diesen Weg geht, wird selbst im Schweigen zu einem Zeichen Seines erbarmenden Wirkens.

Die Stimme in der Identität der Kern-$_F$ ruft uns unablässig zur Umkehr: es gibt aber nur wenige, die den Ruf nicht verwehren. Wer jedoch wirklich davon erfasst wird, kann nicht umhin, sein Leben dem *Gerufen-sein* auszusetzen. Die hierdurch gestiftete innere Unruhe kann menschlich nicht gestillt werden, denn in ihr wirkt eine geheimnisvolle Kraft, die den Gerufenen lenkt und bis zu seinem Ende antreibt, aus diesem Ruf zu handeln. Was ist solchen Menschen gemeinsam? Sie haben die Lauterkeit des Lebens verkostet, unstillbar verlangen sie nun, ihr *Berufen-sein* einzulösen. Durch ihre klar entschiedene Ausrichtung, die sie nicht abweichen lässt, wird das *Unversöhnt-sein* getilgt, das in ihnen aufgrund der Verneinung des Lebens-Gesetzes Wurzel fasste. Wenn alle unsere Kräfte sich bündelnd in den Grund, *die Identität der Kern-*$_F$ einkehren, erfahren wir die authentische Gegenwart: *nur in dieser Gegenwart werden sie – letztlich aus dem Leben-Selbst – ernährt.* Diese Nahrung reinigt die Seelenkräfte von ihrem Ich-Willen, bis sie davon befreit sind. Sie streben – jetzt nicht mehr zerstreut, sondern gesammelt – in ihren Ursprung zurück. Sind die drei Seelenkräfte – Gedächtnis, Verstand und Wille[65] – losgelöst aus ihrem *Ich-Zentriert-sein,* dann durchdringen sie wie aus einer Kraft unser Mensch-sein, was in analoger Weise auf *das drei-einende Prinzip des Leben-Selbst* hinweist. Der davon Durchdrungene allein vermag ohne Selbst-Anspruch zu handeln. Sein Wirken spiegelt jetzt die Grund-Ordnung des Lebens, das uns *als ein Abbild der dreifältig wirkenden Akt-Dynamik* in der Natur gegeben ist: wären wir erwacht, würden wir nicht nur das Abbild in seiner Vielfalt wahrnehmen, sondern dem hier gegenwärtigen Leben begegnen.

Die meisten Menschen weichen jedoch der im Anruf zur Umkehr erweckten Unruhe aus. Um ihr Gewissen zu stillen, suchen sie – gesteuert aus der je spezifischen Ich-Befangenheit – ihre Unentschiedenheit zu rechtfertigen. Auch wenn ihr Verhalten vom Umfeld bestätigt wird, können sie sich ihrem *Ver-antworten* nicht entziehen.[66] Das Abweisen kann tausend Gesichter haben. Wenn zum Beispiel diejenigen, die glauben, dass sie sich entschieden haben, dem Ruf zu folgen, nicht bereit sind, ihrem Ich-Willen zu sterben, suchen sie in Wirklichkeit *die eigene Rechtfertigung*; sie täuschen sich selbst und dadurch die anderen mit. Die verdrängte und dadurch fehl geleitete Unruhe bindet sie an sich selbst, so dass sie im Durst nach dem *Wahren* das Ihre suchen, das sie nötigt, *einen Glaubensersatz um den anderen zu erschaffen*. Unversöhnt mit allem und unentschlossen für das *Leben-an-sich* irren sie umher, weshalb sie gezwungenermaßen unablässig die Welt richten: hier deckt sich ihre Entfremdung selbst auf. Da aber ihnen der ichhaft-orientierte Wille das Eigentliche des Lebens vortäuschen kann, stiftet er großen Schaden für den im Grunde je einzuschlagenden Lebens-Weg. In sich – in ihrem Eigen-Dünkel – gefangen, der sie stumpf macht, wird nun alles andere für sie zum bloßen Objekt: das Leben in seiner Lauterkeit ist abgewiesen. Wer aber dem Leben sein Vertrauen nicht ganz schenken kann, muss sich selbst rechtfertigen, weil er sonst weder Sinn noch Halt in seiner Existenz findet. Diesen Sachverhalt einzusehen, lässt uns den ***Schgyō-Weg*** einschlagen: durch *Übung und Verzicht* wird *der Handel mit Gott*, in welchem wir Ihn letztlich durch unser Ich ersetzen wollen, aufgedeckt.

Warum sucht der Mensch nicht aufrichtig die Gegenwart Gottes, und wenn er sie sucht, immer mit einem Vorbehalt oder *um … zu*! Weil ihn das Ich, das tief in ihm wurzelt, manipuliert, lehnt er ab, sich selbst ehrlich anzuschauen. Er ahnt, dass in der Gegenwart Gottes jede Art von Einbildung aus dem Ich zertrümmert wird. Außerdem hat er Angst, sich auf den Schritt ins Unbekannte einzulassen. Solange der Ich-Kult, dem er sich opfert, nicht überwunden wird, bleibt auch jede religiöse Handlung zweckhaft, ja gefärbt: Gott möge ihm bestätigen, *er hätte es getan*. So möchte er Ihn in seinen Dienst zwingen. Dadurch wird er verblendet und kann überzeugt sein, er opfere sich Ihm. Obwohl Er ihm auf vielfältige Weise begegnet, vermag er weder sich selbst noch Ihn zu erkennen, solange er nicht bereit ist, dem eigenen Gebrechen nicht mehr auszuweichen: hier muss er sein wahres Gesicht schauen. Gäbe es jedoch für ihn die Möglichkeit, dem, was ihn leben lässt, zu begegnen, ohne dass sein innerweltliches Treiben infrage gestellt würde, wäre er wohl eher dazu bereit. Unsere eigentliche Schuld liegt in der Verweigerung, umzukehren. Des Menschen Elend besteht darin, sich sein eigenes Unvermögen nicht nur nicht einzugestehen, sondern eben darauf sein Leben zu bauen. Ständig bemüht er sich zu finden, aber er findet weder sich noch das Andere: solch ein *Finden-wollen*, dessen Selbst sich sucht, wie sollte es finden! Der Gegenwart Gottes kann sich der Mensch nicht entziehen. Muss er doch nicht mindestens einmal Ihm gegenüber treten? [67]

Erläuterungen

1 Kern-$_F$: Identität und Differenz

„Aus der Erde sprießt die Treue, Gerechtigkeit blickt hernieder vom Himmel. Ja, Jahwe verleiht seinen Segen, und unsere Erde gibt ihre Frucht."[1] Hier ist die Kern-$_F$ sinnbildlich – Himmel als Identität und Erde als Differenz – ausgesagt. Ist die Erde rein, so wächst Treue, und Gerechtigkeit umschließt sie vom Himmel, auf dass die wahre Frucht getragen wird. Denn: „Die Seele hat zwei Augen, ein inneres und ein äußeres. Das innere Auge der Seele ist jenes, das in das Sein schaut und sein Sein ganz unmittelbar von Gott empfängt: dies ist sein ihm eigenes Werk. Das äußere Auge der Seele ist jenes, das da allen Kreaturen zugewendet ist und sie in bildhafter Weise und in der Wirkweise einer Kraft wahrnimmt."[2]

In der Identität ist eine unmittelbare Beziehung zum *Leben-Selbst* gegeben. Unstillbares Verlangen, von Ihm erfüllt zu werden, ist in ihr grundgelegt: verleiblicht als *Ehrfurcht vor dem Leben*, und zwar in der Hoffnung, die Macht des Todes möge besiegt werden. Die Differenz dagegen, das Tor zum Geschöpf, muss in ihrem Geneigt-sein von der Identität bestimmt werden; um nicht ihrer eigenen Ausschließlichkeit zu verfallen, ist die Rückbindung der Differenz in die Kern-$_F$ – ihren ursächlichen Stand – unabdingbar.

Den Urstand der authentisch erfüllten Kern-$_F$ kennt die aufgrund ihrer Ich-Anhaftung in Versuchung gefallene Menschheit unmittelbar nicht mehr. Dennoch ist in ihr der Durst nach dem *Leben-Selbst*, der aus der Identität, dem innersten Kern des Menschseins, aufsteigt. Unerfüllt von Dispositionen ist die Differenz, sofern sie sich als Gefäß für ihr Erfülltwerden aus der Identität erweist, in Wirklichkeit aber ist die Differenz belegt mit Dispositionen: „Das Wichtigste ist, dass der Mensch durch alle Dinge hindurch – und über alle Dinge und aller Dinge Ursache hinausgehen muss, und das fängt dann an, den Menschen zu verdrießen. Infolgedessen bleibt der Mensch in seiner Beschränktheit."[3] Indem die Kern-$_F$ – durch *Shugyō* – sich selbst *ihres verlorenen Urstandes* einsichtig wird, vermag sie *ihren Ist-Zustand* wahrzunehmen; dafür ist allerdings das Vertrauen auf das *Leben-Selbst* eine fundamentale Voraussetzung. Nur in diesem Vertrauen kann sie unerwartet Sein erbarmender, zum Leben rufender Blick treffen und das Tor für das Darüber-hinaus öffnen. Diese Einsicht ist dem diskursiven Vermögen verwehrt, ja sogar auch der Vernunft. Sie vermag nicht durchzustoßen von der Welt der Erscheinungen zu dem, was in der Kern-$_F$ grundgelegt ist: die Bedingung der Möglichkeit des Erwachens. Nur die vom *Leben-Selbst* durchdrungene Kern-$_F$ vermag ihr Erfüllt-sein von einem unerfüllten Zustand zu unterscheiden: „Der Mensch aber nun, der in sich selbst gekehrt wird, so dass er Gott in dessen eigenem Geschmack und in dessen eigenem Grunde erkennt, ein solcher Mensch ist befreit von allen geschaffenen Dingen und ist in sich selbst verschlossen unter einem wahren Schlosse der Wahrheit."[4] Das ist das wahre Erwachen: die sich einsichtig gewordene Kern-$_F$ wird zu dem, was in ihrer verursachenden Intention in sie eingestiftet ist; dieses Erlebnis kann der Unerfahrene nie nachvollziehen.

Wird aber das Verlangen nach diesem Erlebnis – ich-bezogen danach dürstend – wach, dann sucht der Mensch das zu Erfahrende nur für sich; ein vergebliches Bemühen, das sich gegen das Gesuchte selbst verhält. Dessen ungeachtet versucht er mithilfe der Vorstellungskraft und aller ihm zur Verfügung stehenden Vermögen das gesuchte Ergebnis zu erzwingen. Es kommt daher nicht selten vor, dass so jemand das imaginativ Erzeugte in die Differenz projiziert, internalisiert und für wahr hält. Durch diese illusionäre Antizipation verschließt sich das Tor zum *Leben-Selbst*. Wäre die Identität erfüllt und die Differenz gänzlich davon durchdrungen, ist da kein Platz für das Ichhafte.

Behielte die Kern-$_F$ ihre authentische Wesensart, dann wäre in ihr ein lauteres Bewegen, völlig frei von jeglichem Anhaften. In diesem Urstand ist die Identität vom *Leben-Selbst* – dem Lebensatem an sich – durchdrungen und fließt von dort in die Differenz, was das natürliche Kräftefeld der Kern-$_F$ aufzeigt. Diese Bewegung aus dem Lebensfluss erfährt Störung, soweit die Differenz sich anfüllt mit Dispositionen, mit der Kraft, die zur Lebenskraft in Widerstreit tritt; in ihrem so angefüllten Zustand widerspricht sie der Identität und dadurch sich selbst, so dass hier zwei entgegen gesetzte Kraftströme aufeinander stoßen, weshalb das natürliche Bewegungsfeld der Kern-$_F$ in Unordnung gerät. Anstelle des authentischen Kräftefeldes der Differenz tritt nun ein dem *Leben-Selbst* widerstreitendes, das sich auf das Handeln des Menschen überträgt, auf die Differenz rückwirkt und sie in ihrem Widerspruch verstärkt. Der Impuls zur Wende kann sich letztlich nur aus der Identität ereignen, insofern als ihr authentischer Lebens-Impuls die Verkehrung des Kräftefeldes in der Differenz trifft und so aufdeckt. Soll dieser Anstoß in der Differenz Raum gewinnen und sich durchsetzen, muss der Mensch – unter Einsetzung seiner ganzen Willenskraft – seinem aus der Not des Leidens getroffenen Entscheiden, sich lichten zu lassen, folgen. Auch wenn einer sein eigenes Leiden ehrlich schaut und erkennt, dass er an dessen Ursache teilhat, ist die Wende, die Kehre zum Leben, doch nur in äußerster Not – im Angesicht des Todes – zu vollziehen; sein Ich, auf das er sich bisher stützte, erweist sich als ein Trugbild. Indem das Vergängliche ihm entflieht, kann er sich völlig im Vertrauen ausrichten auf das Unvergängliche, das *Leben-Selbst,* dies um den Preis, dass er zur äußersten Lebensgrenze geführt wird und dort aushalten muss. Dadurch können sich die Dispositionen in der Differenz auflösen, so dass die Kern-$_F$ auf dem Weg ist, zu ihrem Urstand zurückzufinden.[5]

Das einheitsstiftende Moment in der Spanne von Identität – *Anteilhabe* – und Differenz – *Nichtigkeit* – ist fundamental konstitutiv für unser Menschsein. Nichtigkeit bezieht sich auf die authentische Leere, in der – durchwirkt von der Identität – das *Leben-Selbst* manifest werden kann. Anteilhabe und Nichtigkeit bezeichnen die Seelen-Kräfte der Kern-$_{F}$, die Raum und Zeit überschreiten; die in Raum und Zeit gebundenen niederen Seelen-Kräfte sind davon beeinflusst. Denn das *Leben-Selbst* will in der Kern-$_{F}$ gegenwärtig sein, gegeben in ihrem identischen Moment, welches ihr differentes Moment erfüllt; beide Momente sind in ihrer Grundbestimmung weder kontradiktorisch noch trennbar. Die von der Kern-$_{F}$ abhängigen Erkenntnis-Kräfte sind zunächst die sinnliche Wahrnehmung in Verbindung mit dem diskursiven Vermögen, was in jenes einheitsstiftende Moment integriert werden soll. Erblickt der Mensch beide Momente aus ihrer Grundbestimmung, die sich als solche nie ändert, sind sie nur als Einheit zu fassen; sie zu verleugnen ist ausschließlich dem menschlichen Versagen zuzuschreiben: „Sind wir untreu, er bleibt treu. Denn: Sich selbst verleugnen kann er nicht.“[6]

Die quellend sich verströmende *Akt-Dynamik aus dem Leben-Selbst* manifestiert sich im Identischen der Kern-$_{F}$. Die Nichtigkeit der Kern-$_{F}$ ist darauf angewiesen, von der hier offenbar werdenden Lebens-Kraft tangiert zu werden. Darüber hinaus muss die Wahrnehmung mit den Vermögen des Erkennens daran partizipieren. Solange wir dieser Dynamik nicht teilhaftig werden, verharren wir in einem fehlgeleiteten Erkennen, dessen Widerspruch in unseren Akten des Handelns offenkundig wird; es beengt unser Mensch-sein, dessen Tun und Lassen demzufolge Interessen gesteuert ist. Was ist die Konsequenz, wenn das Identische nicht wahrgenommen werden kann: in der Erfahrung seiner Isolation weiß der Mensch nicht, wie ihm Hoffnung und Zuversicht zukommen soll; er fällt deshalb leicht in die Verzweiflung. Oder aber, er kann die Differenz in ihrer Vergänglichkeit nicht annehmen, so folgt Überhebung aus dem Anspruch einer selbst suggerierten Anteilhabe, als könnte er das *Leben-Selbst* letztlich doch verfügen. Das hier festgestellte, gestörte Wahrnehmen hat seine Ursache im Zerwürfnis der Kern-$_{F}$, aus dem irre geleitet nur die Identität oder die Differenz uneingeschränkt gesetzt wird. Hier liegt der Anlass für die Entstehung von Illusionen; es ist der Nährboden, in dem vielerlei Irrlehren wurzeln. Wenn nur die Differenz im Blick ist, suggeriert sich der Menschen, er sei in seiner Hinfälligkeit autark, obwohl jene ohne die ihr aus dem Identischen zufließende Kraft nicht sein kann. Aus dieser Entwürdigung der Energie entsteht Verschmutzung der Erkenntnis-Vermögen überhaupt.

Die Erkenntnis-Kräfte, die von der Kern-$_F$ abhängig sind, müssen hinsichtlich ihrer Selbst-Tätigkeit zur Ruhe kommen. Ihre einseitig nach außen gerichteten Aktivitäten, die eine Reduktion im Erkenntnis-Prozess zur Folge haben, sind zu überwinden. Dies ist vom menschlichen Bemühen aus gesehen äußerst schwierig, weil es im Zerwürfnis der Kern-$_F$ seine Ursache hat: dieser Widerspruch beeinträchtigt *das Erkennen in seinem Wert-Verständnis*, dessen *Umkehrung* nahezu unmöglich ist aufgrund des in der Differenz vielfältig programmierten Widerstandes gegen die Identität. Die hierbei sich erhebende Einbildungskraft muss als das Illusionäre aus dem Ichhaften zertrümmert werden, so dass die von außen als auch von innen kommende authentische Mitteilung ohne Verfälschung weiter fließen kann. Erst dann vermag der Mensch seine Verkehrtheit recht zu schauen. Nun erkennt er, dass sein Handeln den Impuls aus der Identität empfangen muss, um dadurch weniger zwiespältig zu sein. Das tiefste Feld der unser Erkennen bestimmenden Kräfte ist selbst nicht aktiv, sondern ist der Speicher positiver als auch negativer Samen schlechthin. Dieses Feld soll hinsichtlich der dort gespeicherten Bedeutungen allmählich – durch *Übung und Verzicht* – ins Bewusstsein kommen: die positiven Samen zur Formung der jeweils authentischen Individualität, um das mit den negativen Samen gegebene Störfeld auszutrocknen, was allein durch menschliche Anstrengung nicht möglich ist. Hier handelt es sich um das tief Verborgene, dessen Verwoben-sein der Mensch nie ganz fassen kann, es sei denn, dass es ihm durch das *Leben-Selbst* erschlossen wird. Die Wirk-

Kräfte der abhängigen Erkenntnis sind vom Verhältnis der Differenz zur Identität der Kern-$_F$ nicht strikt zu trennen, dies zeigt sich im Durchfluss sowohl der positiven als auch der negativen Kräfte. Je weniger die Störung in diesem Verhältnis ist, desto näher kommt das Kräfte-Feld der Kern-$_F$ an deren Urstand, in dem die aus dem *Leben-Selbst* stammende Kraft bis zu den davon abhängigen Seelen-Kräften dringt und so ihre Erkenntnis- und Handlungsakte durchwirkt.

Wäre es nicht so, setzte das Moment der Differenz – aus Verblendung versucht – sich selbst autark. Das Moment der Identität wird aberkannt, insofern die gegenseitige Zuordnung gestört ist. Je tiefer dieses Zugeordnet-sein in Unordnung gerät, desto mehr gewinnt das den Tod Stiftende in der Differenz an Einfluss, um das in der Kern-$_F$ Gestiftete, ihr natürliches Verwiesen-sein, anzugreifen. Deshalb ist jede Selbst-Setzung nicht nur eine Auflehnung gegen das *Leben-Selbst*, sondern vielmehr dient sie dem das Leben Zerstörenden: die Kraft aus der Identität wird ihrer Authentizität beraubt, indem sie ihr entgegengesetzt verwendet wird. Infolge dieser Spaltung hält der Menschen – dessen Geist verblendet und verwirrt ist – das Unwahre für wahr. Diese Art der Erzeugung von Illusionen ist aus sich selbst kaum zu erkennen, weil das Vermögen des Erkennens selbst davon betroffen ist; auch von *außen* sind sie äußerst schwierig aufzudecken, weil sie für *ihren Eigner selbst* ein Faktum und daher als wahr angenommen sind. Durch die damit einhergehende illusionäre Haltung, die das Bewusstsein belegt, ja sukzessiv verdunkelt, sind die Vermögen, das Licht und die Finsternis in der Differenz wahrzunehmen und zu unterscheiden, gelähmt. Das ist der unerwachte Mensch, dessen Handeln sich in Unachtsamkeit vollzieht. Er kann sich seines existenziellen Zustandes deshalb nicht einsichtig werden, weil sein Ausgeliefert-sein an die ihn steuernden Kräfte ihm dunkel bleibt. Aufgrund seiner mangelnden Unterscheidungs-Vermögen kann ein Mensch sein Schein-Erwachen für wahr halten und dadurch anmaßend, ja selbstgerecht werden; fest geklammert an dieser Überzeugung verstärkt sich sein ichhaftes Begehren, welches ihm die Chance nimmt, einsichtig zu werden, dass die Kern-$_{F}$ hinsichtlich ihrer Nichtigkeit absolut bedürftig ist.

Wir alle sind eigentlich darauf verwiesen, dass sich unser Mensch-sein aus dem Anspruch der Identität – wissend oder unwissend – bestimmt: wahre Individualität bedarf dieser Geburt. Ereignet sich diese Geburt für uns aus dem Ursprung des Identischen in der Differenz, dann sind wir uns selbst genommen und dennoch authentisch in den zu setzenden Akten ohne Widerspruch zugegen. Vernimmt aber ein Mensch die Stimme aus dem Identischen nicht, setzt er selbst das Maß für sein Handeln, so dass er den einzulösenden Identitäts-Anspruch verdinglicht und dadurch sich selbst.[7] Dieses – sein widersprüchliches Handeln – versucht er zu rechtfertigen, indem er sich damit identifiziert; in dieser Hinsicht verursacht jegliche Verdinglichung eine innere Spaltung. Dies einzusehen, ist ihm zwar verwehrt, aber der Last aus der hierdurch entstandenen Unruhe kann er nicht ausweichen, welche in der Regel dem Verdrängen anheim fällt. Folglich geht es hier nur darum, das Vermischte – das Nicht-Transparente – in uns zu lichten, um den Weg zum Grund des Identischen in uns zu finden.

„Alles, was weniger ist als Er, genügt uns nicht. Und das ist der Grund, warum keine Seele zur Ruhe kommt, wenn in ihr nicht alles Geschaffene zunichte geworden ist.“[8] Aufgrund des Identischen der Kern-$_{F}$ ist in uns stets das Verlangen danach, mit dem *Leben-Selbst* erfüllt zu werden. Der Identität ist das mit dem *Leben-Selbst* einende Moment, der uns das Leben spendende Wille, gegeben. Diesem Willen steht der das Leben beraubende Wille, der zum Tod führt, entgegen: er trachtet die Oberhand zu gewinnen. Der uns erhaltende Wille, soweit der Mensch nicht erwacht ist, bleibt ihm verborgen. Der das Leben beraubende Wille jedoch kann im unerwachten Zustand oftmals als ausschlaggebend auf das Moment der Differenz der Kern-$_{F}$ Einfluss nehmen. Gelingt es dem ausschließlichen Willen, indem der Mensch einwilligt, sich über den das Leben erhaltenden Willen zu erheben, kann in ihm das Verlangen nach seinem Urstand nahezu erlöschen: „In jeder Seele, die erlöst werden soll, ist ein dem Guten zugetaner Wille [aus der vom *Leben-Selbst* erfüllten Identität], der nie der Sünde beigestimmt hat und es auch niemals tun wird. Denn wie ein tierischer Wille [verursacht aus der verfinsterten Differenz] in den niederen Teilen besteht, der nicht das Gute will, so besteht ein dem Guten zugetaner Wille in den höheren Teilen, der immer nur das Gute will und das Böse ebenso wenig will, wie die Personen der [heiligen] Dreifaltigkeit."[9]

Die Kern-$_F$ ist in der Weise ihrer Existenz über sich hinaus auf das *Leben-Selbst* verwiesen: jede Verneinung ihrer Voraussetzung ist todbringend.[10] Dies klar zu sehen ist von größter Bedeutung, denn: der Kern-$_F$ ist eine gewisse Autarkie eigen, eine Eigenständigkeit in dem Sinne, dass sie *alles* hat. Jedoch, um *ihr Alles* zu aktualisieren, ist sie unabdingbar darauf angewiesen, *ihr rückbezogenes Verwiesen-sein einzulösen*. Erst dadurch wird *ihr Alles* in sein *volles Recht* gesetzt, so dass das in der Kern-$_F$ Grundgelegte seine Entfaltung findet. Falls jene Autarkie nur auf sich geltend bezogen von der Differenz ausgelegt wird, setzt sie sich selbst absolut, in Wirklichkeit aber negiert sie sich selbst: dieser Mensch spricht sich sein eigenes Todesurteil.

Diese Paradoxie der Kern-$_F$ ist für uns Unerwachte ein unauflösbarer existentieller Widerspruch. Nur dem Erfahrenen wird das zuvor als widersinnig Wahrgenommene zur unerlässlichen Bedingung seiner Existenz; er erfährt gerade darin seine Geborgenheit und zugleich seine Freiheit verborgen. Im Verhältnis von Nichtigkeit zur Anteilhabe ist eine Unterschiedenheit grundgelegt, in der sich das Verhältnis von Geschöpf zum Schöpfer spiegelt. In der Anteilhabe ist ein volles Maß an Freiheit, eine untrügliche Freiheit mit ihrem identischen Grund. Nur aus ihr wird des Lebens-Gesetz, dessen Wille, von uns authentisch vernommen. Die Selbstbestimmung in der Nichtigkeit ist von solcher Art, dass der Wille des Menschen sich für oder gegen seinen Grund entscheiden kann. Hierin ist das Moment für die anfängliche Versuchung schlechthin zu sehen. Aus dem erwachenden Begehren, nämlich diese gesetzte Differenz und Zuordnung aufzuheben, greifen auch wir nach dem, was von uns so nicht verfügt werden darf und auch nicht kann. Demzufolge fallen wir in die gespaltene – dualistische – Sichtweise und erschaffen dadurch weitere Objekte: die Ursache der Eintrübung unserer Erkennens-Vermögen. Die daraus verstellte Wahrnehmung wirkt sich auf das Erkennen sowohl der Geschöpfe als auch des Schöpfers aus; zunächst jedoch auf das erkennende Subjekt selbst. Dieses Gebrechen will in seinem Versagen vom *Leben-Selbst* durchdrungen werden, indem uns unsere Bedürftigkeit – gebunden in Elend und Schmach – gänzlich einsichtig wird. Wenn einem seine Schmach wirklich *aufgeht*, wird die Kraft geschenkt, die Entscheidung für das *Leben-Selbst* zu treffen;[11] diese Entscheidung selbst ist das Öffnen dessen, was uns verriegelt. „Da! Ich stehe an dem Tor und klopfe: Wer auf meine Stimme hört und das Tor öffnet, zu dem trete ich ein, und mit ihm halte ich Mahl – und er mit mir."[12]

Der Baum des Lebens in Gen 2,9 versinnbildlicht in analoger Weise Identität und der Baum der Erkenntnis von Gut und Böse Differenz in der Kern-$_F$. Die Identität ist geschaffen für das *Leben-Selbst*, das sich in ihr vergegenwärtigen will. In ihrer Verborgenheit wird das Verlangen nach der Wahrheit, nach der verlorenen Einheit, geboren. Dieses Verlangen muss die Differenz treffen, so dass es das Erkennen durchdringe und von ihr aufgenommen werde.[13] Im Durchdrungen-werden der Differenz von dem in der Identität Geborenen ändert sich ihr störendes, ja zerstörendes Ausgerichtet-sein: das dem Leben abträgliche Intendieren wird umgepolt. Die zuvor negativ gebundenen Kräfte können – aufgrund ihrer Entbindung – unschädlich wirksam werden; Vergangenes löst sich und befreit uns hin auf das *Leben-Selbst.*[a] Erweckt von Ihm wird das Verlangen in der Kern-$_{P}$, wieder geeint zu werden, lebendig: „Die Seele trägt in sich einen Funken, einen Grund, dessen Durst Gott, der doch alle Dinge vermag, nicht löschen kann, es sei denn, er schenke sich ihm selbst."[14]

Soll die Kern-$_{F}$ sich selbst voll einsichtig werden, ist der *Shugyō-Weg* unumgänglich. Es liegt in der Absicht des weiterführenden Textes, in dieser Hinsicht eine erste Brücke zu schlagen. Wir können das notwendig gegenseitige Verwiesen-sein von *Shugyō* und der Kern-$_{F}$ nicht klar genug im Blick haben, damit das hier Dargelegte nicht missverstanden wird.

Die Differenz ist einem Erdreich zu vergleichen, das unter seiner Oberfläche ein mächtiges Wurzel-Werk birgt. Auch wenn durch äußere Anlässe dieser oder jener Keim sich zeigt, so bleibt die Mächtigkeit dessen, woher er seine Kraft nimmt, weitgehend verborgen. Erst ein Blick in das Wurzel-Werk selbst lässt uns aufwachen aus dem Schlaf, der uns in der Illusion bindet, als könne mit dem Bekämpfen dessen, was keimt, das zugrunde liegende Energie-Feld – die das Leben verneinende Saat – aufgelöst werden.

Auf dem Weg des *Shugyō* werden uns solche Einblicke geschenkt: kostbare aber zugleich auch erschütternd ernüchternde Erfahrungen, die jeglichem Ausweichen einen Riegel vorschieben, so dass ein Zurück nur noch eine Flucht – eine Lüge – vor dem Geschauten wäre. Um zu verstehen, weshalb *Shugyō* notwendig ist: hier haben wir eines seiner authentischen Elemente, die sich auf dem beschrittenen Übungs-Weg melden.

Es ist eine große Hilfe, zu sehen, wo dasjenige, von dem wir ohne weiteres – trotz unseres Bemühens – nicht frei werden können, seinen Wurzel-Grund hat; der Ausdruck *Wurzel-Sünde* will unseren Blick auf diese Tatsache lenken. Dieses verwurzelte Gebilde, das wir in der Differenz entdecken, ist geschichtlich bedingt, der Prozess seines Entstehens ist von unserer Genealogie nicht zu trennen. Zu der Saat, aus der es kommt, sagt Jesus: *das hat mein Feind getan.*[15] Deshalb ist alles, was aus diesem Wurzel-Werk keimt, Widerspruch zum Leben. Nehmen wir zum Beispiel menschliche Arroganz, so müsste uns klar werden, weshalb es äußerst schwierig, ja fast unmöglich ist, uns davon zu befreien.

Es sollte klar sein, dass hiermit die zweite Saat beschrieben ist, nämlich die *danach* gesäte. In der Differenz ist auch anderes, ebenfalls bedingt durch unsere Genealogie; dieses hat in der Regel eine vermischte Ursache. Das darin aus der ersten Saat Verursachte ist veranlasst aus der Identität. Hier haben wir bessere Möglichkeiten, damit umzugehen, denn dessen Verwurzelung ist nicht von gleicher Potenz wie das primär aus der zweiten Saat Stammende; allerdings, sich dabei aufzuhalten kann uns von dem ablenken, was in den tiefer liegenden Gründen in uns haust.

Weil die erste Saat im Prinzip durch die Differenz hindurch – worin die zweite Saat gesät ist – Frucht trägt, haben wir das Vermischte. Hier spielt beides so ineinander, dass ein Entwirren sehr problematisch sein kann.[16] Unsere rationalen Vermögen sind in ihrer Reichweite zu begrenzt, da sie durch die zweite Saat *in Mitleidenschaft gezogen* sind. *Shugyō*, das unsere Rationalität entstört, überschreitet und integriert, will das uns Mögliche ausschöpfen, denn erst an dessen Grenzen werden wir in Wahrheit frei für das Handeln aus dem *Leben-Selbst*.

Wie wir nun sehen, will uns *Shugyō* auch für das Verständnis der Sakramente bereiten. Insbesondere im hier behandelten Feld – der Kern-$_{F}$ Identität und Differenz – wollen die Sakramente wirken, indem das von uns Nicht-bewältigbare durch sie gelöst werde. In der – von uns und in uns – erfahrenen Einsicht durch *Shugyō* gründet das mögliche Fruchtbar-werden für die sakramentalen Heilszeichen. Folglich: soweit wir in das wuchernde Wurzel-Werk keinen Einblick haben und deshalb an der Oberfläche verweilen, ist es schwierig, ja wohl kaum möglich, Fortschritte auf dem geistlichen Weg zu erzielen. Außerdem bleibt unser Zugang zum Verständnis der Sakramente im Nebel, weil das Feld des Emotionalen nur selten überschritte wird; dies bestätigt sich uns vielfach aus der Erfahrung. Trägt all unser Bemühen wenige oder nur saure Früchte, dann ist es gut, nach seiner Ursache zu suchen; viel unfruchtbares Bemühen ist aus Leerlauf und Unverständnis verursacht, weil die Klarsicht in den betreffenden Sachverhalt mangelt, was immer auch die Gründe sein mögen.

Das *Erdreich der Differenz,* prinzipiell betrachtet, ist Teil des kosmischen Materie-Energie-Feldes sowohl für die erste als auch die zweite Saat. Obschon der alles verursachende Lebens-Impuls nur einen Ursprung hat, variiert das Materie-Energie-Feld in seinem Beschaffen-sein von Mensch zu Mensch; dieser Sachverhalt wird uns durch die Natur in analoger Weise gespiegelt. Wir sehen, was das Erdreich hervorbringt, ist zunächst bedingt durch dessen Beschaffen- bzw. Geworden-sein, was die Grundlage für die Früchte bildet. Setzen wir diese Gegebenheit in Beziehung zur ersten und zweiten Saat, erahnen wir etwas von der Komplexität der Differenz, von der Verknüpfung verschiedener Einflüsse auf ihre zutage tretenden Früchte. Im Allgemeinen ist uns hier der Durchblick aufgrund des Unerwacht-seins verwehrt, Grund genug, der Aufforderung Jesu zu folgen, auch im Beurteilen anderer achtsam zu sein.[17] Trotz allem sind wir gefordert, die Paradoxie der Früchte aus der ersten und zweiten Saat des einen Materie-Energie-Feldes zu entschlüsseln, wozu *Shugyō* der Weg sein will.

Vergegenwärtigen wir uns das Prozess-Feld von *Shugyō,* dann lassen sich verschiedene *Elemente* aufzeigen; hier von Stufen zu sprechen, könnte den Eindruck erwecken, dass es sich so und nicht anders vollzieht. Tatsache ist: wir stellen von Fall zu Fall Unterschiede im Verlauf fest, welche ihre Ursache im Dispositions-Gefüge haben. Denn in ihrem je spezifischen Gestimmt-sein beeinflussen sich die Energie-Felder gegenseitig und sind so voneinander abhängig.

Entscheidend für *Shugyō* ist die Frage: was verursacht dessen Impuls. Ob er aus dem Dispositions-Gefüge, einschließlich der Differenz der Kern-$_F$ kommt, oder ob er aus der Identität erwacht? Konkret: meldet sich hier das *An-sich* des Lebens, um das Leben tiefer und umfassender wirksam werden zu lassen, oder kommt das, was hier in Erscheinung tritt, versteckt doch aus dem ichhaften Begehren? Je nach dem, was uns zu *Shugyō* drängt, nimmt es seine Richtung; sowohl der Durst aus den Dispositionen, als auch das Sehen aus der Identität ist hierfür bestimmend mit dem Unterschied: jener Durst ist unersättlich, ihr Sehnen dagegen ist zu stillen, insofern als ihr das zugedachte Sein authentisch zukommt. Das wahre Verlangen aus der Identität steht dem Begehren aus den Dispositionen entgegen. Aus jenem können gute Früchte wachsen, aus diesem kultiviert sich die Arroganz des Menschen. Vor allem verraten die Früchte des Handelns ihre Herkunft;[18] allerdings müssen wir auch fähig sein, das intendierte Trügerische und das uns Täuschende zu durchschauen.

Was die fünf Sinne mit dem mentalen Vermögen, die Imagination und das Feld des Emotionalen betrifft, lässt sich in dieser Reihenfolge ein gewisses Nacheinander in der Erschließung feststellen. Jedoch auch hier gilt: eine starre Abfolge dieser Ordnung ist nicht festzumachen, denn das Ganze zeigt sich öfter als ein Prozess-Feld mit gegenläufigen Tendenzen, was seine Ursache in den verschiedenen Ausprägungen der jeweiligen Vermögen hat. Außerdem spielt das Woher des Anlasses für *Shugyō*, wie auch seine zu nehmende Richtung, hier eine beträchtliche Rolle. Hierbei geschieht eine entscheidende Weichenstellung: werden durch *Shugyō* die genannten Vermögen – sie überschreitend – integriert, oder bleiben sie in sich selbst befangen?

Die Differenz der Kern-$_F$ ist mit den drei zuvor genannten Vermögen einerseits zusammen zu sehen, andererseits muss sie jedoch unabhängig davon betrachtet werden, weil das in ihr Gespeicherte, ihr Gestimmt-sein, für die Entstehung der Dispositionen die Voraussetzung birgt. In die Differenz durch *Shugyō* einzudringen, ist äußerst schwierig, ein Sachverhalt, der, wie es scheint, wenig im Blick ist. Wie schon gesagt, die Sakramente wollen vor allem hier ansetzen, um das dort Gespeicherte reinigend zu lichten; es ist der initiatorische Anspruch der Sakramente, der in der Differenz wirksam werden will.

Der *Shugyō-Weg* ist ein Durchleiden all dessen, was das Gesamt unseres Daseins nicht zulässt, wie es ihm angemessen wäre. Leiden ist hier nicht Selbstzweck, sondern das Einsichtig-werden in das uns bindende Leiden und dessen mögliche Auflösung. Das Durchleiden unserer Widersprüche im *Shugyō* ist selbst gewählt, dagegen kommt das uns bindende Leiden aus dem missbräuchlichen Umgang mit dem Leben, sei es selbst oder fremd verursacht. Das Einzuholende ist die Identität, denn in ihr ist die Integrations-Funktion für das Dasein überhaupt gegeben. Ereignet sich dies für uns, so zeigt es sich in unseren heil gewordenen Beziehungen im Eigen–, Anders- und All-sein. Zielt *Shugyō* daran vorbei, erwacht das ichhafte Begehren, dessen Früchte Arroganz und Machtstreben sind; allerdings, indem der Mensch in dieser Hinsicht unachtsam weiter übt, werden sie *kultiviert*, so dass sie für ihn selbst als auch für die anderen zunächst weitgehend unerkannt bleiben können.

Wer das mit *Shugyō* Intendierte, nämlich das Erwachen zum Gesamt dessen, was ihm gegeben ist, einholen will, ist aufgefordert, dies in Ehrfurcht zu erwägen; jeglicher instrumentell verdinglichte Anspruch steht dem nicht nur entgegen, sondern zeitigt – wie schon angedeutet – sein ihm eigenes Ergebnis; so betet David: „Gegen die Heiligen bist du heilig, und gegen die Treuen bist du treu, gegen die Reinen bist du rein, und gegen die Verkehrten bist du verkehrt.“[19]

Anmerkung

Anm. a: Die Störung in der Kern-$_F$ lässt den Menschen sich selbst nicht durchschauen, weil sie unmittelbar das Unterscheidungs-Vermögen trifft. Hier liegt der Grund, weshalb er das Gute vom Bösen nicht eindeutig zu unterscheiden vermag. Solange wir Wille und Vernunft, indem wir sie mit dem Baum des Erkennens identifizieren, als Lebens-Mitte verabsolutieren, bleiben wir in der Nicht-Entwirrbarkeit von Gut und Böse befangen; dies ist nichts anderes als eine dualistisch wahrgenommene Sicht von Leben und Tod.

Ein erwachter Mensch dagegen weiß um sich selbst, um sein ihn natürlich erhaltendes Lebens-Feld und darüber hinaus um sein Verwiesen-sein. Bewusst darauf hin ausgerichtet, wird ihm im Erfassen dieser dreifachen Hinsicht das eigene Geworden-sein, das sich im Spiegel der Identität vergegenwärtigt, durchaus zugänglich. Er vermag nun das zu erkennen, was dem wahren Lebens-Vollzug im Wege steht: das von ihm in der Differenz Wahrgenommene muss zertrümmert werden, auf dass der Weg sich ihm in eine größere Freiheit bahne, die das Begehren, etwas zu ein, letztlich als illusionär, ja als trügerisch erweist. Entscheidend ist hier zu sehen die Tatsache, dass das Vermögen, das Gute vom Bösen zu unterscheiden, abhängig ist vom Verhältnis der Differenz zur Identität der Kern-$_F$. Je weniger die Differenz eingetrübt ist, desto eindeutiger kann das untrügliche Urteil getroffen werden; einem reinen, makellosen Dasein kann der Durchblick geschenkt werden.

Die vorgeburtliche Beziehung von Mutter und Kind ist ein gleichnishaftes Bild für die Schöpfung: ihr Verwiesen-sein. Diese gegebene Einheit in Unterschiedenheit darf sich lösen, um im Einholen der in das Leben eingestifteten Freiheit sich selbst zu werden.[20] Um dieser Freiheit willen kann und muss der Mensch im Durchgang durch das Leben vielfältig Entscheidungen fällen, die wesentlichste jedoch ist – im Bild gesprochen –, ob er sich vom Baum der Erkenntnis von Gut und Böse oder vom Baum des Lebens ernähren will; es soll nicht verschwiegen werden, das Böse hat hier seinen Spielraum zur Versuchung.

In dem Maße, wie sich unser Denken, Reden und Tun phänomen-orientiert bestimmt, wie gesagt, abhängig vom Baum des Erkennens von Gut und Böse ist, kann sein Ergebnis nicht frei sein von dem Virus aus dem Zerwürfnis in der Kern-$_F$; der Wahrheits-Wert der gesetzten Akte ist hiervon nicht unabhängig. Deshalb sollten wir nicht erstaunt sein, wenn ihr Tat-werden trügerisch-zwiespältiges zum Ergebnis hat, dessen Ursache in der Selbst-Bespiegelung zu finden ist. Um die Verursachung des sich im Ergebnis zeigenden Hindernisses aufzudecken, muss deutlich werden, wie grundlegend unsere Entscheidung für den Baum des Lebens ist. Sie lässt uns das täuschende Moment durchschauen, anstatt ihm zu erliegen. Die Integration der Erkenntnis-Basis von Gut und Böse in die des Lebens bewahrt unser Handeln vor dem Virus aus dem Zerwürfnis, das sich in der Kern-$_F$ etabliert hat.

Was ansteht, ist das Neu-geboren-werden.[21] Die Geburt aus dem Wasser: das Entschlacken der Differenz ist unser Teil. Die dort in Uneinsichtigkeit gebundenen Leidenschaften, werden sie freigekauft, wandeln sich in ihrem Verlangen hin auf das *Leben-Selbst.* Die Geburt aus dem Geist: im uns ausschließlich zukommenden Teil wird das Verwiesen-sein der Identität anschaulich, das *Leben-Selbst* will sich ihr – in ihr Gestalt annehmend – gegenwärtig erweisen.

Um unser Mensch-werden – die wahre Wieder-Geburt – einzulösen, müssen die ichhaft gesteuernten Energien aus ihrer die Lebens-Vitalität vergeudenden Verkehrung entbunden werden: die Vitalitäten, die sich – intentional entfremdet – aktualisieren, sollen in ihre authentische Wirkweise, ihre Übereinstimmung mit dem *Leben-Selbst,* überführt werden. Hierfür müssen sie im Akt des Widerrufs vom Baum des Erkennens von Gut und Böse befreit werden, um ihre Früchte – nicht mehr aus der verschmutzten Differenz gesteuert – aus der Identität tragen zu können.

Der in der Mitte stehende Baum des Lebens ist uns wieder erschlossen im Kreuz Jesu.[22] Auf diesen vorgezeichneten Weg uns mit Ihm zu begeben, sind wir eingeladen. Aufgrund des Zerwürfnisses in der Kern-$_F$ – Differenz und Identität – sind es aber zwei Wege: die Welt, uns mit ihrer Erscheinung zu identifizieren, oder ihrer Mitte – dem Gegenwärtig-sein des *Leben-Selbst* – gewahr zu werden. Welcher Weg seine Lebens-Mitte sein soll, entscheidet jeder Mensch für sich: dementsprechend gewinnt sich des Lebens Gestalt.[23]

2 Unwissen: Finsternis des Erkennens

Das Authentische in uns – die wahre Individualität – erschließt sich kraft des Prozesses der Entstörung, die bezogen auf das interaktive Reaktions-Feld des Atems, des Bewusstseins und der Dispositionen sich vollzieht. Die drei klar sich unterscheidenden Vollzugs-Modi in Bezug auf den Atem, das Bewusstsein und die Dispositionen müssen, ihnen gemäß in den Prozess der Erschließung integriert, uns bewusst werden. Das scheinbare Nacheinander ist im Vollzug des Erschließens in der Tat ein Mit–, Zu- und Voneinander, aus dem der Anlass dafür entspringt, die Dispositionen ihrer Auflösung zuführen zu können.

Der Atem, soll er zu seinem Ursprung zurückfinden, ringt mit Hindernissen – wie ein in angereichertes, verschmutztes Wasser Eintauchender – und dringt in je tiefere Gründe ein, deren widrige Tragweite dadurch bewusst wird. In diesen Prozess des reinigenden Klärens ist das Bewusstsein insofern massiv involviert, als es – vermöge der Minderung seiner sich permanent krankhaft bewegenden Potenzen – an Transparenz gewinnt und auf dem Weg ist, zu gesunden. Jedoch, entscheidend ist die Auflösung der Dispositionen, deren Verursachung vom gestörten Bewusstsein nicht zu trennen ist; aus der Hinterlassenschaft beider Störungen ist die erkrankte Atmung verschuldet. Findet der Atem zurück in seine Natürlichkeit, zum Lebens-Impuls an sich, dann ist auch dem Bewusstsein der Weg geöffnet, das Leben authentisch zu erfassen und sein *Verwiesen-sein* zu erkennen. Die Verknüpfung dieser drei sich ereignenden Vollzüge ist fundamental für den Prozess der Individuation, insbesondere geht es um die Auflösung des in den Dispositionen gespeicherten Widerspruchs zum Leben, aus dem sowohl der Atem als auch das Bewusstsein je in ihrer Entfremdung gesteuert sind.

Der Individuations-Prozess bedarf eines Impulses, einer Initiation, um sich auf das zuvor dargelegte Ziel hin – Aufhebung der Entfremdung – bewegen zu können. Im Bild veranschaulicht: wie die Sonne mit ihren Licht-Strahlen die Materie berührt, in sie eindringt und mit der in ihr gegebenen Qualität des Lichts – zwecks des Wachstums – korrespondiert, so verhält es sich auch mit der Lebens-Kraft, denn die Identität der Kern-$_F$ in uns bedarf ebenfalls des sie erweckenden Impulses aus dem *Leben-Selbst,* damit sich die in den Dispositionen gespeicherte Finsternis, der Widerspruch zum Leben, im Lebens-Licht lichten lässt. In ähnlicher Weise, wie tote Materie der ihr eigenen Aktivität ermangelt, so verhält es sich auch mit dem in Finsternis gebundenen Bewusstsein: die mit allem korrespondierende Dynamik des Lebens ist im Bewusstsein gehemmt, denn sein mit dem Licht notwendig kommunizierendes Moment ist verdunkelt. Außerdem, pervertiert durch äußere Einflüsse kommt der Materie das Moment, beständig zu sein, abhanden, sie erstarrt. Analog hierzu verhält es sich mit den Dispositionen: in ihnen demonstriert sich Erstarrtes, Widerstand gegen das, was uns Leben lässt. Es geht darum, dass die im Erstarrten gebundenen Energien in die ihnen ursprünglich gegebene Wirkweise, dem Leben Trotzenden zu widerstreiten, zurückgeführt werden.

Obwohl den Seins-Modi des Individuums und den Qualitäten der Natur Analogien zugrunde liegen, ist zwischen ihnen doch ein klar unterscheidendes Kriterium gegeben: der freie Wille, sich zu entscheiden. Wären die Vermögen des Erkennens keiner Störung unterworfen, stünde der Wille im Prinzip ganz auf der Seite des Lebens. Gen 3,1ff deutet jedoch auf etwas hin, was *trotz des ohne Störung* diesen Willen noch zu manipulieren vermag. Erst wenn wir dieses Faktum – den Kampf zwischen Licht und Finsternis – mit in Betracht ziehen, tut sich uns die Dimension dessen auf, wie tief die Finsternis unser Erkennen überhaupt treffen kann; dieser Sachverhalt ist *Mumyō* (無明) genannt. Befallen von *Mumyō* missbraucht der Mensch die Lebens-Kraft willentlich. Die Natur dagegen kann dies nicht; dieser Missbrauch verletzt indessen unsere Lebens-Welt schlechthin. Es ist deshalb unerlässlich, *das kom-*

plexe Vernetzt-sein unseres Lebens in seiner Tragweite zu erfassen, und zwar durch *Shugyō* – das von uns aus Mögliche – als auch durch das *Leben-Selbst,* dessen Kraft unser Unwissen zu überwältigen vermag. Die unerbittliche Entscheidung für das Leben, in die wir als Mensch gestellt sind, zu ignorieren, heißt nichts anderes, als unsere zu verantwortende Teilhabe am *Leben-Selbst* zurückzuweisen.

Im Hymnus auf das göttliche WORT – offen gelegt von seinem Ursprung her – steht Licht wider Finsternis:[a]

> „Und *alles ist durch es,* nichts ohne es
> *geworden,* was geworden ist.
> Das Leben war in ihm,
> das Leben war der Menschen *Licht,*
> es leuchtet *in der Finsternis,*
> die Finsternis vermag es nicht zu greifen.
> … das wahre Licht, …
> Es war schon in der Welt, sie ist durch es geworden
> jedoch die Welt erkannt' es nicht.
> Es kam zum Seinigen,
> die Seinen nahmen es nicht auf."[24]

Die Natur ist eine Analogie der Offenbarung des Lebens, denn gleichnishaft stellt sie uns das Verwiesen-sein vor Augen: wie die Sonne mit dem Licht in der Materie korrespondiert, es wach ruft, damit Wachstum – Leben – geschieht, so ist es auch im Verhältnis des *Leben-Selbst* zur Identität der Kern-$_{P}$, sie muss zu sich selbst – zu ihrer Verantwortung und zugleich ihrem Verwiesen-sein – erwachen. Alles Leben ist *seinem innersten Kern gemäß* ausnahmslos aufeinander verwiesen, denn alles, was atmet, hat seinen Ursprung im *Leben-Selbst.* Das Medium, durch das sich uns das Leben authentisch erschließt, ist der in der Identität der Kern-$_{F}$ wurzelnde Atem. Wer sein Verwiesen-sein atmet, der lebt, ohne an sich selbst zu haften: allem vermag er selbstlos zu begegnen. Könnte *das mit Liebe Gemeinte* hiervon jemals etwas Verschiedenes sein?

Ein nicht zu übersehendes Obstakel für uns alle ist, dass uns die Chance der Selbst-Einsicht verwehrt ist, weil wir uns mit dem, was unser Bewusstsein verdunkelt, identifizieren. Aus den unseren Sinnen sich darbietenden Inhalten, in denen wir hängen bleiben, entstehen die Objekte, seien sie mental, imaginativ oder emotional angesiedelt. Legen wir dem Erkennen die Kern-$_{F}$ – Identität und Differenz – zugrunde, lässt sich das Bewusstsein öffnen und dadurch ihr klares Unterschieden-sein erkennen: das Wahrnehmende ist die Identität, das Wahrgenommene die Differenz. Die Identität kann sich zwar selbst einsichtig werden, aber um ihr volles Sein zu erkennen, dafür ist sie auf das *Leben-Selbst* verwiesen. Dem entgegen kann die Differenz sich selbst nicht einsichtig werden, sondern sie ist, was ihre Selbst-Einsicht betrifft, auf die Identität verwiesen. Soll *Mumyō* – Unwissen –, das in der Differenz seine Wurzel schlägt, aufgedeckt werden, muss sich die Differenz von der Identität durchlichten lassen, denn das Wahrnehmende und das Wahrgenommene sind zwei sich klar unterscheidende Vermögen. Werden sie in unserem Bewusstsein vermischt, bleibt der Einsicht, dass die Differenz auf die Identität verwiesen ist, der Zutritt verwehrt.[b]

Obwohl die Differenz ohne die Wirkkraft der Identität nicht existent sein kann, können sich – aufgrund der illusionären Vertauschung der beiden Funktionen – die instrumentellen Vermögen als das eigentlich Erkennende des Bewusstseins verstehen, die Identität ignorieren und ihr Abhängig-sein von den Dispositionen verdrängen. Hier hat es seine Ursache, dass wir das Erkennen für zuverlässig, unser existentielles Erfahren für wahrheitsgemäß und das Wahrnehmen des jeweiligen Sachverhaltes für angemessen halten können. Folglich geht es darum, das Vermischte des instrumentellen Bewusstseins zu durchschauen, denn das Potential aus der Genealogie und der daraus selbst veranlasste Widerspruch, welcher hier wirkt, ist und bleibt Bestandteil dessen, was zum Wahrgenommenen gehört und demzufolge niemals fähig ist, existentiell wahrzunehmen. Das hier notwendige Entwirren kann geschehen, indem das Wahrnehmen nicht mehr vertauscht wird mit dem Wahrzunehmenden. Erst dadurch kann der Widerspruch in den Dispositionen seiner Auflösung zugeführt werden, wofür der Atem das authentische Medium ist.[c]

Das Ich kann sich selbst authentisch – seinen existentiellen Lebens-Kontext – nicht wahrnehmen, denn sein ich-zentriertes Wahrnehmen ist und bleibt phänomen-bezogen. Dessen ungeachtet kann *das Ich* – vermöge seines simuliert analogen Erkennens zur Identität – deren Authentizität sich selbst zuschreiben, um sie nicht anerkennen zu müssen, damit *sein an der Scheinwelt orientiertes Rollenspiel* nicht aufgedeckt werde. Außerdem ist selbst dasjenige, was *im Ich* und *durch das Ich* an authentischem Leben durchscheint, nicht aus ihm, sondern kommt aus der Identität der Kern-$_F$; allein diese Tatsache soll der Einsicht nicht zugänglich werden, denn das würde bedeuten, dass dadurch *dem Ich* sein Status, sich mit dem Lebens-Grund zu identifizieren, abhanden käme.[d]

Die der phänomenalen Welt zugrunde liegenden Eigenschaften sind Lichtendes, Bewegendes und Beharrendes: aufeinander bezogen sind sie je der Erscheinung zugeordnet. Auch der Mensch ist weitgehend bis hinein in seine Bewusstseins-Struktur der phänomenalen Welt zugehörig. Weil jedoch Unstimmigkeit in ihm – verursacht aus seinem nicht mit dem Leben übereinstimmenden Intendieren – sich festgesetzt hat, können jene drei Eigenschaften nicht authentisch wirksam werden. Aufgrund des ihnen Anlastenden ist ihr positives Moment von den wider sie wirkenden Kräften beeinflusst, so dass, werden die gegebenen Eigenschaften durch spezielle Übungen verfügt, daraus nur eine illusionäre Lichtung erfolgen kann. Solcher Art Ergebnisse bieten sich dann als das je Gesuchte an und können dadurch sowohl den Übenden selbst als auch andere täuschen.

Solch ein scheinbares *Sich-selbst-finden* macht den Menschen blind für seine tatsächliche Befreiung, denn solange sein Bewusstsein in Raum und Zeit gebunden verweilt, ist er – auf der je sublimeren Ebene – noch mehr als zuvor anfällig für die ein Leben irritierenden Kräfte. Erst die von Raum und Zeit freie Beziehung zwischen der Lebens-Dynamis und ihrer Voraussetzung lässt ihn den Täuschungen entkommen und existentiell erkennen, dass er aus sich nichtig ist. Wird jedoch die Nichtigkeit mental, imaginativ oder emotional eingeholt, dann entsteht hierdurch eine Blockade, die das Überschreiten der Grenze von der phänomenalen Welt zum *Darüber-hinaus* verhindert. Entscheidend ist hier zu erkennen, dass uns nicht das instrumentelle Bewusstsein, sondern der durch *Übung und Verzicht* gesundete Atem unsere Nichtigkeit – Vergänglichkeit – in Erfahrung bringt und zum wahren Lebens-Impuls zurückführt.[e]

Was Unwissen ist, lässt sich verdeutlichen im gestörten Verhältnis des instrumentellen Bewusstseins zur Grund-Funktion des Lebens. In ihr ist die Gesetzlichkeit des Lebens für uns, ja für die gesamte Lebens-Welt, eingeschrieben; wären alle unsere Akte daraus bestimmt, dann entstünde auf das Seiende insgesamt bezogen – bis hinein in den Kosmos – keinerlei schädigendes Handeln. Dessen ungeachtet, das instrumentelle Bewusstsein, dem die Verkehrung hinsichtlich seiner Ansprüche selbst nicht einsichtig ist, dominiert das Erkennen.

Auch wenn es den Anschein haben kann, als wäre Unwissen ausschließlich auf das instrumentelle Bewusstsein bezogen wirksam, wird doch hiermit das Einsehen der Ursache, der im Erkennen wirkenden Finsternis auf die Spur zu kommen, blockiert. Denn daraus ließe sich folgern, dass es allein durch *Shugyō – Übung und Verzicht* – an seiner Wurzel zu treffen und deshalb auflösbar sei. Im Handlungs-Anspruch des Menschen – seiner Intentionalität – ist etwas wirksam, was gegen das *Leben-Selbst* gerichtet agiert: *der aktiv werdende ursündliche Virus*. Sein Agieren ist in zweifacher Hinsicht, sowohl im Verwiesen-sein der Differenz zur Identität als auch dieser zum *Leben-Selbst,* offen zu legen. Wie sich nun zeigt, ist der Lösungs-Anspruch, um die Finsternis – Unwissen – aufzulösen, weit über das instrumentelle Bewusstsein hinaus verwiesen.[f]

Greift der Mensch nach der Lebens-Dynamis, um sie zu verdinglichen, wird das ihn existentiell Erhaltende beeinträchtigt. Die Konsequenz daraus ist die Gefahr, dass sich das instrumentelle Bewusstsein von seiner eigenen Voraussetzung trennt. Außerdem erkaltet für einen so Handelnden die Lebens-Dynamis in ihrem Verwiesen-sein auf das *Leben-Selbst.* Hierdurch wird der eigene Lebens-Impuls geschwächt und für das Handeln nicht mehr authentisch vernehmbar. *Das damit einhergehend scheinbar erfahrene Frei-geworden-sein* zu durchdringen, ist jetzt für das Erkennen – aufgrund der Vermehrung der Finsternis in ihm – weniger möglich, so dass eine falsche Gewissheit sich einzustellen vermag, nämlich diese sei des Lebens wahre Bedingung, die sich in ihrem Vollzug ins Gegenteil verkehrt.[g]

Hat der Mensch die ihn heilende Kraft erfahren, dennoch greift er nach dem Leben – der Identität der Kern-$_F$ –, dann ist der Einbruch der Finsternis in seinem Bewusstsein tiefer als zuvor. Dieser Einbruch lässt sich am Beispiel des Stehlens verdeutlichen: es gibt ein materielles, geistiges und geistliches Stehlen, dessen Wurzel im Vergreifen an der Lebens-Dynamis liegt. Jegliches Vergehen hat hier seine Ursache; ein Zusammenhang, der hinlänglich dem Bewusstsein entgeht. Je tiefer die erkennenden Vermögen ihrer Entstörung zugeführt werden, desto eindeutiger wird uns der Missbrauch des Lebens – das eigentliche Vergehen der nicht verantworteten Lebens-Zeit – bewusst. Wird die Reinigung der Bewusstseins-Vermögen nicht vollzogen, geschieht kein Erwachen; dies deshalb, weil durch ihre Verschmutzung dem existentiellen Erkennen der Identität der Durchblick verwehrt ist.[h]

In dem Maße, wie die Grund-Funktion des Lebens – die authentische Gegenwart – erwacht, entdeckt der Mensch in sich das wirklich Wahrnehmende, das existentiell das Leben schaut. Erst dann vermag er das instrumentelle Bewusstsein zu durchschauen und erkennt, dass das Wahrgenommene Bestandteil der Materie ist; es kann also selbst nicht das existentiell Wahrnehmende sein. Außerdem durchschaut er in jenem *Gegenwärtig-sein* das ichhafte Gebaren und erkennt seinen fundamentalen Irrtum, insbesondere, dass er sich bisher damit fraglos identifizieren konnte; nun sieht er, wie tief die Finsternis sein Bewusstsein durchdringt.[i]

Das instrumentelle Bewusstsein – Bestandteil der Materie – lässt sich ausgehend von ihren in der phänomenalen Welt wirksamen Qualitäten in seinen Eigenschaften aufschlüsseln. Aus ihrer Grundenergie des Lichtes folgt ihr aktives Moment der Bewegung und aus diesem wiederum das sie bewahrende passive Moment des Beharrens. Werden die in der Materie wirksamen elementaren Vermögen, die aufgrund der in ihnen wirkenden Störungen in Unstimmigkeit geraten sind, in ihrer Doppeldeutigkeit wahrgenommen, dann erkennen wir, wie die Grundenergie des Lichts verfinstert ist und wie in ihrem aktiven Moment der Bewegung sich Behinderung installierte. Außerdem, wie das sie bewahrende Moment des Beharrens offen ist für Einflüsse, die diese ihre Eigenschaft unterwandern. Zumal das instrumentelle Bewusstsein der Materie zuzuordnen ist, erhalten wir hierdurch Einsicht nicht nur in deren Wirksphäre, sondern auch die dort sich etablierten Störfelder werden erkannt. Ohne diese Ambivalenz in den Vermögen zu durchschauen, kommen wir der Finsternis im Bewusstsein – *Mumyō* – niemals auf die Spur. Intendieren wir, das instrumentelle Bewusstsein zu lichten, dann müssen wir die in ihm anteilmäßig wirkenden Verkehrungen unterscheiden, um sie dann je einzeln in ihr authentisches Gegenteil zu konvertieren.[j]

Im Bestehen des Lebens – in seinem Mit–, Von- und Zueinander – erfährt das normale Bewusstsein der Menschen Konflikte. In den zu setzenden Akten ist die notwendige

Transparenz für das Bestehen des Lebens nicht gegeben, dies aufgrund des die Handlungs-Intention verdunkelnden Zwielichtes im nicht durchlichteten Anteil des Bewusstseins. Weil das Bewusstsein weitgehend Materie gebunden ist, kann es nichts anderes als sich *objekthaft* orientiert zu verhalten. Indem unsere Erkenntnis- und Handlungs-Akte auf der Ebene, welche relativ frei ist von einem Orientiert-sein an der Materie, sich vollziehen, vermögen wir der Ursache der Bewusstseins-Verdunklung einsichtig zu werden. Dann gewinnen die Akte nicht nur an Transparenz, sondern sie sind auf dem Weg, dass in ihnen *das uns Leben-Lassende* deutlich erfahrbar wird.[k]

Unter den verschiedenen Einflüssen und Kräften, die in unserem Bewusstsein zusammen wirken, können wir drei charakteristische Eigenheiten unterscheiden:

a) das Unsichtbare: die verursachende Lebens-Kraft;

b) das zu Erkennende: die wirkende Lebens-Kraft;

c) das sichtbar Gewordene: die sinnlich wahrnehmbare Lebens-Kraft;

Die hiermit gegebene und aufeinander bezogene Einheit von Unsichtbarem, von zu Erkennendem und von sichtbar Gewordenem darf weder gestört noch zerstört werden; in Wirklichkeit aber ist diese Einheit durch eine gefälschte Deutung der Freiheit gestört, weshalb sich eine Missordnung in uns etabliert, deren Ursache uns weitgehend verborgen ist. In dem Maße, wie das Ergebnis unseres Wahrnehmens nicht jene Einheit – in ihrer Differenzierung der drei Lebens-Kräfte – aufweist, ist das ein Hinweis, dass unseren Wahrnehmungs- und Erkenntnis-Vermögen – infolge ihrer Fixierung auf das Sichtbare – *das Darüber-hinaus* nicht in den Blick kommen kann: die eigentliche Ursache unserer Zwietracht mit diesem und jenem.[l]

Wollen wir jedoch tiefer in das Erkennen eindringen, dann sind hierfür a), b), und c) in sich selbst einem dreiteiligen Unterscheiden zu unterziehen, dies hinsichtlich ihres Verwiesen-seins, nämlich c) auf b) und b) auf a):

Xa : das Licht des Lebens;[25]

Xb : das Licht der Sonne;

Xc : das Licht in der Materie;

Ya : die Akt-Dynamik im *Leben-Selbst*;

Yb : das Wirkende in den Geschöpfen;

Yc : das Gewirkte;

Za : das Unveränderliche im *Leben-Selbst*;

Zb : das Innewohnend-Bewahrende in der Schöpfung;

Zc : das Beharrende im Gesehenen;

Ein weiterer Schritt will nun die Dimension unseres Menschseins in seinem verwiesenen Bezogen-sein aus der unterscheidenden Zusammenschau X, Y und Z verdeutlichen:

→ *das Absolut-Sehende ist das Leben-Selbst;*

→ *das Erkennende ist die Identität der Kern-*$_F$*;*

→ *das Gesehene ist die Differenz der Kern-*$_F$*;*

Das hier Aufgezeigte will offen legen, dass das instrumentelle Bewusstsein Bestandteil der Materie ist, wofür der Mensch im alltäglichen Leben leider oftmals bis zum Ende unwissend bleibt. Es ist deshalb höchst absurd, dass sich die Differenz das erkennende Vermögen der Identität selbst zuschreibt: in diesem illusionären Tausch haben viele Konflikte ihren Nährboden.

Gelingt es einem Menschen, diese drei Eigenheiten instrumentell zu harmonisieren, könnte er wohl in die Dimension, die in Raum und Zeit nicht gebunden zu sein scheint, eindringen; erreichbar ist dies, wenn das Licht in der phänomenalen Erscheinung mit der Eigenschaft des Lichtes im Bewusstsein korrespondiert. Solche Praktiken dürfen indessen nicht bloß an der Erscheinungs-Welt orientiert und in ihr gebunden bleiben, sondern die dadurch beabsichtigte tiefere Ausstrahlung muss auf eine geistliche Entfaltung hinzielen. Intendiert aber *solch ein Leisten*, sich aus der Lebens-Gemeinschaft herauszuheben, dann ist es abzulehnen, zumal sich dadurch der innere Widerspruch im Verhältnis der Differenz zur Identität der Kern-$_F$ verstärkt. Abgesehen davon spiegelt sich das damit einhergehende innere Zerwürfnis auch im äußeren Lebens-Umfeld solch eines Menschen; soweit er sich mit dem dargelegten inneren Widerspruch identifiziert, ist es – auf einer sublimeren Ebene als zuvor – angängig, in die Vernetzung der äußeren Zerwürfnisse involviert zu sein. Es gibt jedoch besondere Übungen, die in einer das Leben einschließenden Praxis – auf seinen eigentlichen Wirkungskreis bezogen – eingebunden sind, diese können zu einem Offenwerden für Wahrheits-Werte führen.

Menschen, die versuchen, sich durch instrumentelle Praktiken aus dem Kollektiv herauszuheben, weisen demzufolge kaum Spuren eines tieferen Erwachens auf. Das Leben lässt sich instrumentell nicht verfügen: weder durch Atmen noch durch Nahrung, auch nicht durch verdinglichtes Beten noch durch sonstige Übungen; das Unbegrenzte von Raum und Zeit kann *aus der Raum-Zeit Dimension* nicht manipuliert werden. Dagegen ist es in seiner Ordnung, in seiner mit allem korrespondierenden Gesetzlichkeit übereinstimmenden Ordnung, wenn *die Raum-Zeit freie Dimension* als Voraussetzung fungiert für all dessen, was phänomenal erfahrbar ist, damit die Welt der Erscheinung in das sie verursachende Moment integriert erfahren wird. Soll also sich die Welt der Erscheinung über sich hinaus öffnen, um mit uns authentisch zu kommunizieren, dann muss sie in ihrer Verursachung getroffen werden.

Zum Verwiesen-sein der Identität auf das Leben-Selbst und die Sakramente:

Die Identität kann in sich erwachen, sich selbst einsichtig werden, denn sie ist das existentiell Wahrnehmende im Leben eines Menschen. Aufgrund der ihr gegebenen Erkenntnis-Kraft ist es für sie möglich, das instrumentelle Bewusstsein zu durchschauen, sowohl seine positive Geltung zu erkennen, als auch alle Verkehrung in ihm aufzudecken und offen zu legen. Allein, dass der Identität ihr Verwiesen-sein in einem initiatorischen Akt *aufgeht*, muss ihr zukommen. Weil es gilt, die vermischt vorgefundene Komplexität des Bewusstseins transparent werden zu lassen, sind uns die Sakramente als Heils-Zeichen gegeben. Sie wollen an der Nahtstelle, dem Wahrnehmenden zum Wahrgenommen-werden – der Identität zur Differenz der Kern-$_F$ – ansetzen, um mittels der Entstörung, ja des Heil-werdens den Durchblick zu ermöglichen, was leider oftmals wenig oder kaum verstanden ist.

Die Sakramente bewirken im Hinblick auf das instrumentelle Bewusstsein die Einsicht in seine Verkehrung und Läuterung vom Übel des Bösen. Im Hinblick auf die Identität aber geht es darum, dass *ihr Verwiesen-sein auf das Leben-Selbst von diesem ganz erfüllt wird*, mit anderen Worten, dass *ihr das verlorene ursprüngliche Lebens-Licht neu geschenkt wird*. Vollgültig von diesem Licht durchdrungen weiß der Mensch: die Identität kann niemals ein Selbstbesitz sein. Was sie ist, ist angängige Anteilhabe am *Leben-Selbst*, mit ihm verbunden, ja geeint zu werden. Wird dies zur Erfahrung, dann kann die Differenz *ihr Verwiesen-sein auf die Identität* bejahen und dadurch von der Vorstellung frei werden, sie sei aus sich selbst, was sie ist. Wie wir sehen, liegt dem Verhältnis der Differenz zur Identität eine Analogie zugrunde. Indem die authentische Seins-Ordnung der Identität das Mensch-sein erfüllt, wird den Energien, die sich dem Leben widersetzten, ihr Wirkfeld entzogen: entbunden aus ihrem Missbrauch können sie nun in Übereinstimmung mit dem Leben wirken.[26]

Anmerkungen

Anm. a: „Im Uranfang war Er, das Wort. ... Was geworden, war Leben in Ihm. Und das Leben war das Licht der Menschen. Und das Licht scheint in der Finsternis. Und die Finsternis ergriff es nicht."[27] Diese Finsternis, nämlich Unwissen, ist wie eine Tor-Schliesse, durch die verhindert wird, dass Licht eindringt.[28] Dem Licht, der Leben spendenden Weisheit, tritt Finsternis entgegen; diese Urtrennung besteht in der Kern-$_F$ zwischen Identität und Differenz. Sie ist die Wurzel jeglicher Anhaftung und Illusion. Jedoch, wisset, die Finsternis ist der Kopf, den klares Wissen verbunden mit Glauben, Ergeben im gesammelten Herzen und mit willentlichem Bemühen zertrümmern kann.[29] Die Welt ist von Unwissen bedeckt. Sie leuchtet nicht wegen ihrer Gier und Trägheit. Das begehrliche Herz ist ihr Schmutz. Leiden ist ihre große Furcht.[30] Unwissen ist eben die Grund-Ursache des menschlichen Leidens.

Anm. b: Unwissen – Mumyō – ist die Überzeugung: es ist, was nicht ist; und das, was nicht ist, gibt es. Was nicht ist, das gibt es, ist mit anderen Worten ein Schatten-Bild im Herzen, das als real existierend ausserhalb von diesem angenommen wird. Wollen wir aus der illusionären Welt befreit werden, so müssen wir diese Tatsache tief durchschauen. Erst wenn das Erwachen sich ereignet, erkennen wir, dass die Dinge, die ausserhalb des Herzens zu existieren scheinen, in Wirklichkeit nicht sind, nämlich als die von uns getrennten Objekte. Indem uns diese Einsicht geschenkt wird, können wir sowohl von Illusionen, die aus der Anhaftung an die Dinge entstanden, als auch von bösen Taten befreit werden. Soweit das verfinsterte Herz von Licht durchdrungen, d. h., geläutert und befreit ist, ist es empfänglich für die Wahrheit, aus der nun sich sein Handeln bestimmt.

Anm. c: Was ist Unwissen? Sein Wesen ist es, aufgrund des verfinsterten Herzens allem Wahren und allen Tatsachen gegenüber, was daraus unmittelbar kommt, sich zu irren. Seine Akte sind es, Nicht-Unwissen zu hindern, um das Herz des Menschen zu verführen. Da der in Unwissen Gebundene dem Wahren gegenüber blind ist, zweifelt er an ihm, wodurch die böse Sicht, das Wahre zu verneinen, entsteht. Als dessen Folge vertieft sich der innere Zwiespalt, aus dem die Kette des Leidens hervorgeht. Unwissen, nämlich Finsternis, die das Licht nicht erkennen kann, ist die Grund-Ursache dessen, was das verschmutzte Herz, die böse Tat und leidendes Da-sein mit sich bringt.

Anm. d: Der Mensch vermag sich nur in äusserster Not der eigenen Blindheit zu stellen; soweit eine Möglichkeit besteht, auszuweichen, obwohl sie eine Illusion ist, wird sie wahrgenommen. Es gibt ein Gesetz in der Welt, das von Unwissen gesteuert ist. Dieses Gesetz will die Menschen in letztlich sinnloser Geschäftigkeit binden, so dass das wahre Darüber-hinaus nicht in den Blick kommen kann. „Was würdet ihr von einem Menschen sagen, der das Feld seines Nachbarn bearbeitet und das eigene unbebaut liegen lässt? Genau das macht ihr! Ihr drängelt euch ständig in das Gewissen der anderen ein und lasst das eure beiseite. Wenn der Tod kommt, wird es euch leid tun, dass ihr euch soviel mit anderen beschäftigt habt und so wenig mit euch selbst!“[31] Finsternis lässt die Menschen ihre Fesseln nicht erkennen; je nach ihrer Veranlagung, ihrer Hinfälligkeit, sind sie darin gefangen – in ihrem Ich. Die Finsternis selbst ist der Nährboden für das Ich. Gewöhnt sich der Mensch daran, erstirbt sein Verlangen nach dem Licht der Wahrheit. „Die Menschen gleichen Maulwürfen, die unter der Erde ihre Gänge graben und nur selten bis zum Tageslicht vorstossen.“[32] Erst aus der Einsicht – Ich selbst bin Finsternis – lässt sie sich auflösen; sie muss von uns wirklich geschaut werden, damit wir davon frei werden können. Geschieht das nicht, so wähnt der Mensch, er könne sich vom Leiden durch Verdrängung befreien, weil er die Ursache seines Leidens, das aus seiner eigenen Verkehrtheit kommt, ausserhalb sucht. Diese Verdrängung deckt auf, wie tief der geistig-geistliche Schlaf ist, indem er seine Vergänglichkeit zwar auf die Objekte, jedoch nicht auf sich bezieht. Zum Beispiel, die Tatsache des Todes, die täglich in unser Blickfeld kommen kann, zeigt, dass viele von uns in ihrem Erkennen und Handeln davon wenig oder nicht berührt sind, denn wir kehren nicht um. Es ist ein Leben, dessen Quelle das *Leben-Selbst* ist, und das diese dennoch ignoriert, indem es ihr widerspricht. Im Saddharma-pundarika-sūtra sagt der Vater: ‚Diese Kinder sind äusserst schwer zu erziehen, ja sogar töricht, so dass sie – unwissend – in die Gefahr hineinfallen. In der lodernden Flamme, die sie umschliesst, lauern unzählig viel giftige Ungeziefer und furchterregende Gespenster. Dennoch haften sie an ihrem Spiel und wollen nicht heraus.‘

Anm. e: Dem dualistischen Erkennen – in seiner differenziert-illusionären Verneinung – liegt Unwissen zugrunde; Unwissen, das die Einheit im *Leben-Selbst* nicht erkennt, nicht erkennen kann, weil das gesamte Vermögen des Erkennens – bis in die Differenz der Kern-$_F$ – davon betroffen ist. Finsternis ist von Geburt an der gewöhnliche Stand des Menschen: „Denn ich bin in Schuld geboren; in Sünde hat mich meine Mutter empfangen.“[33] Es gibt keine Tat, die ausschliesslich beim Handelnden selbst verweilt, sondern sie zeugt sich fort. In ihrer Neigung, d.h., soweit sie verhaftet ist im Negativen, bleibt sie gebunden. Alles, was geschieht, ist immer ein Geschehnis in und aus der Lebens-Einheit: „An dir allein habe ich gesündigt ...“[34]; ausserhalb von ihr gibt es kein Ereignis. Der Mensch kann nur in dieser Einheit existieren, zugleich trägt er sie auch in sich. Sein Handeln trifft daher die Einheit und so ihn selbst; in dieser kosmischen Dimension ereignet sich jede Tat.

Anm. f: Verursacht aus dem verwobenen Da-sein mit allem ist der Mensch bei seiner Geburt bereits Träger verschiedener Samen.[35] Ein äusserer Anlass, der mit entsprechenden Samen korrespondiert, bringt das in den Samen Eingespeicherte zum Keimen. Das Freigewordene beeinflusst das Handeln, so dass der Handelnde sein Geneigt-sein als ihm eigen erfährt und sich damit identifiziert. Indem das, was sich zeigt, die Handlungs-Initiation mitbestimmt, vermischt es sich durch sie mit jenem äusseren Anlass, so dass er im Ergebnis seiner Handlung gebunden ist. Handeln wir übereinstimmend mit erwachten Samen, so führt das zu deren Vermehrung. Entscheiden wir uns jedoch, initiierte Akte zu vermeiden, folgt daraus keine weitere Zeugung von Samen. Begibt sich jemand auf den Weg, um sich von Bindungen, deren Ursache in den Samen liegt, zu befreien, können die zuletzt eingespeicherten Erfahrungen zuerst davon tangiert werden; ihre restlose Auflösung ist auf die im Lebensgesetz grundgelegte Gerechtigkeit verwiesen. Soweit ein Akt der Einheit widerspricht, schlägt er sich als Schuldhaftes – im Ganzen – nieder, das nicht nur Gegenwärtiges, sondern auch Vergangenes und Zukünftiges in sich birgt. In dieser Handlungs-Kette ereignet sich unser Leben. Wäre ein Akt frei von Schuldhaftem – in Übereinstimmung mit dem *Leben-Selbst* –, würde sowohl er als auch jeder daraus folgende Akt ausschließlich in der Gegenwart vollzogen; so ließen sich schuldhafte Vernetzungen überhaupt angehen bzw. auflösen.

Anm. g: Widersprüche aus den Samen bilden sich durch entsprechende Akte im Erkennen und Wahrnehmen als Störmuster ab; alles wird gefärbt empfangen, nicht so wie es wirklich ist. Mit den erzeugten Störfeldern ist ein kaum entwirrbares Netz von Bindungen wirksam. Durch diese Verstrickungen aus dem Ineinander von Individuell-Überindividuellem ist jeder von uns geprägt; in aller Regel wird das als das Eigene interpretiert. Weil das Eingebildete zwar Faktum ist, aber ein illusionäres, verschleiert es nicht nur das Erkennen, sondern auch das gesamte Vermögen wahrzunehmen. Alles, was der Einsicht trotzt, bereitet Orte für das Unwissen. Dort setzt es sich fest und nimmt Einfluss. „Das Verhältnis des Herzens zu Gott ist zwiespältig. In ihm ist ... das Verlangen nach seiner heiligen Wirklichkeit – zugleich aber auch die Abneigung, das Mißtrauen, die Revolte. Das ist es, was dem Glaubenszweifel seine letzte und eigentliche Gefährlichkeit gibt. Dessen innerster Antrieb ist die Feindseligkeit gegen Gott. Das müssen wir wissen."[36]

Anm. h: Der Befall unserer Vermögen – Wahrnehmung, Erkennen, Einbildungskraft, Samen-Speicher mit der Differenz der Kern-$_F$ – weist Irregularitäten auf; er trifft zunächst die Schwachstellen, entsprechend ihrer Verfasstheit aus den Samen. Hierdurch ist ein Störmuster aus der Affinität der Widersprüche in den Samen mit ihrem Niederschlag in den Vermögen des Erkennens grundgelegt. Das Muster der Störung differiert von Fall zu

Fall entsprechend der Menge des sich Niederschlagenden. Die sich selbst entfremdeten Vermögen beschränken authentisches Wahr-nehmen. Da Unwissen eine dunkle Welt, gegenwärtig in der alltäglich wahrgenommenen, bildet, verhindert es nicht nur, die alltägliche Welt zu transzendieren, sondern es fördert unser Handeln gegen das *Leben-Selbst*, indem es die Gründe unsers Handelns nicht einsichtig werden lässt. Daraus folgen die Schwierigkeiten im Erkennen, im Angehen bzw. im Auflösen dieser Störmuster.

Anm. i: Die sich manifestierende Verkehrtheit im Handeln ist für uns selbst deshalb so schwierig anzugehen, weil das Bewusstsein, wo die Wende sich zu vollziehen hätte, besetzt ist. Aus diesem Grund treffen uns Ereignisse, die die Verkehrtheit aufdecken könnten, nicht ins Herz: „Er kam in sein Eigentum, aber die Seinen nahmen ihn nicht auf."[37] Wer aus der Finsternis, der Ursache der eigenen Qual, ernstlich herauskommen will, kann wissen, dass es ihm in der willentlichen Entscheidung für die alles umfassende Wahrheit möglich wird, denn in der Ausweglosigkeit ist ihm die Einsicht geschenkt, dass sie treu ist, dass sie sein Vertrauen nicht enttäuscht.[38] Die Not, welcher der Mensch entfliehen will, ist für ihn die befallene Welt, letztlich er selbst. Im Erkennen seiner selbst wird ihm das Eigene, das in Finsternis bindet, immer weniger schmecken.

Anm. j: Finsternis in uns ist wie verschmutztes Wasser in einem Teich. Unser Blick vermag nicht bis auf seinen Grund zu dringen, denn seine Eintrübung ist abgründig. Daher kann es scheinen, als wäre sie selbst der Grund, oder aber die Tiefe sei unauslotbar, nicht durchlichtbar. Diese Täuschung suggeriert: Du bist angekommen. Es ist sinnlos, dich weiter zu bemühen. In dieser Suggestion gründet unsere Selbstrechtfertigung, die uns die Sicht verstellt. Äußerliche Sauberkeit, die in Wirklichkeit jedoch verschmutzt ist, wie das mit Flusswasser geschehen kann, kann daher von wahrer Reinheit nicht unterschieden werden. Werden die Wasser in uns nicht entschmutzt, können wir – selbst Finsternis – das Licht nicht aufnehmen: „Den Redlichen geht das Licht auf in der Finsternis von dem Gnädigen, Barmherzigen und Gerechten."[39]

Abm. k: Finsternis vertieft sich in uns, indem wir Wahrheit erfahren, dieser aber nicht folgen. Obwohl in uns Durst nach der Wahrheit ist, der sie empfangen ließe, blockiert ihn unsere Unentschiedenheit; deshalb weichen wir ihr aus, veruntreuen sie oder aber verraten sie, wahre Früchte können daraus nicht kommen. Unwissen, das aus dem Missbrauch zugekommener Wahrheit folgt, befällt den Menschen am tiefsten. Da er die Kraft für sein Handeln aus der Wahrheit nimmt, sie jedoch – aus seinem Widerspruch zu ihr – nicht mehr zurückfließen lässt, trifft ihn das Ergebnis seines Handelns selbst als Entzug der Wahrheit.[40] Wer nicht die Wahrheit, sondern das Seine sucht, wird zunehmend von Finsternis beherrscht. Er sät das Seine in den Acker, der er selbst ist, und pflegt es. Das Seine erstickt die Saat der

Wahrheit, weil es sie überwuchert, ihr die Nahrung entzieht und sich im Vertrauen auf sich selbst überhebt.[41] Weil das daraus Entstehende wahr sein will, muss es die Wahrheit unterdrücken; dies geschieht unter Berufung auf sie, um das parasitäre Verhalten zu verdecken. Wer aus der Wahrheit handelt, weiß, wem er dient. Wer dagegen der Unwahrheit anhängt, glaubt zu wissen, wem er dient, was er in Wirklichkeit jedoch nicht weiß. Jenem erschließt sich das Licht. Diesem verschließt es sich, so verfällt er der Knechtschaft der Finsternis.

Anm. l: Unwissen kann letztlich reflexiv nicht eingesehen werden, denn es lässt sich aus sich selbst weder einsehen noch auflösen. Auch wenn nicht auszuschließen ist, dass jemand Unwissen reflexiv einsieht, geschieht es doch nur partiell und bewirkt keine Lichtung. In einer solchen Einsicht lauert stets die Gefahr, sich selbst zu genügen, oder aber Objekte für Schuldzuweisung zu schaffen, d. h., dem Unwissen in noch tieferer Weise zu verfallen; es ist ein Akt dieses Menschen aus sich selbst. Unwissen ist Nicht-Licht, es kennt das Licht nicht. Da es das Licht verneint, wie könnte es sich je als Finsternis erkennen. Aus diesem Grund erfahren wir unser Tun aus vermeintlicher Einsicht und dessen Ergebnis als Widerspruch. Diesen Sachverhalt wahrzunehmen, kann dazu führen, den Widerspruch in unserem Tun grundgelegt zu erkennen, d. h., das eigene Unwissen als Finsternis, als unser Verschmutzt-sein, wahrzunehmen. Wahre, verändernde Einsicht in die eigene Finsternis ist ein Akt aus dem Grund, verursacht vom *Leben-Selbst*, den wir personal auf uns beziehen. Hier wenden wir uns dem Licht zu, das der Macht der Finsternis entgegentritt. Seine Kraft, fähig Unwissen aufzulösen, lässt uns die Einsicht unserer Nichtigkeit zukommen. So geschieht die Aufdeckung falscher Selbsteinschätzung: wahre Selbsterkenntnis lässt uns zum *Leben-Selbst* kehren.

8 Entscheiden: Wegscheide zum Leben

Aufrichtige Kehre – *Übung und Verzicht* – intendiert die Hinwendung zu dem in uns Verborgenen in einem doppelten Sinn: soll das gegebene Wahre, das uns leben lässt, erkannt werden, um damit identisch zu werden, führt das notwendig über die Einsicht in das dem Leben Trotzenden, mit dem wir uns – mehr oder weniger unbewusst – identifizieren. Ein solches Aufbrechen bestätigt die Ahnung von einer in uns hausenden Verkehrung, die sich weitgehend als der bestimmende Faktor in unserem Handeln manifestiert. In den Worten des Mose bekundet sich die Erfahrung solch einer Entfremdung seiner selbst: „Denn unsere Missetaten stellst du vor dich, unsere unerkannte Sünde ins Licht vor deinem Angesicht."[42] Auch David ringt mit dem in sich erfahrenen Unfügsamen zum Leben: „Weise mir, Herr, deinen Weg, dass ich wandle in deiner Wahrheit; erhalte mein Herz bei dem einen, dass ich deinen Namen fürchte."[43]

Soll das Widersetzliche zum Leben in uns bewusst werden, ist es unumgänglich, die uns gegebenen Vermögen zu sammeln. Bereits hier beginnt jedoch die Schwierigkeit: das Bewusstsein ist, anstatt still zu werden, gefangen in Zerstreuung. Außerdem, es will – bei sich selbst verweilend – mittels des Erwägens, des Vorstellens oder selbst der Gefühle versuchen, jenes Widersetzliche, das in der *Recollectio* aufgedeckt und angeschaut werden soll, einzuholen. Wie seicht, ja fruchtlos sich unser Selbsterkennen vielfach erweist, will uns der Not-Schrei Davids belegen: „Wer kann merken, wie oft er fehlt? Verzeihe mir die verborgenen Sünden."[44] Das im Verborgenen in uns Wirkende, Unfrieden-Stiftende, ist vermöge der Reflexion, der Imagination oder des Emotionalen nicht zu beheben. Um *Nicht-Bewusstes* in uns ans Licht zu bringen, dafür reicht die Wirkweite der genannten Vermögen allein nicht aus. Hier zeigt sich eine notwendig zu überwindende Barriere, die trotz allen Bemühens, mit dem inneren Grund aus eigener Kraft identisch zu werden, nicht leicht in den Blick kommt: eine heimtückische Versuchung, im Vorfeld zu verweilen. Viel Leiden hat in einer derart – aus Missverständnis – praktizierten Religiosität seine Verursachung.

Im Überschreiten der in der Zeit begrenzten Vermögen liegt für uns der eigentliche Lösungs-Weg. Die Berufungs-Erfahrung des Jesaja 6,1ff will uns dieses *Darüber-hinaus* vermitteln. Er soll im Heiligen der Heerscharen, von dem die ganze Erde voll ist, *sein Unterschieden-sein zu Ihm* klar erkennen. Aufgrund der erwachten Ehrfurcht kann ihm sein Schuldverstrickt-sein bewusst werden; Erfurcht disponiert, vom *Leben-Selbst* sich anschauen zu lassen. Hier wird deutlich, dass das Gute uns geschenkt werden muss, dass wir dagegen das Böse aus uns selbst vermögen; diese Tatsache will uns unser unerwachtes Mensch-sein aufdecken. Dunkles in uns kann nur im Licht des Heiligen geschaut werden, denn das Heil-werden des uns geschenkten Lebens ist auf seinen Ursprung rückverwiesen.

Durch ein Erlebnis, das die instrumentellen Vermögen schockartig trifft, kann in uns plötzlich Schuldhaft-Verborgenes gegenwärtig werden, als würde es gespiegelt im *Leben-Selbst* geschaut. Auch im Bewältigen des Alltags gibt es Momente, in denen sich jene Gegenwart in uns erschließt. In derartigen Erfahrungen verlieren die instrumentellen Erkenntnis-Vermögen ihre Oberhand, mit anderen Worten, das Bewusstsein des Mentalen, des Imaginativen und des Emotionalen kann nun überschritten werden. Die Frage ist, bin ich bereit, mich dem *Weckruf* zu stellen? Wenn ja, dann kann die Sicht in tiefere Regionen dessen, was in uns gelöst werden soll, eindringen, um darin das ungelöst Gefangene zu entdecken: auflösen lässt es sich unter der Bedingung, dass es – ohne sich zu rechtfertigen – angenommen wird, selbst wenn die Konsequenz daraus den bisherigen Lebens-Horizont in Frage stellt, ja vielleicht sogar negiert.[45]

Wird der Mensch von der *Allgegenwart des Lebens* ins Herz getroffen, geht damit immer eine ihn herausfordernde Entscheidung für *das Lebens-All* einher. Er bekennt: „… bei dir ist die Quelle des Lebens [*Leben-Selbst*], und in deinem Licht sehen wir das Licht."[46] Das hier ihn Durchlichtende, wird es eingeholt, lässt ihm „das Licht" in der Identität der Kern-$_F$ zusehends bewusst werden, und zwar geschaut „in deinem Licht." Die Identität – unsere Anteil-habe an seinem Licht – darf niemals unser Besitz sein. Dadurch, dass sich das *Leben-Selbst* in der Identität gegenwärtig erfahren lässt, kann sie sich selbst bewusst werden: sie kann zwar „das Licht" unmittelbar wahrnehmen, dies aber nur in ihrem Verwiesen-sein auf das *Leben-Selbst*. Wird dieser doppelte Aspekt unterschlagen, sind wir versucht, das Unverfügbare zu verfügen.

Es ist eine nicht zu unterschätzende Absurdität, dass Menschen sich vielfach selbst senden ohne die reinigende und lichtende Erfahrung ihrer inneren Widersprüche: nach wie vor setzen sie das instrumentelle Bewusstsein absolut. Man kann sogar religiöse Übungs-Wege dazu benützen, das ich-zentrierte Bewusstsein – innerweltlicher Vorteile wegen – zu stärken. Wie kann so jemand, obwohl er in seinem eigenen Gefängnis wohnen bleibt, anderen verkünden: „Ich kann dich herausführen, du musst mir nur vertrauen." Verirrte Ansprüche solcher Art haben ihre Ursache im Etwas-sein-wollen, wodurch ironischerweise der eigene Identitäts-Mangel zunimmt.

Erwägen wir hierzu die Berufung Jesajas: „Im Todesjahr des Königs Usija sah ich den Herrn Jahwe auf einem hohen und erhabenen Throne sitzen; seine Schleppe füllte das Heiligtum. Seraphe standen vor ihm; jeder hatte sechs Flügel. Mit zweien bedeckte er sein Angesicht, mit zweien bedeckte er seine Füße, und mit zweien schwebte er. Und immerfort rief einer dem andern zu: ‚Heilig, heilig, heilig ist Jahwe Zebaot, die ganze Erde ist voll seiner Herrlichkeit.' Von der Stimme der Rufenden erbebten die Grundfesten der Schwellen, und der Tempel füllte sich mit Rauch. Da sprach ich: ‚Weh mir, ich bin verloren. Denn ich bin ein Mann mit unreinen Lippen und wohne unter einem Volk mit unreinen Lippen, und meine Augen haben den König, Jahwe Zebaot, geschaut!' Da schwebte einer der Seraphe auf mich zu, eine Glühkohle in seiner Hand, die er mit einer Zange vom Altar genommen hatte. Er berührte damit meinen Mund und sprach: ‚Siehe, dies hat deine Lippen berührt. Deine Schuld ist hinweggenommen und deine Sünde getilgt.'"[47]

Jesaja ist völlig von Furcht ergriffen, als er *den Erhabenen* schaute, denn er nahm in Seinem Licht mit entsetzen seine Verderbtheit wahr. Nur im Licht des Lebens kann jeder von uns in Wahrheit erkennen, wie sehr er sich Ihm gegenüber – trotz der eigenen Nichtigkeit – unredlich verhält. Bilder wie der erhabene Thron und seine Schleppen, die den Tempel – den überall gegenwärtigen Ort des Lebens – füllen, der Heilig-Ruf der Seraphe, von dem die ganze Erde voll ist, die bebenden Türschwellen und der Rauch – seine undurchdringliche Gegenwart – sind Ausdruck des *All-Ehrfurcht-Gebietenden*: „Weh mir, ich bin verloren." Ohne die Tilgung der Schuld ist hier kein Entkommen.

Das doppelsinnig vierfach bezogene Schuldschema soll helfen, schuldhaftes Vergehen mehr einsichtig zu machen:

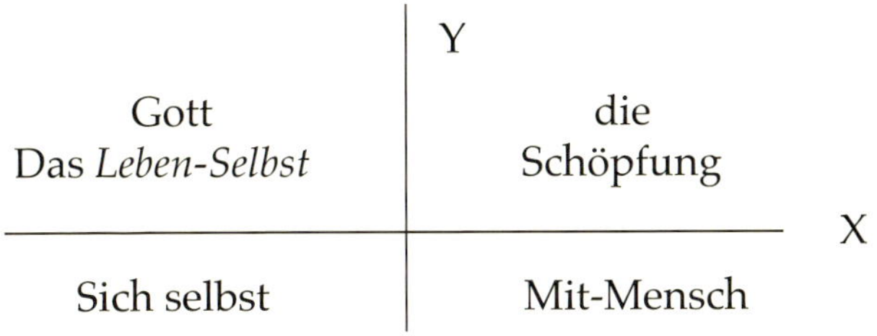

a) das Bezugs-Feld für die Entstehung des Lebens ist ausgehend vom *Leben-Selbst* im Uhrzeiger-Sinn zu lesen. In demselben Bezugs-Feld ist ebenfalls die Ermöglichung der Entstehung der Schuld von dieser Leseart nicht zu trennen;

b) die Erschließung des Schuldschemas – seine Auflösung – ist ausgehend vom Erbarmen des *Leben-Selbst* dem Uhrzeiger-Sinn entgegengesetzt zu lesen;

zu a) *Leben-Selbst* → Schöpfung → Mit-Mensch → Mensch; die Schöpfung ist das die Menschen erhaltende Materie-Energie-Feld. Sobald wir sie – ihr entgegen – betrachten, fallen wir aus der Einheit mit ihr, nämlich, sie wird zum Objekt, zu einem Mittel der Versuchung. Die Entstehung des Lebens ist immer verwiesen auf das einende Moment, das im Dazwischen – zwischen dem Einen und dem Anderen – wirksam ist. Durch das Objekt, das Gegenüber des Anderen, entsteht die Entzweiung, worin das spaltende Moment wirken kann: Mensch – Mensch, Mensch – Schöpfung, der Mensch zur Ursache allen Lebens. *Die erste Entzweiung* ist hier vorausgesetzt. Dieser Spalt – das ursprünglich Einende, jetzt Trennende des Dazwischen – ermöglicht der Versuchung den Zutritt.

zu b) alles Geschaffene ist ausgehend von seinem Ursprung in Einheit. Deshalb, die Verursachung der Entzweiung – Schuld –, soll sie aufgehoben werden, zielt auf das Zurück zur Einheit mit seinem Ursprung.

Der Prophet erkennt in der gemachten Erfahrung – wie im Schema aufgezeigt – seine vierfach bezogene Schuld: „Ich bin ein Mann mit unreinen Lippen und wohne unter einem Volk mit unreinen Lippen, und meine Augen haben den König, Jahwe Zebaot, geschaut.“ Die unreinen Lippen versinnbildlichen Untreue zum Lebens-Gesetz schlechthin. Sie beeinträchtigen nicht nur ihn selbst, die Mitmenschen, die ganze Schöpfung bis hinein in ihre kosmische Dimension, sondern diese Unredlichkeit will eigentlich unser ursprüngliches Verwiesen-sein auf das *Leben-Selbst* treffen.

Die Tilgung der vierfach vernetzten Schuld, weil sie das Lebens-Feld insgesamt tangiert, will sich letzten Endes vom

Urheber des Lebens her vollziehen. Deshalb: „Da schwebte einer der Seraphe auf mich zu, eine Glühkohle in seiner Hand, die er mit einer Zange vom Altar genommen hatte.“ Die Reinigung von Schuld bedarf des Feuers, welches das Widersetzliche des Lebens verbrennt: „Er berührte damit meinen Mund und sprach: ‚Siehe, dies hat deine Lippen berührt; deine Schuld ist hinweggenommen und deine Sünde getilgt.“ Aber wozu Heil-werden, Tilgung von Schuld? Heil geworden zu sein enthält immer den Auftrag, das Leben – bezogen auf das oben erläuterte Schuldschema – zu verantworten. „Danach hörte ich die Stimme des Herrn, der sprach: ‚Wen soll ich senden? Wer wird für uns gehen?‘“ Der Gesandte steht im Dienst des Lebens, er soll das aus der Einheit heraus Gefallene zum Ursprung zurückführen. Dafür muss er zuvor selbst dorthin zurückgefunden haben: „Da antwortete ich: ‚Hier bin ich, sende mich!‘“

Die Sendung kann recht empfangen werden, indem sie der Mensch – trotz seiner eigenen Unredlichkeit – bewusst annimmt. Das Empfangen muss sich durch das gegenwärtig erfahrene Zerwürfnis hindurch zum Ursprung vollziehen. Seine existentielle Not lässt ihn die Dringlichkeit der Entscheidung ahnen. Um das Verderbte, was im Herzen keimt und aufsteigt, an seiner Wurzel zu treffen, ja zu tilgen, dafür muss das Bewusstsein, mittels dessen die Botschaft des Lebens authentisch nicht empfangen werden kann, überschritten werden. Erst hierdurch lässt sich der Grund öffnen und für die Saat des Lebens bereiten. Wenn jedoch mittels der instrumentellen Vermögen – im Haben–, Sein–, und Wissen-wollen – die Botschaft verdinglicht wird, ist diese gegen solch ein Ansinnen um der Wahrheit willen zu verteidigen. Denn wenn der Mensch den Zuspruch des Lebens seinen Interessen unterwirft, dann trifft seine missgestimmte Intentionalität ihn selbst: davor sollte der Prophet das Volk schützen.

Erwägen wir die Worte der Sendung, die dem Propheten aufgetragen werden im Kontext des ganzen Kapitels Jesaja

6, dann zeigen sich zwei Weisen, welche die fundamentale Bestimmung des *Leben-Selbst* trifft: die Spannung zwischen Gericht und Erbarmen, nämlich, dass das Volk gerade durch äußerste Not hindurch vor dem endgültigen Gericht bewahrt bleiben soll. Wird der Text in dieser Hinsicht gelesen, entdecken wir, wie sehr sich unser Leben eben in dieser Spannweite vollzieht. Da sprach der Herr: „Gehe und verkünde diesem Volk da: ‚Höret, ja, höret, doch verstehet nicht! Sehet, ja, sehet, doch erkennet nicht! Verstocke das Herz dieses Volkes, mache seine Ohren taub, verklebe seine Augen, daß es mit seinen Augen nicht sehe, mit seinen Ohren nicht höre, sein Herz nicht zur Einsicht komme, daß es sich nicht bekehre und Heilung finde.' ....“ Wie tief im Menschen der ursündliche Virus wirkt, kann sich uns durch den Jesaja-Text verdeutlichen; selbst die Worte Jesu durchbrechen die Widersetzlichkeit – das Nein zu IHM – bei vielen Menschen nicht. Soll die Botschaft des Lebens das Ganze des Mensch-seins durchdringen, das im Text des Jesaja, auf den Jesus sich bezieht,[48] ausgesagt sein will, muss der Mensch dafür disponiert sein: erst die hierfür notwendig zu reinigende Intentionalität erlaubt das authentische Empfangen. Drei Verstehens-Horizonte sind hier markiert:

– das sinnliche Wahrnehmen in Verbindung mit dem diskursiven Verstehen: hören und sehen, verstehen und erkennen;
– das Herz, das nicht zur Einsicht kommt, nicht geheilt wird: die nicht gereinigte Differenz der Kern-$_{F;}$
– der Wurzelstumpf (am Ende des Kapitels) ist heiliger Same: ein klarer Verweis auf die Identität der Kern-$_{F;}$

Ist das hier zu Vermittelnde nicht im Blick, dann muss der Mensch aus eigener Kraft das Licht des Lebens *erkaufen*; eben diese Haltung schließt die erbarmende Botschaft aus. Vor dem Verstärken des innerweltlichen Verknechtet-seins will uns der Himmel bewahren. Er will uns über das irdische

Gefesselt-sein hinausführen, damit der Zuspruch aus dem *Leben-Selbst* nicht in sein Gegenteil – eine das Religiöse verdinglichende Praxis – verkehrt wird. Denn durch diese Verkehrung verdunkelt sich das Licht in der Identität, und die Finsternis, die das Licht ersetzt, lässt uns – bestärkt in einer falschen Gewissheit – im willkürlichen Handeln fortfahren.

Das zuvor Behandelte wird thematisch in Jes 61,1ff weitergeführt: „Der Geist des Herrn Jahwe ruht auf mir; denn Jahwe hat mich gesalbt. Er hat mich gesandt, den Armen die Frohbotschaft zu bringen, zu heilen, die gebrochenen Herzens sind; den Gefangenen Befreiung und den Gefesselten Erlösung anzukündigen, auszurufen ein Jahr der Gnaden von Jahwe…." In seiner etwas variierten Parallele bei Lukas lesen wir: „Geist des Herrn ist auf mir, weil er mich gesalbt: Armen Heilsbotschaft zu bringen, hat er mich gesandt. Gefangenen Freilassung zu künden, Blinde aufblicken zu lassen, Unterjochte in Freilassung zu senden, anzukünden das Jahr, das willkommen ist dem Herrn."[49] Die Sendung Jesajas: im Licht des Erhabenen schaute er sein tief ihm zuvor verborgenes sündhaftes Wesen, dessen Tilgung ihn für das „Hier bin ich, sende mich!" bereitet. Der Ruf „Wer wird für uns gehen?" ergeht unablässig. Die Frage ist, was ist der bestimmende Impuls in der Antwort? Durchwirkt die gefärbte Intentionalität die Entscheidung, nämlich im Etwas-sein–, im Etwas-haben–, im Etwas-wissen-wollen – leider eine gängige Erfahrung –, oder liegt dem Entschluss ein Prozess der Reinigung, um die zu tilgende Schuld zu lösen, zugrunde?

Wer sich genötigt erfährt, gemäß der oben im Text zitierten Aufforderung zu handeln und so ihr gerecht zu werden, muss die zeitlich-überzeitliche Dimension des Lebens im Blick haben. Jeder in dieser Hinsicht reduzierte Handlungs-Anspruch bleibt problematisch, denn er ist in aller Regel aus dem instrumentellen Bewusstsein gesteuert. Außerdem ist der darin versteckt wirkende Schuld-Impuls nicht zu unterschätzen. Weil wir diesen Punkt nicht einsehen können, versuchen wir, wie die Erfahrung zeigt, unser Tun zu rechtfertigen. Folglich ist es unerlässlich, den hier zugrunde liegend wirkenden intentionalen Stimulus der Selbsteinsicht zugänglich zu machen, um nicht einer schuld-bezogenen und sich daraus rechtfertigenden Aktivität zu verfallen. Die Handlungs-Intention zeigt letztlich im Ergebnis ihr wahres Gesicht. Weil unser Wahrnehmen jedoch primär raum-zeitlich gebunden ist, wird sowohl das Folgewidrige als auch sein Gegenteil oftmals erst im geschichtlichen Verlauf deutlich: hier berühren wir einen für uns äußerst schwierigen Sachverhalt. Wird das offen gelegte Missverhältnis zur verkündeten Botschaft – nicht nur beim Handelnden, sondern auch beim Erfahrenden – offensichtlich, kann das zu Verkündende absurderweise für viele seine Glaubwürdigkeit verlieren. Deshalb, wie Jesaja soll jeder, der sich auf diese Aufforderung einlassen will, sein sündhaftes Wesen im Licht der Identität erkennen und annehmen. Ohne rechtes Erkennen seiner selbst und demzufolge seines Verwiesen-seins auf das *Leben-Selbst* vermag der Mensch weder einem anderen absichtslos zu begegnen noch ihm selbstlos zu dienen.

Um Verengungen, die in der Umsetzung von Jes 61,1 erfahren werden, aufzubrechen, wollen wir versuchen, das damit gegebene Bedeutungs-Feld nicht nur aus der materiell-innerweltlichen Sicht, sondern aus dem erfahrenen Mangel, der im Verhältnis der Differenz zur Identität der Kern-$_F$ wahrgenommen wird, zu erschließen:

a) *arm* sind diejenigen, denen aufgrund ihrer begrenzten Weltsicht das sie wirklich Erhaltende entschwunden ist. Sie schließen das eigentliche Einsehen ihres Armseins – das Wendende ihrer Not – aus;

b) *gefangen* sind diejenigen, welche nicht vermögen einzusehen, dass sie in sich selbst verstrickt sind;

c) *blind* sind diejenigen, deren Urteils-Vermögen aufgrund ihres verdunkelten Bewusstseins befangen ist.

Trotz ihrer Überzeugung, recht urteilen zu können, landen sie in Wirklichkeit in ihren fixierten *Meinungen*;

d) *unterjocht* sind diejenigen, welche sich – besiegt von ihrem missverstandenen Lebens-Sinn – in das *Ich-Joch* schicken und deshalb keinen Ausgang finden können.

zu a) das Wertvollste im Leben eines Menschen ist, sich das eigentlich ihn Tragende und das sein Hier-sein Erhaltende zu vergegenwärtigen. Es bewahrt davor, ausgerichtet auf das Hinfällige fortzuleben;

zu b) im Einlassen auf das in uns eingeschriebene Lebens-Gesetz, ja im Eins-werden mit ihm, will *Freiheit* geboren werden. Bewerkstelligt der Mensch daraus das anvertraute Leben, wird er befreit vom eigenen Kerker, in dem er versuchte, ein erdichtetes Frei-sein zu hegen. Ohne sich dem Mitsamt des Lebens zu verpflichten, kann er nur in *Schein-Freiheit* leben, denn entpflichtet verfällt er allem Unfreien, der Entfremdung überhaupt;

zu c) ohne mit etwas identisch zu sein, kann der Mensch nie zur Ruhe kommen. Sein Identitäts-Mangel drängt ihn uneinsichtig, einen Ersatz zu finden, weshalb er blindlings allem möglichen Blendwerk verfällt. Indem in solch einem abwegigen Vollzug des Lebens sich ein ganzheitliches Erfahren einstellen kann, liegt das damit einhergehende, überzeugte Rechtfertigen auf der Hand. Diese Art des Verführens kann geschehen durch eine Suggestion, sei es individuell, sei es kollektiv, oder aber – im Umgang mit der Welt – durch die ihn affizierend manipulierenden Erfahrungen;

zu d) entscheidend ist hier, aus welchem Horizont bestimmt sich der Lebens-Sinn: ist der Vollzug des Hier-seins gebettet im Unbegrenzten, oder ist seine intentionale Ausrichtung aus der auf sich selbst bezogenen Enge veranlasst? Die Folge jedes defizitären Verhaltens zum

> Leben-an-sich, das eine vom Menschen nicht nachvollziehbare Dimension – das raum-zeitlos Ewige – in sich birgt, ist das Verstellen dessen, was ihn leben lässt. Jedes Leiden, das Erliegen im Begrenzten, hat hier seine Ursache. Um *das Da-sein* bestehen zu können, muss das Woraufhin des Lebens vom unverfügbar Gegenwärtigen gewirkt werden.

Stellt a), b), c), d) sich positiv ein, dann wird solch ein Mensch von der Intention, sein Leben zu mindern oder sogar zu zerstören, immer weniger getroffen, denn er befindet sich nicht mehr auf derselben Ebene mit dem negativ Intendierten. Hier erfahren wir den Schutzraum des Lebens, der dem in die Identität Eingekehrten zukommt.

Die hier offen gelegten Segens-Zusagen tangieren das ganze Feld der Genealogie, die selbst erzeugten Dispositionen, die konkret erfahrene Diskriminierung im täglichen Leben, bis einschließlich das intentional nicht klar wahrnehmbare, negative Akt-Feld, das sich als zwanghaftes Begehren – sei es aus Neid, sei es aus Hass – in den zwischenmenschlichen Beziehungen aktualisiert. Zusammenfassend lässt sich sagen: *erkenne die eigene Armut,*[50] das ist der Weckruf, ja, der Zuspruch, zurückzufinden zum Leben. Ohne auszusteigen aus dem Verknechten, Unterdrücken und Negieren des Lebens, kann dies nicht verwirklicht werden. Im Unterscheiden all dessen, was wider das Leben wirkt, kooperiert der dies Erkennende nicht mehr mit den das Leben schädigenden Kräften. Entschieden ausgerichtet zu sein auf das Leben-an-sich, ist unabdingbar, um ganz mit dem Leben geeint seinen Weg zu gehen.

In dem Maße, wie die Aufforderung Jesu – bezogen auf Jes 61,1 – instrumentell verstanden praktiziert wird, entsteht die Gefahr, Seiner eigentlichen Intention in einem doppelten Sinn nicht gerecht zu werden. Weil sich das Gerichtet-sein eines Aktes immer rückbezüglich verkettet mit dem Handeln selbst, kennzeichnet die fehlende Transparenz der Intention im Ergebnis nicht nur *sein Handlungs-Objekt*, sondern auch den Handelnden selbst. Jedes Handeln, dessen Impuls nicht aus der Identität stammt, kann nicht umhin, vom bloß menschlichen Anliegen frei zu sein. Deshalb begegnen wir kaum Handelnden, die wirklich sagen können: „Armselige Knecht sind wir. Nur was zu tun wir geschuldet, haben wir getan."[51] Solange wir eines inneren Mangels wegen etwas tun, steckt darin immer ein Motiv, ihn auszugleichen. Oftmals sehr versteckt, ja sogar kaschiert, ist der Drang des Defizitären im Handlungs-Akt, um die verdrängte Gewissens-Unruhe zu stillen. Diese Versuchung kann jeden entsprechend seiner Identitäts-Schwäche anfallen.

Ein Handlungs-Akt, nachdem er gesetzt ist, wird frei und zeugt sich selbst – für den Handelnden sozusagen unverfügbar – fort. Deshalb ist es unabdingbar, dass im Handeln selbst die universelle Einheit, sei es die des Menschen, sei es die der Natur betreffend, gegenwärtig ist. Das Disponiert-sein hierfür fordert, das in den Akten verursachte Negative, das sich fortzeugt, zu unterbinden: der Weg hierzu ist uns in seiner äußersten Form im Kreuz Jesu – und bei allen, die sich in Seine Nachfolge stellen – gewiesen. Der daraufhin ausgerichtete, sich einende Mensch nimmt *das Wirklich-werden des zerrissenen Schuldscheins* hoffend für sich vorweg. Geläutert aufgrund der im Unvergänglichen gründenden Hoffnung, wird ihm bewusst, dass er in der Pflicht steht, das Leben willentlich mit zu tragen.

Die Spanne vom Überzeitlichen zum Zeitlich-gebundenen – vom *Leben-Selbst* zu uns – kann nur von Ihm her überwunden werden, niemals von uns, denn „Er ist ... kein Gott von Toten, sondern von Lebenden: denn alle leben ihm."[52] Wie soll sich dies für uns verwirklichen? Indem uns das die Intentionalität bestimmende, ambivalente Moment hinsichtlich der Vertauschung des Willens-Bezugs bewusst wird. Wir können uns dann gesammelt hin auf das *Leben-Selbst* ausrichten und in der Konsequenz daraus das eigene verdunkelte Bewusstsein durchschauen. Nur so lässt sich uns die Zuordnung unseres Verwiesen-seins – im Disponiert-werden dafür – lichten. Weil jedoch die Überzeugung, im zu setzenden Akt gerecht zu sein, uns blendet, sehen wir dessen Unvollkommenheit, dass immer und überall diesbezüglich ein von uns nicht einzulösender Rest verbleibt, nicht ein. Solch ein Ermangeln des Einsehens nährt nicht nur das ichhafte Gebaren, sondern bildet auch den Humus für die Versuchung.

Durch das Bewusst-werden des Restes in allem, was wir tun, wächst die Bereitschaft, uns mit dem – von uns – nicht einzulösenden Rest konfrontieren zu lassen. Der Rest ist in Wirklichkeit das Wesentliche, denn in ihm ist der eigentlich Handelnde verborgen. Kommen wir zur Einsicht, dass all unser Tun nur Stückwerk ist, und dass wir sowohl die Handlungs-Motivation als auch das Handlungs-Ergebnis *dem, der das Allverborgene sieht*, überlassen sollen, dann werden die Aufforderungen in Lk 6,27-38 ihren uns befremdenden Charakter schrittweise verlieren:

- „Liebt eure Feinde!
- Tut wohl euren Hassern.
- Sprecht die Preisung über die, die euch verfluchen.
- Betet für die euch Kränkenden. …

Denn er [der Höchste] ist gütig gegen die Undankbaren und Bösen. Werdet barmherzig, wie euer Vater barmherzig ist.

- Richtet nicht, dann werdet ihr nicht gerichtet.
- Verurteilt nicht, dann werdet ihr nicht verurteilt.
- Laßt frei, dann werdet ihr freigelassen.
- Gebt, dann wird euch gegeben werden."

Um das hier Geforderte einlösen zu können, wollen wir zunächst dafür den notwendigen Beweggrund offen legen. Durch einen Willens-Akt die Feindesliebe zu bewältigen, muss scheitern, denn das aus der Feindseligkeit Bewirkte – das zu bewältigende Leiden – liegt in der von uns unverfügbaren Differenz der Kern-$_F$. Weil ein solch gesetzter Akt nicht den schwelenden Herd erreicht, lodert unerwartet das zu löschende Feuer bei jedem Berühren der Wunde. Soll sich der erfahrene Leidenskomplex, verursacht durch die uneinsichtige Annahme der Aufforderung, das in den Texten Verlangte zu erfüllen, wenden, ist dringende Klärung des Verhältnisses von Identität und Differenz entscheidend. Aus diesem Leiden befreit zu werden, bedeutet, dass sich das Bewusstsein läutert. Daher betonen wir unermüdlich die Unerlässlichkeit von *Schugyō*: durch *Übung und Verzicht* überschreitet die auf diesem Weg zu gewinnende Einsicht die Vermögen des Mentalen, des Imaginativen und des Emotionalen und dringt bewusst in die Differenz ein. Dann sieht der Mensch zum ersten Mal klar, weshalb seine Handlungs-Intention mit deren Ergebnis nicht identisch sein konnte, weil seine Handlungs-Motivation aus der untransparenten Differenz, nicht aus der Identität sich bestimmte. Solch ein Enträtseln der Differenz hat zur Folge, dass ihr unumgängliches Verwiesen-sein auf die Identität aufleuchtet. Erst durch die für den Handelnden erschlossene Identität öffnet sich ihm ein Zugang, das in den Texten Geforderte praktisch werden zu lassen. Dafür muss der Mensch zu einem Nichts werden: er bedarf eines existentiell gegenwärtigen Bewusstseins, dass er aus sich das Gute nicht vermag.

Wie sollen wir einen Zugang dazu finden, ein Nichts zu werden, obwohl solch eine Dimension des Erfahrens für unser Bewusstsein in keiner Weise nachvollziehbar ist? Hierzu kann das Buch Job eine Hilfe sein, denn es lässt uns alles Objekthafte ergründen und unser Verwiesen-Sein auf das *Leben-Selbst* klar in den Blick kommen. Nachdem Job seinen Besitz und seine Kinder verloren hatte, steht: „und Job sündigte nicht.“ Aber auch als er mit Aussatz geschlagen war, steht wieder: „Job sündigte nicht.“ Weshalb? Sein Blick konnte trotz allem für das Darüber-hinaus des Lebens noch offen bleiben; sein Bezug zum Schöpfer des Alls ließ sich dadurch nicht verbiegen. Als aber seine drei Freunde unbedingt ein gravierendes

Fehlnis – seine Differenz betreffend – bei ihm finden und ihn darauf festlegen wollten, kam Job *sein Darüber-hinaus* – sein klares Verwiesen auf die Identität – etwas abhanden: rechtfertigend verging er sich an seinem Schöpfer. Obwohl Job durch und durch rechtschaffen geprägt ist, steht es ihm dennoch nicht zu, sein Leben vor Gott selbst zu rechtfertigen. An diesem Punkt berührt Job die letzt entscheidende Hürde auf seinem Weg, ein Nichts zu werden: das Frei-werden von seinem Gottesbild. Von seiner letzten Anhaftung – der an Gott – kann Er ihn befreien.

Das Buch Job, welches uns nicht nur einen tiefen Blick in sein Herz, sondern vielmehr in das Herz seiner Freunde gewährt, will hiermit die Ursache für – wohl nicht wenig – menschliches Fehlhandeln offen legen. Viele, obwohl sie zumindest das Darüber-hinaus ahnen und deshalb auch suchen, werden durch Menschen, genannt Freunde, mittels ihrer Ansprüche – seien sie religiöser oder dem entgegen gesetzter Konvenienz – rein innerweltlich gebunden. Dieser suggestiven Verknechtung liegt die Intention zugrunde: bleib auch du auf unserer Ebene des Handelns und werde für uns nicht zu einem Spiegel, in dem wir dann unsere Unaufrichtigkeit ständig wahrnehmen müssten. Das Zurückholen in die Erdgebundenheit, in das Zwielichtige des Lebens, ist verbreitete Praxis unter den Menschen, dies, um des sogenannten Friedhofs-Friedens willen.

Das hier Unternommene ist ein Versuch, *dem wahren Antlitz des Mensch-seins* anhand verschiedener biblischer Texte – durch die dort tief liegenden und sich gegenseitig erläuternden Erweise – auf die Spur zu kommen. Vor allem ist es der Fingerzeig auf das *Leben-Selbst,* die Dynamis des Lebens. Um dessen Quellgrund zu erhellen, steht der Mensch im Dienst des Lebens; stellt er sich aber in den Dienst des Ihm Widerstreitenden, verdunkelt sich dieser Quellgrund für ihn: „Keiner kann zweier Herren Knecht sein."[53]

Appendix zu Erläuterung 8

„Er schuf am Anfang den Menschen und überließ ihn der Macht der eigenen Entscheidung. Wenn du willst, kannst du die Gebote halten, und Treue zu üben liegt in deiner Macht. Hingeschüttet hat er vor dich Feuer und Wasser, wonach dich verlangt, strecke deine Hand aus. Vor dem Menschen liegen Leben und Tod, was er will, wird ihm gegeben."[54] Er entscheidet sich für uns und ermöglicht eben durch dieses Sein Erbarmen unsere Entscheidung für Ihn: Seine „Ratschlüsse aus alter Zeit in unwandelbarer Treue";[55] dieser Akt Seiner Treue lädt ein, zu Ihm zu kehren. Der Urgrund von allem – das *Leben-Selbst* – ist es ja, der sich uns aus der Erschließung dessen, was Er in uns gelegt, mitteilt. Noch vielmehr, Er lässt uns in unserer Entscheidung für Ihn an der Seinen teilhaben. Unser gefangenes Dasein – verursacht aus dem Fall der Schöpfung – erweist sich aufgrund Seines Handelns für uns nicht mehr als besiegelt: hier müssen wir eigentlich das Moment der Freiheit entdecken.

Der menschliche Wille, sofern er in Seiner Entscheidung für uns aufgehoben ist, vermag alles, und zwar unter der Bedingung der Einsicht in seine eigene Nichtigkeit: der Wille, *Gebote zu halten*, ist daher der aufgehobene Wille. Für ihn sind Gebote keineswegs Gesetzeszwänge, keine asketischen Imperative. Das daraus gestimmte Tun bekundet sich identisch mit dem Willen des Lebens: das ist Treue, ja, Treue gegenüber der Identität, der in ihr gestifteten Ordnung des Lebens. Aus dem Moment ihrer Ordnung ist die Entscheidung für das *Leben-Selbst* zu treffen. In dem Maße, wie uns dieses *In-der-Pflicht-stehen* bewusst wird, schwindet der Anschein der Einengung im Gebotenen. Überdies bewahrt uns solch ein Bewusst-werden davor, auf dem Weg des Erwachens aus Untreue zu entgleisen.

Obwohl der Impuls, diese Entscheidung zu treffen, als Grund-Akt des Lebens in uns eingestiftet ist, und obwohl wir versuchen, das zu tun, müssen wir doch die Erfahrung machen, dass unser willentlicher Akt immer wieder scheitert. Denn wir vermögen diesen Impuls vom ichhaft-innerweltlichen Verlangen durchaus nicht zu unterscheiden, solange wir der eigenen Gebrechlichkeit nicht gewahr werden. Eine Ursache dafür ist das Faktum, dass in uns etwas verborgen ist, was das Entscheiden hemmt und auch zu Fall kommen lässt. Diese Kraft wirkt in der Absicht, uns in das *Nein* zum *Leben-Selbst* zu führen. „Aus dem Anlass aller möglichen Begegnungen im alltäglichen Leben kann die klare Entscheidung für das *Leben-Selbst* verwirklicht werden. Hier gibt es weder den Unterschied zwischen meinem Vorteil und dem des anderen, noch ist man sich dessen bewusst. ... Genauso kann jede Begegnung zum Objekt der Habgier werden. ... In Wahrheit hängt es vom Öffnen oder Verschließen des Herzens ab, dass die ganze Welt zum Anlass der Verwirklichung der Entscheidung für das *Leben-Selbst* oder zum Objekt der Habgier wird. ... Die Entscheidung fürs Leben ist gebunden an das Ausströmen des Geistes, der sich selbst gelassen hat, um die anderen ins Leben zu führen."[56] Dem sich selbst Gelassenen ist seine eigene Nichtigkeit stets bewusst: das ist die ihrer selbst einsichtig gewordene Differenz.

Im Hier und Jetzt, seine Vermögen gesammelt, vermag der Mensch sich für das *Leben-Selbst* zu entscheiden: jedoch, der Wille zur Entscheidung hierfür erwacht allein aus dem Identischen.[57] Wer aber seine Entscheidung aus dem Nicht-Identischen trifft, kommt dem gleich, der sich aufmacht, seine Nabelschnur abzuschneiden; absurd: dem Eigen-Willen zu erliegen, heißt nichts anderes als im Verfügen des Lebens den Tod zu wählen. Was hier blindlings dominiert, ist *der ererbte Virus*, der in allen den inneren Spalt anstiftet: Ich und das Andere. Deshalb ermangelt es dem Menschen, *sein Eingebettet-sein im Ganzen allen Lebens* wahrzunehmen, was ihm solch einen Ausgang – das Leben zu suchen und den Tod zu finden – verstellt. Wird uns das Mitsamt des Lebens einsichtig, dann lässt dies das untrennbar Einende zwischen mir und dem

Des All-ichhaften Begehr verleiht dem Ego seine Gestalt

Abbild des menschenähnlich geformten Sarkophags von Lachish, Weingreen Museum of Biblical Antiquities, Abdruck mit freundlicher Genehmigung des Board of Trinity College Dublin

Anderen – selbst im elementaren sich Ereignen – aufscheinen, so dass wir im uns verpflichtenden und dadurch uns einenden Moment die Brücke zum *Leben-Selbst* entdecken: es gilt, diese Brücke nicht nur zu entschlüsseln, sondern im *All-samt* selbst zu einem Teil dieser Brücke zu werden. Die Entscheide vom *Leben-Selbst* für uns – selbst in den kleinsten Dingen – zu ergründen, ist unabdingbar auf unser Eingebettet-sein verwiesen. Eingeholt in dieser Dimension des Lebens hat *wahres Selbsterkennen* seinen tragenden Grund. Um sein illusionäres Selbstbild zu durchschauen, bedarf der Mensch eines Umbruchs seiner Erfahrung: für *Shugyō – Übung und Verzicht* – finden wir hier sowohl dessen Anlass als auch sein Ziel.

Der Weg der Entscheidung ist für uns immer der Weg der Läuterung, er führt uns zum Erwachen: „Der Kern der Existenz des Selbst – *karma-vipāka* – fährt in seinem unendlichen Tätig-sein aus unfassbar Vergangenem bis in die Gegenwart fort und ist uns als Äußerstes aufgegeben, es ist das letzte Tor zum Erwachen. Wem das Wirkfeld dieses Kerns aufgeht, ..., dem bleibt nichts anderes übrig, als zur Einsicht zu kommen, dass jeder Akt von ihm auf *Hotoke* [*Tathāgata*] nun eine Illusion, ja unnütz ist. Er kann nicht umhin, als dem zu folgen, was von *Hotoke* her erwacht und von ihm vollzogen wird."[58]

Letztlich geht es für uns um die Auflösung dessen, was uns eine unüberwindliche Paradoxie zu sein scheint, denn wir müssen alles – bis zum äußersten – tun, um die Einsicht, allein von uns aus nichts zu vermögen, zu gewinnen. An dieser äußersten Grenze wird uns die Klarheit geschenkt: all unser Bemühen muss, soll es Früchte des Lebens zeitigen, vom *Leben-Selbst* durchdrungen sein. Erst in diesem Durchdrungensein werden wir fähig, eindeutig – wie Jesus es fordert – uns zu entscheiden: „... so sei euer Wort: Ja – ein Ja; Nein – ein Nein. Was darüber hinaus – vom Bösen ists."[59]

10 Dispositionen: das gefärbte Herz

„Mein Haus soll ein Bethaus gerufen werden. Ihr aber macht es zur Räuberhöhle."[60] Da wir *die Identität der Kern-*$_F$ aufgrund der Störung *der Differenz der Kern-*$_F$ – bewirkt aus der Genealogie – als *das authentische Bethaus* weder recht wissen noch klar erkennen, ist uns das Verwiesen-sein auf das *Leben-Selbst* verstellt. Deshalb können wir – ob wir das zugeben oder nicht – sagen: „Mir selbst bin ich eigen." Das angeeignete Nicht-Eigene, das Geraubte, wird den eigenen Interessen unterworfen und kann so missbraucht werden, dies, weil die Kern-$_F$ ihrer authentischen Wirkweise beraubt ist. Zur Räuberhöhle wird die Differenz, in der die Dispositionen nisten, deren Schlinge unserer Einsicht verborgen ist, weshalb sich dieses missbräuchliche Tun stillschweigend ereignen kann. Das ist sowohl der Gestehungszusammenhang der Dispositionen als auch die Zunahme der Verschmutzung in der Differenz. Was sich daraus niederschlägt, wird als *verdinglichtes Potential* aktiv und bringt die Wirkweise der Sensorien, nämlich ihr authentisches Wahrnehmen, durcheinander. Anstatt dass wir aus dem Verwiesen-sein auf das *Leben-Selbst* unser Dasein gestalten, bestimmt es sich – mehr oder weniger der Grund-Ordnung des Lebens zuwider – aus dem Eigen-Verursachten, das uns fesselt und so verknechtet.[61] Das Zuwider, das hier Einzug hält, suggeriert uns, es selbst sei das Identische schlechthin. Indem sein Herrschaftsanspruch unser Denken und Tun steuert, tritt es der Identität entgegen, um uns von ihrer Lebens-Dynamis abzuschneiden. Diesen uns täuschenden und in die Irre führenden Angriff vermögen wir weder zu durchschauen noch zu überwinden, es sei denn, die authentische Kraft aus der Identität wird wirksam: die Läuterung der Differenz ist unabdingbar.[62]

Wie sich das *Leben-Selbst* in und aus sich unaufhörlich bezeugt, so ist ursprünglich dem Menschen in analoger Weise eine schöpferische Kraft, die mit dem ganzen Kosmos in

Einheit steht, gegeben. In ganz anderer Hinsicht ist auch allem Geschaffenen eine über sich hinaus kommunizierende Kraft gegeben. Wären die Energie-Felder in den Geschöpfen keiner Störung unterworfen, dann stünde alles gemäß der je in ihnen eingestifteten Ordnung miteinander in einem harmonischen Austausch. Sobald aber der Mensch aus ihr heraus fällt, geschieht die Trennung. Versucht er aus eigener Kraft diese Kluft zu überwinden, verfällt er auf sich selbst. Er muss nun sein selbst erzeugtes und somit bezeugtes Idol verteidigen und gegen alles, was *seiner Habe droht*, ankämpfen. Diese sich selbst bestätigende Kraft sucht Einfluss zu gewinnen, um dem *Leben-Selbst* entgegen zu wirken. Aus dem Fall der Schöpfung ist es verursacht, dass in Allem ein Gegeneinander der Lebens-Energien aktiv geworden ist, was das Entstehen des Objekthaften überhaupt erst hervorruft: *die Subjekt-Objekt-Spaltung*. Die sich selbst bestätigende Kraft liegt jedoch nicht im Objekt als solchem, sondern in der sich ihre Objekte erschaffenden Absicht, die sich primär im Handelnden materialisiert niederschlägt. Der Niederschlag aus den Ich-Absichten blockiert den *Lebens-Fluss* aus dem Identischen. Weil das in der Ich-Absicht wirkende Verlangen sich wie ein Parasit aus dem Grund speist, kann es ihm gelingen, dass das daraus Erzeugte und Einsickernde sehr tief hineinreicht. Wer glaubt, derartige parasitäre Materialisierungen – Dispositionen – ließen sich allein über das Bewusstsein auflösen, unterschätzt ihre Tiefen-Dimension und die Art ihrer materialen Prägung, so wie ihr *Eigen-Leben*, das sich gegen das *Leben-Selbst* verhält.

Die negativen Samen für das Entstehen von Dispositionen bringt der Mensch bei seiner Geburt bereits mit. Die in ihn gesäte Saat ist Träger von Trübungen für das Erzeugen je spezifischer Dispositionen in der Differenz; in dieser Saat ist die Verfasstheit des Ichhaften angelegt. Sobald sich das daraus Keimende mit dem Eigenwillen verbindet, färbt dies – gemäß seiner das Leben verfremdenden Eigenschaft – die Differenz: konkret entstehen so die Dispositionen. Jedes *ich-*

bezeugte Denken, Reden oder Tun, welches im Widerspruch zur Identität agiert, schlägt sich als Ergebnis des Handlungs-Aktes auf dessen Gestehungs-Gefüge selbst nieder. Ob Samen keimen und sich entfalten oder nicht, hängt in aller Regel mit einem äußeren Anlass zusammen, der mit einer entsprechenden Grundstimmung in den Samen korrespondiert. Das daraus Erzeugte, *dessen Materialisierung,* trifft den Menschen körperlich und seelisch, die Identität ist davon ausgenommen. Weil die Ergebnis-Kette der Widerspruchs-Akte die *Empfangsräume,* nämlich die Vermögen des Erkennens, belegt, verschmutzt und dadurch reduziert, handelt es sich hierbei nicht um eine oberflächliche Beeinträchtigung, sondern sie berührt die Wurzel unserer Existenz. Leer – im negativen Sinn –, ja illusionär ist dieses *Materialisierte,* das zwar den Tod, aber zugleich Vitalitäten mit der Tendenz, sich zu vermehren, in sich birgt, wie z.B. Krebs in den Zellen, um uns vom Leben abzuschneiden. Allerdings, soweit sich für den Betroffenen dieser Widerspruch nicht klärt, erhält das Illusionäre für ihn den Charakter des Faktischen.

Was ist eigentlich die Ursache dieses Widerspruchs? Es ist die sich mit dem *Leben-Selbst* gleichsetzende Widerspruchs-Kraft. Diese Kraft der Gleichsetzung veranlasst die Grund-Dispositionen – Gier, Zorn und Unwissen – im Menschen, also Ich-Anhaftung.[63] Obwohl die Gleichsetzung nicht authentisch sein kann, hat doch die Widerspruchs-Kraft in sich ein Potential, diese illusionäre Sicht *ins menschliche Herz* zu stiften: das gefärbte Herz entsteht; es kann nun seine illusionäre, ichhafte Rolle spielen.[64] Im buddhistischen Verständnis ist *das gefärbte Herz – zusammen mit dem Ich-Irrtum, der Ich-Sicht, dem Eigendünkel und der Eigenliebe – die Ursache der Verschmutzung der Differenz.* Dieses Illusionäre Bewusstsein ist die Wurzel allen Irrtums. Ich-zentriet wird das Authentische – das ursprüngliche Vermögen des Unterscheidens in der Kern-$_F$ – als *Gegen-Stand* verdinglicht, blindlings ignoriert und dem Eigensinn unterworfen. Ohne Grunddisposition könnte das gefärbte Herz nicht entstehen.

Dispositionen sind der manifest gewordene Widerspruch. Er schlägt sich feinstofflich vor allem in den Vermögen des diskursiven, bildhaften und emotionalen Erfassens nieder. Da Dispositionen ihre charakteristische Prägung aus dem Zusammenspiel entsprechender Samen mit den fehlgeleiteten Vermögen des Wahrnehmens erhalten, trifft ihr Niederschlag selbst auch den Gestehungs-Akt. Außerdem ist ihre irritierende Erscheinungsweise auf Grund ihrer Verschlüsselung *ohne Übung und Verzicht* für uns nicht zugänglich. Dadurch, dass sie uns in ihrem Labyrinth in Orientierungslosigkeit binden, geschieht Minderung unserer gesamten Vermögen. Nicht nur das, sondern, anstatt die aus der Identität empfangene Kraft gemäß ihrer Bestimmung wirksam werden zu lassen, wird diese Kraft durch den hier wirksam werdenden Widerspruchs-Virus entfremdet und so gegen das *Leben-Selbst* gekehrt, um das Unverfügbare – die Identität – zu verfügen. Diese Bewandtnis ist uns weitgehend uneinsichtig, solange wir – unsere Vermögen zerstreuend – im Unentschieden verweilen.[65]

Das gefärbte Herz weist auf die befleckte Differenz hin. Beeinflusst von der Widerspruchs-Kraft wird sie zum *Ort* für die Erzeugung spezifisch gestimmter Dispositionen, welche sich über *den ganzen Körper* streuen. Je nach der Handlungs-Intention sind die Dispositionen im Verhältnis ihres Widerspruchs zur Identität im ihnen entsprechenden Körperteil lokalisiert. Das hier beschriebene Prozess-Feld für die Lokalisierung von Dispositionen ist der reflexiven Einsicht weitgehend verborgen. Unter dem Wirken der Widerspruchs-Kraft aus den Samen in der Differenz – verbunden mit dem Sinnenhaften, den erwägenden und den folgernden Vermögen – bilden sich weitere Dispositionen. Deshalb, weil die fünf Sinne und das gesamte Denkvermögen unter dem Einfluss der Aktivität dessen stehen, was im Dunkel des Entstehens von Dispositionen vor sich geht, können wir in unserem Tun und Lassen ohne weiteres nicht davon frei sein. Das, was von außen an Widerspruch in die Differenz hineinfällt, erhält dort entsprechend der damit gegebenen Erfahrung seine Farbe; das Gefärbte vernehmen wir in einer Weise, als sei es authentisch. So kann das gefärbte Herz immerfort aktiv sein und aus der Identität seine Kraft schöpfen, um das Leben in besagtem absurden Zusammenspiel durch ein Vermehren der Dispositionen letztlich in Besitz zu nehmen. Dispositionen sind die Verstecke jener Widerspruchs-Kraft, aus der das Unheil verursacht ist. Das gefärbte Herz begehrt für sein verirrtes Treiben stets Objekte, die ihm die Sinne in Verbindung mit dem instrumentellen Bewusstsein liefern, auf dass weitere Samen zum Keimen veranlasst werden. Was wir von uns aus angehen können, ist durch *Shugyō – Übung und Verzicht* – unsere Anhaftung an die Objekte zu erkennen. Nur so können wir der Zunahme der inneren Verschmutzung entgegen treten, um uns in einem weiteren Schritt davon zu befreien. Dafür ist entscheidend, die in den Dispositionen suggestiv wirksamen Mechanismen zu durchbrechen, damit die Vermögen des Wahrnehmens gemäß ihrer authentischen Beschaffenheit – nicht aus Zerstreutheit, sondern in Einheit mit der Identität – wirksam werden. Dazu zu kommen ist jedoch nur mit äußerster Entschiedenheit und unserem ganzen Bemühen zu meistern.

Da sich alle unsere Akte im Verhältnis zur Identität bestimmen, schlagen sie sich als Dispositionen nieder, soweit sie sich im Widerspruch zu ihr ereignen, unabhängig davon, ob uns der Widerspruch bewusst wird oder nicht.[66] Für die Widerspruchs-Kraft stellt die Identität ein Problem – *eine negative Ursache* – dar. Deshalb entsteht, auch wenn uns die stattgefundene Verkehrung der Tat uneinsichtig bleibt, innere Unruhe, welche uns – soweit wir das uns mahnende Signal nicht ignorieren – einlädt, dem *Shugyō-Weg* zu folgen. Sieht der darauf sich Einlassende und Folgende *das widersprüchliche In-der-Welt-sein* ein, wird sich in ihm das Zuwider der Widerspruchs-Kraft zur Identität mindern: die Identität gewinnt sukzessiv ihren authentischen Einfluss – als *positive Ursache* für die Auflösung der Dispositionen – zurück. Die

Eigenschaft der Dispositionen, was sowohl ihr Entstehen als auch ihre Auflösung anbelangt, bestimmt sich immer im Verhältnis der Differenz zur Identität. Deshalb muss die Differenz durch *Shugyō* ihr Verwiesen-sein auf die Identität, die unberührbar von allen Widersprüchen bleibt, annehmen und sich auf sie horchend ausrichten. Das Lichtende aus der Identität lässt den versteckt erschlichenen Besitz-Anspruch des Sich-widersetzens in uns auffinden: Dunkles muss weichen. Entscheidend ist der Wille, welcher der Widerspruchskraft unbeugsam entgegentritt. Ist hier nicht das *Leben-Selbst* eigentlich das Wirkende, um unser Bemühen – die Aufhebung von gut und böse aus der dualistischen Selbst-Sicht – zu umfangen und gelingen zu lassen! „… Das Unbefleckte deutet in der Tat daraufhin, dass der Grund der Wurzel des Seins nicht befleckt ist, mit anderen Worten, er hat von Anfang an mit Verschmutzung nichts zu tun. Damit ist nicht gesagt, das Äußerliche des Daseins sei verschmutzt, sein Wurzelgrund jedoch nicht, sondern die Art der Eigenständigkeit des Seins an sich ist unbefleckt. Das ist jedoch nicht in einem statischen Sinn zu verstehen, sondern in dem Sinne, dass das an sich, wie es ist, in der Dynamik des Seins unbefleckt ist. Obwohl das an sich, wie es ist, unbefleckt ist, handeln wir stets – derselben Seins-Dynamik verpflichtet – ihm zuwider. Genau hier berühren wir das Problem-Feld, weshalb *Shugyō* [auf das Unbefleckte hin] erforderlich ist. Der *Shugyōsha* [Der den Shugyō-Weg Gehende] muss in das Unbefleckte des Seins als solches hinein genommen, ja, davon durchdrungen werden, sozusagen das Unbefleckte [mit dem ganzen Menschsein] ergründen. Dies geschieht stets nur im Augenblick, im Nun. Im Jetzt ereignet sich *Shugyō*. Horchend vermag der sich Bemühende im Jetzt das Unbefleckte zu hören.“[67]

Jeder Akt – sei er aktiv, sei er passiv – ist in der Differenz der Kern-$_F$ gespeichert, die eine kosmische Dimension in sich birgt. Demzufolge hat das durch unsere personalen Akte tangierte Ereignis-Feld eine kosmische Wirkweite. Da wir uns der damit gegebenen Verantwortung, in die wir als

Mensch gesetzt sind, kaum bewusst sind, benehmen wir uns eigennützig. Diese Tatsache eröffnet uns eine Einfluss-Sphäre, durch unsere Akte dem Leben zu dienen oder aber uns auszuliefern, nämlich dem Tod. Ein gegen das *Leben-Selbst* gerichtetes Handeln berührt die Kern-$_F$ in ihrer Nichtigkeit – der Differenz – und füllt ihren Mangel mit Nicht-Authentischem, das sich jedoch, angestiftet aus dem hier stattgefundenen Tausch, als authentisch ausweist. Das *Leben-Selbst* teilt sich uns als eine Kraft auch phänomenal mit. Kann nicht auch die Widerspruchs-Kraft – negativ-analog – verschiedene Erscheinungsweisen annehmen, zwar begrenzt: ein Fallstrick der Täuschung. Die Widerspruchs-Kraft kämpft gegen das aus dem *Leben-Selbst* Entsprossene, das den Menschen in die Freiheit führen will, um ihn zu fesseln und so ihren Einfluss zu mehren. Alles, was aus dem *Leben-Selbst* kommt, ist das Identische, ja ohne Widerspruch, wodurch *die Leere in den Bewusstseinsräumen* nicht angetastet wird. Allein diese Leere kann das Leben ohne Hindernis und ohne Minderung empfangen. Dagegen hat das aus dem Widerspruch Erzeugte stets gewisse Materialisierungen zur Folge, die als Dispositionen manifest werden.

Wie ist nun die konkrete Auswirkung von Dispositionen? Es ist die Widerspruchs-Kraft, die das im Lebensfluss Stehende und daraus Lebende, soweit es davon getroffen wird, erstarren lässt. Das auf diese Art Erstarrte blockiert partikular jenes Fliessen und führt zur Minderung der übereinstimmenden Akte mit der Identität. Das Feld, das davon tangierbar ist, dehnt sich von den sinnlichen Wahrnehmungen bis zur Grunddisposition in der Differenz. Es sind vor allem die Empfangsräume des Bewusstseins, die Rezeptoren der Wahrnehmung überhaupt, die aufgrund ihrer Empfänglichkeit sich mit dem Erstarrten belegen. Die Belegung ist die Ursache für die Störung in diesen Räumen: der ganze Körper einschließlich der authentischen Vermögen, die Wahrheit unverzerrt empfangen zu können, ist Erkenntnis-Raum und kann daher von der Störung befallen werden. Über das

Wahrnehmungs-Vermögen wird die Funktions-Störung auf den mit ihm korrespondierenden Körperteil übertragen; das ganze physische System ist auf diese Art tangierbar, entsprechend dem die Dispositionen verursachenden Widerspruch.

Das Maß des Widerspruchs, aus dem Dispositionen graduell sich bilden und in ihrem Niederschlag manifest werden, bestimmt sich aus dem im Handeln wirkenden Ich-Willen, nämlich in dem Maße, wie er das *Leben-Selbst* zu verfügen beabsichtigt; hier zeigt sich die Tiefe des Widerspruchs, die Dimension der Störung und deren Wirkung durch Dispositionen.[68] Der ausdrückliche Ich-Wille, der aus Unversöhnt-sein herrührt, lässt besonders schwer aufzulösende Dispositionen entstehen. Passive Erfahrungen sind im Allgemeinen, was die Entstehung von Dispositionen betrifft, weniger schädigend. Allerdings ist das, was sich, sei es aus aktiver oder passiver Handlungs-Erfahrung, wo und wie niederschlägt, nicht zu trennen von der Genealogie jedes einzelnen, d.h., der in der Differenz der Kern-$_F$ einlagernden Bedeutungsträger als Voraussetzung für die Entstehung von Dispositionen; hier sind auch die positiven Samen mit zu sehen, weil sie ja in der Widerspruchsbestimmung ebenfalls in Aktion treten und sich daraus gewisse Reaktionen ergeben können. Das hier Angedeutete lässt sich an der Funktions- und Reaktionsweise der Wirbelsäule näher erläutern. Diese zentrale Verbindung zwischen Becken und Hirnstamm reagiert besonders auf das Handeln, das aus dem Ich-Willen gesteuert ist. Alle ihre Teile, Teilbereiche, sind spezifische Korrespondenz- und daher auch Speicher-Funktionen für das Psycho-Physische insgesamt. Nicht nur die Störungsmuster werden hier manifest, sondern auch ihre Auflösung ist hiervon nicht zu trennen: das Ganze, soweit der Störungs-Komplex in den Blick kommt, ist von hier aus angehbar. Deformationen der Wirbelsäule und ihre davon betroffenen Funktionen sind ein deutlicher Beleg dafür, wie sich der Widerspruch von Dispositionen psychophysisch manifestiert. Sehr wohl bildet die Wirbelsäule in ihrer Funktionalität das Psycho-Physische ab.

Die Störung, die sich hier als Deformation zeigt, trifft uns daher über die reine Physiologie hinaus zentral, da die Wirbelsäule in unserem Dasein eine grundlegende Bedeutung hat.

Was die Auflösung von Dispositionen betrifft, so muss grundsätzlich der Akt ihrer Entstehung – unter Berücksichtigung der Zeit – vom Ergebnis dessen, was sich daraus weiterzeugt, unterschieden werden. Auch wenn ihr Grund-Akt von den daraus folgenden Akten nicht ohne weiteres klar zu trennen ist, gibt es doch Handlungs-Akte, aus denen keine weiteren diesbezüglichen Akte folgen. Zum Beispiel, aus einer passiven Erfahrung, die an den Eigen-Willen nicht gebunden ist, folgen keine weiteren Dispositionen, sofern es uns gelingt, im gänzlichen Vertrauen auf das *Leben-Selbst* die gemachte Erfahrung aufzuarbeiten und in das Ganze des Lebens zu integrieren; in dieser Hinsicht könnten wir unbefleckt bleiben, denn wir binden uns nicht an das eigene Urteil. Oder wenn aus der aktiven Handlungs-Erfahrung die Einsicht in die erfolgte Verkehrung des Lebens entspringt, ist es möglich, der Fortsetzung derartiger Dispositionen willentlich entgegenzutreten; dies im Wissen aus der demütigenden Erfahrung, der Hilfe zu bedürfen. Der Prozess der Entstehung von Dispositionen verläuft von Person zu Person verschieden, denn er hat mit den gespeicherten Samen, mit schon vorhandenen Dispositionen oder mit der seelisch-körperlichen Verfasstheit zu tun. Selbst wenn wir die Erfahrung zu verdrängen versuchen, lässt sich die daraus folgende Reaktions-Kette doch nicht unterbinden. Reagieren wir aber aufgrund eines Aktes zornig, negativ-pessimistisch oder trachten wir sogar, unser Unversöhnt-sein auf andere zu übertragen, dann sedimentieren die daraus entstehenden Dispositionen: eine Ursache für angängiges Leiden. Der Prozess der Auflösung von Dispositionen verläuft entgegen ihrer Erzeugung. Kommen wir an die so erzeugten Dispositionen heran, indem wir uns mit aller Entschiedenheit aufmachen, dann erfahren wir zunächst Schmerz und Übelkeit, im Weitergehen Dunkelheit und schließlich Angst, in der sich oftmals Schuld zeigt. Wird sie ignoriert, lösen sich auch alle damit in Verbindung stehenden Störmuster, nämlich unser Unversöhnt-sein, nicht auf. Geschieht Versöhnung, tritt Entstörung ein, die wir als Befreiung von einer gewissen Schwere, in der wir zuvor gebunden waren, erfahren, so dass *der Körper unseres Erkennens* sich lichtet. Dies allerdings soweit, wie sich auch das in der Grunddisposition Angelegte – das Nicht-Meine, aber doch das Meine – ebenfalls lichtet. Das ist nur möglich, wenn der Mensch bis zum Äußersten geht, d.h., wenn das *Leben-Selbst* hier Einlass findet.

Ein Akt des Widerspruchs, der immer im Verhältnis zur Identität der Kern-$_F$ bestimmt und gewertet wird, schlägt sich im Körper dementsprechend nieder und wird als Information einer Störung ins Gedächtnis eingespeichert. Weil das, was sich niederschlägt, aufgrund seiner Fremdbestimmung mit den schon vorhandenen Dispositionen korrespondiert, hat die Verführung eben darin ihren Humus. Das Spezifikum des Wirkfeldes, das dem Grad des in den Dispositionen festgeschriebenen Widerspruchs entspricht, bestimmt sich aus der Beziehung der Erkenntniskraft – Erkenntnis- und Speichervermögen – zur Lebens-Kraft der Identität. Obwohl die Erkenntniskraft ihr Vermögen aus der Identität der Kern-$_F$ schöpft, wähnt sie doch, ihre Kraft aus sich selbst zu besitzen, was sie dazu verleitet, ihre authentische Kraft mit der *Kraft aus den Dispositionen* zu tauschen. In diesem Tausch liegt der Grund, weshalb sie sich willentlich an der Erzeugung von Dispositionen beteiligen kann; auf diese Art wird sie in ihnen gefangen. Ihr authentisches Vermögen des Erkennens wird geschwächt und das Licht aus der Identität ist verstellt: nur in ihrem Licht – der Erhellung aus ihr – kann sie authentisch erkennen. Je anfälliger sie wird, desto mächtiger kann die täuschende Kraft in ihr wirken. Weil ihr die Einsicht in den Tausch – aufgrund des Tausches – fehlt, bleibt ihr der wahre Sachverhalt verborgen; das Illusionäre bekommt so für sie den Ersatz des Wahren, weshalb sie darin verharren kann. Soweit der Mensch weder das *Leben-Selbst* noch das, was Ihm entgegenwirkt, klar im Blick hat, kann dieser Tausch geschehen: so vermischt sich für ihn das Authentische mit dem Illusionären.

Wie ist der Prozess der Auflösung von Dispositionen, die über die Örtlichkeiten im Körper hinaus in ihren vielschichtigen Bedeutungen registriert sind, im Verhältnis zur Identität zu sehen? Indem die Entstehung und die Lokalisierung von Dispositionen in ihrer Auflösung wahrgenommen wird, indem dieser Prozess rückwirkend sich erschließt, was sowohl mit dem gefärbten als auch dem ungefärbten Herzen korrespondiert, wird im Erleben dieser gegenläufigen Abfolge einsichtig, dass das gefärbte Herz von seiner Verschmutzung zu reinigen ist. Der in den Blockaden wirkende Widerspruch wird von der Identität im Herzen gespiegelt: nur in dieser Spiegelung vermag das Herz das Schuldhafte, nämlich sein Unversöhnt-sein, zu erkennen. *Das Herz*, soll sein Vermögen *des Wahrnehmens und Erkennens* in seinen Ursprung zurückfinden, muss befreit werden von den Hindernissen, dem Dunklen, was es in Uneinsichtigkeit bindet. Daraus folgt, dass sich auch die diesbezüglich eingespeicherten Stör-Informationen im Gehirn korrigieren, denn das dort Festgeschriebene wird insofern aufgehoben, als sein Gültigkeitsanspruch erlischt. Erst dieses Lösen von Fesseln macht das Herz fähig, das Wahre vom Nicht-Wahren, das Absolute vom Bedingten, zu unterscheiden.[69]

Im praktischen Vollzug geht es um das Abschneiden und Vereiteln aller Zerstreuungen, die aus dem Haften an Objekten verursacht sind. Hierfür ist zunächst das Tagesbewusstsein aus seinem Pendeln zwischen Vergangenem und Zukünftigem – dem Nicht-Gegenwärtigen – zu entbinden, was ohne ausdrücklichen Übungsvollzug kaum gelingen kann. Die aus den Dispositionen angestiftete Unruhe löst sich nur soweit, als wir gegen ihre Ursache angehen. Von größter Bedeutung ist die Tatsache: je gesammelter wir uns in unserer Mitte – *im Hara* – einfinden, desto mehr kann sich uns das, was zuvor durch das der Kern-$_{F}$ entgegen stehende Handeln verschlossen war, erschließen. Die Erschließung nimmt ihren Anfang in der Körpermitte, von dort dehnt sich der von innen gesteuerte Prozess zum Becken und gleichzeitig zum Scheitel, denn die entscheidenden Blockaden sind im Becken und im Gehirn – diese Bereiche je verschieden verschließend – wirksam, weshalb es darum geht, dort die Blockaden aufzulösen. Das ist der Hinabstieg in das Ichhaft-Dunkle; der Mensch wird nun unausweichlich mit seiner Lebens-Lüge konfrontiert.[70] Was die Tiefe dieser Behausung angeht, darüber haben wir wenig reale Vorstellungen: die Dispositions-Felder sind von einem Ausmaß, einer Tiefe, über die wir uns möglicherweise bis zum Tod täuschen lassen, dies gerade nochmals durch die darin wirkende und uns täuschende Kraft selbst. Das, was sich dort an Finsternis eingenistet hat, ist entmutigend. Ohne Führung des *Lichtes* vermag niemand diese Zone zu durchschreiten; nur unter dieser Bedingung kann man davon frei werden. Den Schritt zur Auflösung von Dispositionen nicht zu riskieren, geschieht aus vereitelter Einsicht durch die Dispositionen selbst, denn in ihnen konstituiert sich das Ichhafte. Vor allem ist es der seelisch und körperlich erfahrene, verdrängte Schmerz, der bei der Auflösung von Dispositionen wiederkehrt. Das Ichhafte versucht diesen Prozess mittels der Angst zu hemmen, um den Menschen in seiner Gewohnheit zu binden. Hier liegt ein weiterer Grund, dass wir wenig gewillt sind, uns auf den Prozess ihrer Auflösung einzulassen: dasselbe Leiden nochmals zu erfahren, ängstigt. Getäuscht auf diese Art, um die Kern-$_{F}$ mittels einer Schein-Analogie zu ersetzen, gewinnt das Ichhafte an Einfluss und Eigenständigkeit.

Auf dem Weg Dispositionen aufzudecken, treten täuschende Erhellungen auf, die aus der Differenz selbst verursacht sind, nicht aus der Identität. Dass sich derartige Erhellungen ereignen können, hat in der Regel seinen Grund in einer bewusst oder unbewusst danach verlangenden Selbst-Suggestion. Trifft sie mit einer damit korrespondierenden Fremd-Suggestion zusammen, die sie bestätigt, sitzen wir einer solchen Erfahrung auf. Das Irreale der Existenz von Dispositionen erscheint uns nun im Verhältnis zur Identität real, so dass sie sich für uns in eine *unwirkliche Wirklichkeit* kehren. Ein Verweilen im Mittelfeld der Wirbelsäule, das eine primär emotionale Erfahrung ermöglicht, kann auch das wahre Erlebnis ersetzen. Gefühl und Bewusstsein werden von dem bestimmt, was man selber sucht. Weil dem Betroffenen die echte Erfahrung fehlt, kann er selbst diesen Sachverhalt nicht beurteilen. Jede Ausstrahlung – sei es Licht, sei es Finsternis – bestimmt sich immer aus dem Verhältnis der Differenz zur Identität: was uns erfüllt, strahlen wir aus. Es geht darum, einzusehen, wie komplex Dispositionen vernetzt sind. Sie steuern, ja manipulieren unsere intentionalen Abläufe, die wir nicht einsehen können. Erst aus der Einsicht der Veruntreuung unseres Lebens erhellt sich unser Blick für das Wahre: in der Annahme des Schuldhaften lösen sich tiefer liegende Dispositionen in uns auf. Je mehr wir uns dem Kern unseres Daseins nähern, je tiefer er uns in seiner Verstellung aufgeht, desto aussichtsloser kann es uns scheinen, davon frei zu werden, weil jegliche Hoffnung zu schwinden droht: es lauert die Versuchung, um uns den Weg zu verstellen. Auf keinen Fall dürfen wir dabei ausweichen: auch wenn eine Übelkeit sich einstellt, die uns die Nahrungsaufnahme nahezu unmöglich macht, oder auch wenn der Auflösungsprozess begleitet ist von Nadelstichen im Nacken und im Gehirn, was mit dem Eigenwillen korrespondiert, denn der Schmerz signalisiert den Prozess der Entmachtung des Eigenwillens.

Jeder aus dem Ichhaften veranlasste und gesteuerte Handlungs-Akt trifft uns im Nacken und dadurch unseren Atem. Obwohl wir in der Folge Lebens-Minderung erfahren, suggerieren uns derartige Akte ein erweitertes Feld von Lebensvollzügen. Ein derartiges Widersetzen gegen das Lebensgefüge verkürzt unseren Atem, was zur Entwurzelung des Daseins führt. Diese Erkrankung unseres Atems ist Ausdruck für die gestörten Handlungsbezüge zu uns selbst und zum Umfeld insgesamt. Sie ist die Ursache, die unseren Blick zunehmend auf das Objekthafte richtet, was uns weiter vom Ursprung des Atems entfernt. In Wahrheit aber vermittelt sich uns das Religiöse atmend aus der Identität: gerade diese Dimension unseres Menschseins wird durch den Verfügungs-Anspruch des Eigenwillens, der sich stets in Ungehorsam ausdrückt, getroffen. Weil wir uns dann wegen seiner Konsequenz scheuen, *dem lichtenden Blick* zu begegnen, kann unser Atem nicht mehr eins sein mit und aus der Identität. Deshalb verrät der Atem unsere innere Verfasstheit; jeder erfährt dies auf seine Art. Könnten sich alle Emotionen – Zorn,[71] Freude,[72] Friede[73] – auf den Grund beziehen, würde sich der Atem öffnen und das Leben hervorbringen. Ereignen sich dagegen diese Akte ichbezogen, dann verschließen sie in uns den Lebensquell und verselbständigen sich, indem sie instrumentell manifest werden. Derartig vollzogene Akte spiegeln uns faktisch so, wie wir geworden sind. Da jeder Akt aus einem eigenwilligen Handeln immer den Vollzug des Atmens trifft, stellt sich eine Art der Erkrankung ein wie Nackenstarre, Versteifung der Schultern, was zur Reduzierung des Atemraums unter den Schulterblättern führt, und die Erlahmung des Zwerchfells: der Atem stockt, verkürzt sich und erkrankt. Allerdings, der Atem ist es, über den letztlich die Erschließung dessen, was sich verschloss, wieder geöffnet werden kann. Deshalb ist das Lösen des Ergebnisses derartiger Handlungs-Akte ohne Einbezug des Atems – ohne seine aktive Beteiligung daran – nicht möglich. Je tiefer sich uns der Grund erschließt, desto stärker wird dessen lösende Wirkung, die mit dem Hirnstamm intensiv korrespondiert, wodurch sich Dispositionen auflösen lassen. Ihre Auflösung kann sich ohne Entstörung der Atmung nicht ereignen. Soweit wir von ihnen leer werden, soweit wird das Böse in ganz anderer Hinsicht leer: sein Einfluss schwindet für uns, sofern wir den ihm gesetzten Grenzen für sein Wirk-Feld auf die Spur kommen.

Durch den Atem, der in der Identität wurzelt, aus ihr quillt, kann uns das Religiöse – unser wahrer Bezug zum Odem

Gottes – wieder erschlossen werden: „Treue sprosst aus der Erde hervor; Gerechtigkeit blickt vom Himmel hernieder.“[74] Es darf hier nicht ausgeschlossen werden, dass *ein solches Erschließen* auch allein durch das unmittelbare Handeln Gottes geschieht, um das Religiöse in uns zu erwecken.[75] Nehmen wir das Erfahrene hin und gehen aus der empfangenen Weisung den Weg, wird die Differenz der Kern-$_F$ gelichtet, auf dass der Grund sich öffnen kann. „Das Innerste der Seele ist ein Gefäß, in das der Geist Gottes einströmt, wenn sie sich Ihm kraft ihrer Freiheit öffnet.“[76] So kann der Atem frei – ohne Hindernis des Eigenwillens – mit allem eins werden. Deshalb gibt es wohl keinen geistig-geistlichen Weg, in dem der Atem nicht eine zentrale Rolle spielt, weil unsere zerstreuten Vermögen sich ohne ihn nicht sammeln lassen. Im Zerstreut-sein, verursacht aus den Dispositionen, kann der Atem nicht authentisch sein; dies ist der Grund, weshalb wir in Wahrheit nicht beten können.[77] Im Prozess der Entstörung des Atems zeigt sich uns auch das Schuldhafte, das Geschenk des Lebens nicht nur verfügt, sondern sogar missachtet zu haben. So kann das verschmutzte Herz aus der Verdrängung des in uns verborgenen Widersetzlichen, das wir aus dem Ergebnis unseres Handelns hätten ahnen können, entbunden werden.[78] Der Weg hierzu führt über *das vertrauensvolle Ausatmen* dessen, was uns bedrängt: ausatmend übergeben wir, was wir allein weder zu tragen noch zu wissen vermögen. Daraufhin wird uns auch das Einatmen als authentischer Lebensvollzug im Hier und Jetzt bewusster als zuvor. In diesem Vollzug soll unsere Ich-Absicht, die Untreue, die uns *vom Leben* ausschließt, geopfert werden. Das Ich zu opfern ist erst aus der Erfahrung der Vergebung unserer Übertretungen möglich; eben hier leuchtet das Ausmaß unseres Verlorenseins – umfasst von der Größe unseres Geborgenseins – auf. Nun kann für uns Bekehrung sich vollziehen: ausatmend geben wir das empfangene Leben in Dankbarkeit zurück. Das ist nichts anderes als wahres Atmen, wahres Gebet, nämlich, in uns finden der Atem und das Gebet in ihre Ursprünglichkeit zurück. In dieser Einheit schöpfen wir aus der Identität unsere Lebenskraft und werden dadurch zum Tempel Gottes.[79] Diese Ursprünglichkeit wird für uns auch körperlich erfahrbar, indem der Atem im Herzen – unser ganzes Dasein durchdringend – gegenwärtig wird. Es geht um unser Hineingenommen-sein in den ewig sich schenkenden Lebenshauch. „... in der Kraft des Heiligen Geistes",[80] denn „mein Haus soll ein Haus des Gebetes sein."[81]

15 *Leben-Selbst:* das Leben-Schenkende und -Erhaltende

„O Abgrund von Reichtum und Weisheit und Erkenntnis Gottes! ... Denn: Aus ihm und durch ihn und auf ihn hin ist das Allsamt."[82] *Das Alles-Belebende* wird *aus Ihm, durch Ihn und auf Ihn hin* zuteil, und zwar allem immerzu in mannigfaltiger Weise. Seine Dynamik – allgegenwärtig – lässt sich uns als ein sich mitteilendes Wirken des Lebens erfahren. Im Erfahren, nicht bloß im Verstand, soll uns das Zeichen enträtseln: das Maß der Reinheit des Herzens ist dafür bestimmend. Auch wenn es befremdend zu sein scheint, dass uns das, worin wir sind, erschlossen werden muss, zeigt doch unsere Lebenspraxis, dass es Not tut. Es ist ein abgründiges Sinnbild, dass das *Leben-Selbst* sich uns in seinem Eifer unermüdlich mitteilt. Nur in der Gegenwart, die frei ist von der dualistischen Sicht, erkennen wir Seine Wirkkraft authentisch und dadurch uns selbst.

Das *Leben-Selbst* auszusagen, ist ein Unterfangen, das eher zum Scheitern als zum Gelingen verurteilt ist; es ist der Anspruch, etwas zu vermitteln, was eigentlich jeder Aussage sich entzieht. Weil es nicht von dieser Art ist, sind wir verwiesen, es zunächst über die phänomenale Erscheinung zu deuten, um uns möglicherweise über die Analogie dem Kern dessen zu nähern, was das *Leben-Selbst* in unseren schriftlichen Arbeiten bedeutet. Es ist der Versuch, skizzenhaft aufzuzeigen, wie sich innerhalb eines natürlichen Erfahrungs-Kontinuums *die Begegnung mit dem Leben-Selbst* ereignen kann. Unserem Ansinnen liegt die Erwartung zugrunde, das Sich-ereignende in seiner Vielfalt in den Blick zu rücken. Außerdem soll die Ursache, weshalb uns ein derartiges Erfahren verschlossen bleibt, nicht verschwiegen werden.

Unser In-der-Welt-sein kann sich sozusagen nur im stets sich schenkenden *Leben-Selbst* – dem wir eigen sind – in Wahrheit vollziehen. In dem Maße, wie wir das Eigen-sein uns selbst zuschreiben und demzufolge *das Es-bedingende* uns ermangelt, ist die Fähigkeit des Vernehmens dessen, was Leben schenkt, beschränkt. Deshalb wird je nach unserer Verfasstheit *das sich Ereignende des Lebens* im Prinzip entweder teilnahmsvoll oder teilnahmslos wahrgenommen. Das Einende, welches Leben spendet, *traut sich uns* auf dem natürlichen Weg des In-die-Welt-kommens *an*. Im Anvertrauen ist bereits der Grund gestiftet, auf dem wahres Vertrauen gründet: es bewahrt sein authentisches Moment nur in Einheit mit dem *Leben-Selbst*. Jedoch, weil wir aus dieser Einheit heraus gefallen sind,[83] schwingt für uns in dem Wort *Vertrauen* grundsätzlich immer sein Bezogen-sein mit, nämlich, es bekommt eine dualistische Färbung. Je mehr wir von jenem authentischen Moment entfernt sind, desto bedürftiger werden wir eines Vertrauens-Ersatzes, der mehr oder weniger Objekt-Charakter hat. Obwohl Vertrauen nach wie vor eine zentrale Stellung für uns im Bestehen des Alltags innehaben sollte, ist doch im Ergebnis vielfach Misstrauen angezeigt. Eben, weil sich die Realität unseres In-der-Welt-seins innerhalb der hier offen gelegten Erfahrung uns vermittelt, leiden wir an einer doppelt-widrigen Lebens-Bürde: der Unterminierung des authentischen Vertrauens und in seiner Folge auch des in der Identität gründenden Selbst-vertrauens. Weil für uns das Ereignen des Lebens sich derart vollzieht, sind unsere Beziehungen ohnehin belastet. Im Ermangeln des Vertrauens spiegelt sich das gestörte Selbst-vertrauen, das unser Bewusstsein verdreht, ja färbt, so dass wir nicht umhin können, alles mehr oder weniger unter dieser Perspektive zu schauen und zu beurteilen. Der Grad des Vertrauens ist vom Wie des je vollzogenen Lebens – von der Geburt bis zum Tod – nicht zu trennen.

Die erste Vermittlung des Lebens liegt für uns in dessen Wahrnehmen mit der Mutter. Nach der Geburt beginnen wir, unsere Lebens-Welt zu entdecken. Unser zunächst intuitives Wahrnehmen ist nur ein Durchgang zu einer je weiteren Stufe des Erkennens. Im Ausfalten der instrumentellen Vermögen – mit ihrem Hinein in die Welt – verliert sich das intuitiv-ganzheitliche Erfassen und bricht um in ein Handeln, gesteuert von Interessen. Weil die hier anstehende Frage nach dem *Leben-Selbst* unter dem Einfluss, der von Interessen gelenkt ist, nicht beantwortet werden kann, geht es darum, den Weg für das Entkommen aus dieser Einkreisung zu finden. Jedoch, jedem Menschen sind verschiedentlich Chancen gegeben, dem ihn Leben-Lassenden auf die Spur zu kommen, es sei denn, dass die Identität ihren Einfluss in ihm ganz verliert. Soll die Identität in uns wirksam werden, ja, die Oberhand gewinnen, ist dafür eben das von Interessen gesteuerte Bestreben zu verlassen. Indem sich unser instrumenteller Anspruch der Identität unterordnet, kann diese ihre Autorität zurück gewinnen. Erst dadurch wird uns bewusst, dass wir in der Pflicht stehen, unser ausschließlich innerweltliches Orientiert-sein zu überschreiten. Der Sinn des In-der-Welt-seins ist, zu erkennen, dass unser Mensch-sein für *das Darüber-hinaus* geschaffen ist.

Entsprechend seiner innersten Natur will *das Gesamt*, in das wir eingebettet sind, sich uns mitteilen. Deshalb kann sich ein waches Wahrnehmen des Lebens – je nach unserer Veranlagung – im Umgang mit der Natur wie auch in der Beziehung zur Tierwelt ereignen.[a] Die Sinnes-Erfahrung kann uns aktiv berühren, unser Leben bereichern und bis in tiefere Schichten hinein mit uns korrespondieren. Wen das Leben durch die Kräfte der Natur oder sogar in seiner kosmischen Dimension berührt, dem kann ein derartiges Erlebnis wegweisend werden für das, was das Leben ist. Weil jedoch im Erfahren das dualistische Gegenüber mit figuriert, kann sowohl das Wahrnehmen als auch das Wahrgenommene in gewissen Verengungen gebunden bleiben. Im tief verankerten Verlangen des Menschen, vom Objekt aller Objekte, *vom Ich-zentriert-sein*, befreit zu werden, gründet sein Versuch, dass er *das sein Leben Verwirklichende* übersinnlich wahrnehme. Dass diese innere Unruhe nicht nur unseren Erfahrungs-Horizont weitet, sondern vielmehr uns aufgetragen ist, zeigt sich in der analogen Erfahrung durch ein Natur-Phänomen: *die in der Schöpfung wirkende Lebenskraft tritt in Korrespondenz mit unserem Anteilig-sein als Geschöpf, was zum Veranlassen des Erwachens unentbehrlich ist*. Allerdings soll die analoge Erfahrung zunächst überschritten werden. Demzufolge kann sie gereift mit dem Erfahrenen eins werden. Der Prozess der Reifung ist nichts anderes als ein Weg, sich zu läutern, auf dem der Mensch allmählich von der eigenen Absicht, *vom Etwas-sein-wollen*, befreit werden muss. Sein Verlangen nach dem Besonderen, das sich selbst ein Erwachen aus der irrtümlich vorgestellten Überzeugung suggeriert, wird zum Anlass, dem authentischen Erfahren nicht nur entgegen zu wirken, sondern es zu verhindern. Dies kann vor allem dann der Fall sein, wenn die phänomenale Erfahrungs-Ebene aktiv ist und auf die nicht-phänomenale übertragen wird. Durch diesen Missbrauch der authentischen Lebens-Kraft werden die Vermögen des Erkennens, nämlich das mit der Identität in uns gegebene kreative Moment, reduziert: die Ursache der Verdunklung des Bewusstseins.

Alles Geschaffene, die ganze phänomenale Welt, trägt in sich Leben als Ursache seiner Erscheinung. Das Leben – aufgrund der in der Identität gestifteten Kreativität – in besonderer Weise zu vergegenwärtigen, ist aber nur dem Menschen eigen. Zugleich ist ihm die willentliche Entscheidung für oder gegen das Lebens-Prinzip eigen: dieses Gesetz zu übertreten, liegt in seiner Macht. Hingegen – *um unserer Vergegenwärtigung des Lebens willen* – steht die Schöpfung absichtslos im Dienst für eine analoge Erfahrung mit dem *Leben-Selbst*, auf das alles verwiesen ist. Sie folgt dem Gesetz des Lebens, weshalb sie weder gegen sich selbst handeln noch sich stören oder gar zerstören kann. Soll sich das Verbindende der Identität zur Ursache der in der phänomenalen Welt wirkenden Lebens-Kraft *gemäß ihres authentischen Aufeinender-verwiesen-seins* ordnen, ja lichten, muss dann nicht die Differenz ihres Verwiesen-seins auf die Identität einsichtig werden? Erst dadurch kann sich jene aus ihrem Widerspruch zu dieser lösen, so dass der mit der Identität gegebene kreative Lebens-Impuls – nicht mehr aberkannt durch die Differenz – wieder erwacht und sich verwirklichen kann. Folglich geht es darum, dass wir unser Leben eben aus diesem leben-erschließenden, kreativen Vermögen bewusst gestalten.

Das Kreative, die schöpferische Lebens-Kraft, soll es sich aktualisieren, ist immer auf einen Gegenpol verwiesen: seiner innersten Natur gemäß ist es eine leben-zeugende Kraft. Soll indessen das das Leben erweckende Moment des Kreativen wirksam werden, bedarf es immer eines Ereignis-Feldes.[b] Das Authentisch-Kreative verbindet und eint mit dem, das sich je auf sein Ereignis-Feld bezieht und vollzieht: das hier fundamental zutage Tretende wahrzunehmen, ist letztlich immer aus dem *Leben-Selbst* bewirkt. Betrachten wir hierzu das zuvor angedeutete Wahrnehmen in der jeweilig grundgelegten Feld-Vernetzung, dann lässt sich eben das Verwiesen-sein unseres Daseins im folgenden Schema darstellen:

Leben-Selbst → Mensch ↔ *Leben-Selbst*

Mensch ↔ Mensch

Mensch ↔ Natur ← Mensch

Unterwirft sich der Mensch nicht mehr seiner egozentrisch fehlgeleiteten und dadurch entfremdeten Intentionalität, hebt sich die Ungleichheit von *Empfangen und Geben* auf: er vermag sich hierauf unbeschränkt aus seinem kreativen Moment in der Identität zu verwirklichen und daher absichtslos in dieses Sich-ereignen die ganze Schöpfung mit einzubeziehen. Im *Sich-selbst-verwirklichen* findet er seine wahre Individualität, die eben keinen Gegensatz in sich trägt. Je tiefer sich *das Frei-sein von sich selbst* einstellt. desto individueller kann sich das Moment des Kreativen entfalten. Nun darf das Ereignis-Feld, dem immer ein zweipoliges Bezogen-sein zugrunde liegt, nicht in einem dualistischen Sich-gegenüber der Pole verbleiben, denn *die Ich-Du-Trennung* will, ja muss eben kraft des Kreativen überwunden werden. Das sich uns zu vermittelnde Leben ist mannigfaltig am Werk, um das Authentische in uns zu erwecken. Die hier anstehende Frage ist und bleibt: wie kann die kreative Kraft aus dem *Leben-Selbst* in ihrem schöpferischen Sich-ereign von uns wahrgenommen werden? und wie wird dann die daraus geborene Saat zum Leitfaden für die Vergegenwärtigung des Lebens?

Obschon wir wähnen, dass es möglich sei, den hierfür notwendigen Überschritt mittels des instrumentellen Bewusstseins zu vollziehen, ist dies doch so nicht zu bewerkstelligen. Die Entfaltung des instrumentellen Bewusstseins nimmt seinen Anfang mit dem Emotionalen über die Imagination zum Diskursiven. Das ist unsere normale Entwicklung des Bewusstseins. Weil durch *sein Ausfalten* uns je neue Einblicke gewährt werden, sind wir versucht, die emotionalen, imaginativen oder gar diskursiven Vermögen illusionär zu überdehnen in der Annahme, dass damit auch außerhalb ihrer Reichweite uns die zunächst nicht zugänglichen Welten erschlossen würden. Das hier grundsätzlich zu bewältigende Dilemma ist die phänomenale Erfahrungs-Ebene, die, in der Vorstellung auf das Nicht-Phänomenale übertragen, zum Hindernis für das Erkennen des eigentlich zu Erfassenden wird. Mittels eines derartigen *Überdehnens* das scheinbar Umfassendere unseres In-der-Welt-seins einzuholen, ist für viele doch ein verstecktes Ansinnen. Das hier gefühlsmäßig Erzeugte, das imaginativ Eingeholte oder das ideiert Erzwungene bringt Leiden mit sich, denn das für wahr gehaltene Vernehmen vereitelt ein authentisches Öffnen auf das Unbekannte, das *Leben-Selbst,* hin. Hier geht es darum, das instrumentelle Bewusstsein auf sein ihm eigentliches Wirkfeld zu verweisen. Dafür ist ***Shugyō*** – *Übung und Verzicht* – jedenfalls ein klärender Weg; die hier anzustrebende Läuterung zielt in ihrem Vollzug auf *die Reinheit des Herzens.*

Das instrumentelle Bewusstsein, das in Verbindung mit der Differenz der Kern-$_F$ sich weitgehend im Gegensatz zur Identität *ent-faltet*, stößt an eine Grenze, die – ohne Schaden zu stiften – nicht überschritten werden kann.[c] Würde es diesen Gegensatz nicht geben, dann wäre das Einvernehmen der Differenz mit der Identität nicht beeinträchtigt. In Wirklichkeit aber schaffen wir selbst den Widerspruch und dadurch auch das Begrenzte. Das hier geforderte *Darüber-hinaus* ist einzulösen durch einen veranlassten Impuls aus der Identität, denn nur sie kann das Umfassendere unseres Daseins erfassen. *Faltet sich das Ausgefaltete der Differenz wieder ein,* kann das instrumentelle Bewusstsein *einfaltig* an dem Überschritt teilhaftig werden; *einfaltig-sein* heißt, sich dem Vorrang der Identität bereitwillig zu unterstellen. Im Wirken mit der Identität verzichtet die Differenz jetzt auf ihren zuvor eingebildeten Erkenntnis-Anspruch, nämlich auf ihr Dunst-Bild von sich selbst. Durch ihren Verzicht verliert die Differenz die negative Einflussnahme auf das instrumentelle Bewusstsein und übermittelt ihm den Impuls des Lebens aus der Identität unverfälscht, so dass jedes Vermögen – von den Sinnen bis zur Differenz – widerspruchsfrei in der authentischen Gegenwart wirken kann: in diesem Moment geschieht das Darüber-hinaus. Entscheidend ist es hierbei, dass das instrumentelle Bewusstsein, vor allem seine emotionale Komponente, von dem ihr aus der Differenz gespiegelten Unversöhnt-sein zum Leben entbunden wird. Die sich wieder einfaltende Differenz, deren entfaltetes Wirk-Feld kausal orientiert war, wird nun fähig, sich mit dem Ereignenden des Lebens zu arrangieren; nur gereinigt kann die Differenz – ihr angemessen – teilhaben an diesem a-kausalen Sich-ereignen, das sich – empfangen vom *Leben-Selbst* – in der Identität vollzieht. Erst dadurch, dass dieses Ereignis den ganzen Menschen durchdringt, vermag er zu begreifen, was die Vergegenwärtigung des Lebens bedeutet. Das Prozess-Feld, in dem die Differenz allmählich ihren ausgefalteten Anspruch nicht mehr für absolut, sondern für relativ halten und so sich einfalten lernt, verweist unabdingbar auf *Shugyō*. Die Zunahme im Bewusst-werden des eigenen Dürftig-seins hängt vom zu Vollziehenden in Übung und Verzicht ab.

Im Sich-zutragen des Lebens, dessen Gegenwart universal ist, will uns eine Chance zuteil werden, das Gebot des einzulösenden Überschritts zu erkennen. Es ist die alles durchwirkende Kraft aus dem *Leben-Selbst,* die das Verlangen zu diesem Überschritt erweckt: „. . . siehe da strömte Wasser unter der Schwelle des Tempels hervor. ... Dieses Wasser ... ergießt sich ins Meer, und ist es dort angelangt, so wird dessen Wasser gesund. Wohin der Fluss gelangt, ... da bleibt alles am Leben, ... denn das Wasser des Flusses kommt aus dem Heiligtum."[84] *Wasser* versinnbildlicht etwas vom innersten Kern des Lebens, zumal wenn Unsagbares vermittelt werden soll. Durch die aus der Quelle des Heiligtums strömende Kraft, die zum *Lebens-Fluss* wird, soll uns zweifellos die Vergegenwärtigung des Überzeitlichen bewusst werden. Im Offenbarwerden des Urquells allen Lebens will sich uns zeichenhaft auch unsere Anteil-habe am Unvergänglichen vermitteln und auslegen.[85] Weil wir jedoch gewöhnlich diese Zeichen nur gemäß unserer Gemühtserregung wahrnehmen, haben sie keine tiefe Wirkung: an der Oberfläche verweilend können wir mit dem a-kausalen Sich-ereignen wenig oder sogar nichts anfangen. Obwohl wir offensichtlich die Nähe dessen, was uns leben lässt, erfahren, lehnen wir unsere Anteil-habe ab, denn sie scheint mit dem *Ich-weiß* und mit dem *Ich-selbst-will* unvereinbar zu sein; ihretwillen müssten wir unseren Eigendünkel – verbunden mit dem Eigen-Willen – aufopfern, weshalb wir ihr gegenüber skeptisch, ja resistent sind. Ist es nicht über alle Maßen paradox, dass wir dem, das uns erhält, entgegentreten können!

Um den innersten Kern, den Wasser in sich trägt, zu fassen, ist sein Korrelat, das Feuer, mitzusehen. Die Sonne, Symbol des Feuers, wirkt als eine das Leben erweckende Kraft: Dunkles wird erhellt, Kaltes erwärmt[86] und Unreines getilgt.[87] Als Vermittler des Lebens sind Feuer und Wasser auch Träger der a-kausalen Geschehnisse. Ihrer Natur ist eigen, Leben zu ermöglichen, zu erhalten, aber auch zu vernichten, dies, soweit sie in ihrem Einklang gestört sind. Die Elemente sind das eigentliche Wirk-Feld für das Ringen des Entstehens und des Vergehens, wovon alles durchpulst ist. In der Tat erhalten die Elemente ihre Bestimmung erst *aus der Ordnung des Aufeinander-verwiesen-seins*: das konkret-sinnlich Erfahrbare hat hier *seinen Ort* und gewinnt demzufolge *seine ihm eigene Gestalt.*

Übertragen wir das wahrgenommene Geschehen in der Natur auf die a-kausale Dimension unseres Daseins, dann kann das Zeichenhafte im äußeren Geschehnis – von dem wir bis in das Innerste unseres Bewusstseins berührt sein müssen – zum Schlüssel für die innere Wende werden: im Entziffern der erfahrenen Zeichen kann sich der Weg von Reinigung und Umkehr vollziehen. Sofern wir die Elemente der Natur als unsere Teilhabe an ihr in uns bergen, können sie für uns ein Tor zur in ihnen wirkenden *materie-freien* Dimension sein. Um wie viel mehr finden wir durch die Identität der Kern-$_F$ den Ort der *Sakramente* – ihren Sitz in uns – vorbereitet, dessen kontinuierliche Folgerichtigkeit uns in der natürlichen Erfahrung vermittelt werden will. Je mehr sich einem Menschen *sein Selbst* auftut, desto tiefer kann sich ihm die Natur, in die er eingebettet lebt, zeigen. Aber auch das gilt: je vertrauter sich ihm die Natur mitteilt, desto klarer enthüllt sich ihm *sein Selbst*. Eine derartige Erfahrung schenkt uns die Einsicht, wie unablässig und in welcher Vielfalt das *Leben-Selbst* handelt, um das in uns Verschlossene ans Licht zu bringen. Alle Elemente sind daraufhin gewollt und finden ihren tiefsten Ausdruck darin, dass sie zeichenhaft nicht nur auf das *Leben-Selbst* hindeuten, sondern auch an dessen Erschließung für uns beteiligt sind.

Im Wesens-Kern der Elemente, dessen Dynamik uns das Leben erschließt, liegt der Grund, weshalb Kinder nicht selten Wasser als etwas Anziehendes und Faszinierendes erfahren, als etwas, das sich aufgrund seines Fliessens nicht ohne weiteres unter das Dinghafte einordnen lässt. Seine Transparenz und sein Licht-Spiel, *in dem sich der Himmel spiegelt*, zeigt in seiner natürlichen Aufnahme-Fähigkeit ein Geschehnis, das wir oft unbewusst – weil davon berührt – erfahren.[88] Dass gerade das Kind eine besondere Beziehung zum Wasser aufweist, ist ein Zeichen, wie *intuitiv* es spürt und dem noch näher ist, was Wasser als Sinnbild vergegenwärtigt: das *Leben-Selbst*. Indem das, *was ist*, sich spiegelt, versinnbildlicht das Gespiegelte in seiner Affinität mit jenem – dem *Leben-Selbst* – *dessen Absichtslosigkeit*. Dieses Faktum wird von Erwachsenen vielfach nur noch verkürzt wahrgenommen, weil sich bei ihnen das Wahrnehmungs-Vermögen überwiegend in eine Haltung des Nutzens verkehrt. So verlieren wir immer mehr den Zugang zum Eigentlichen. Eine solche Haltung entfernt vom Quell des Lebens, was sich auf alle unsere Lebensbezüge überträgt.[d]

Was sich in der äußeren Erfahrung hinsichtlich der Elemente als ein Aus- bzw. Einschließen zeigt, korrespondiert in der Regel mit den Dispositionen der Differenz. Die Grundfrage ist hier: ob eine Erfahrung durch die äußeren Sinne mehr in Übereinstimmung mit dem Leben oder ob sie hierzu im Widerspruch steht. Weil die Differenz ein Störfeld aufweist, wird die Störung auf die äußere Wahrnehmung übertragen, das heißt, die äußeren Sinne sind als eine analoge Abbildung der inneren ihrer authentischen Wirkweise beraubt. Wird das durch die Störung der Differenz verursachte Hindernis abgebaut, sei es durch eine Initiation, sei es durch *Schugyō* oder aber im Angesicht des Todes, so kann die äußere analoge Erfahrung mit der Identität unmittelbar kommunizieren. Werden wir uns dessen bewusst, mögen die inneren Sinne – erweckt durch die Lebenskraft aufgrund der äußeren Wahrnehmung – empfänglich werden dafür, was ihnen durch das *Leben-Selbst* zukommt. Erst im Verhältnis der Differenz zur Identität zeigt sich, was Störung ist, denn sie meldet sich als Mangel. Um unseren innersten Mangel zu erfüllen, sind wir darauf verwiesen, dass die Wirkkräfte unserer Vermögen ihre Zuordnung aus dem *Leben-Selbst* erhalten; sonst lässt sich ihr Wider-Streben nicht aufheben. Der Schritt *darüber hinaus* ist jedoch ein unverfügbares Geschehnis, in dem das analog Erfahrene sich aufhebt.

Wenn David seinem innersten Verlangen Ausdruck verleiht mit den Worten, „Gott, du bist mein Gott, den ich suche. Es dürstet meine Seele nach dir, mein ganzer Mensch verlangt nach dir aus trockenem, dürrem Land, wo kein Wasser ist“,[89] redet er vom wahren Durst des Menschen, der letzten Endes nur aus dem *Leben-Selbst* gestillt werden kann.[e] Durst meint hier – zwar in ihn gelegt, aber vielfach nicht wach – das in der Grund-Verfasstheit des Menschen gründende Verlangen, vom Widerstreben der Wirkkräfte in der Differenz befreit und von der Identität durchdrungen zu werden. Weil jedoch das Energie-Feld der Kern-$_F$ seiner Ordnung beraubt ist, kann sich der Durst nicht nach Innen, sondern nach Außen richten, weshalb er nie gestillt wird.

Das *Leben-Selbst* spiegelt in seiner *Akt-Dynamik* – präformiert vorweggenommen – das menschliche Tun auf vollkommene Weise. Von uns kann dies gleichnishaft wahrgenommen werden: „Das Unsichtbare an ihm wird ja als Begreifbares seit Weltschöpfung an den Werken eingesehen: nämlich seine ewige Kraft und Göttlichkeit.“[90] Jene Akt-Dynamik will uns über das in der Analogie Erfahrene hinaus hinweisen auf das authentische Tun, welches sich in Übereinstimmung mit dem *Leben-Selbst* ereignen kann, sofern es seine Kraft aus Ihm schöpft.[91] Aufgrund Seiner Wirk-Kraft kann sowohl der Handlungs-Akt als auch der Handlungs-Gehalt über Raum und Zeit hinausreichen, obwohl sich unsere Existenz darin vollzieht: „Ihm selbst ähnlich hat er sie [die Menschen] mit Kraft bekleidet und sie nach seinem Abbild erschaffen.“[92] Dass das authentische, menschliche Tun in Seiner Akt-Dynamik beschlossen liegt, sieht Kohelet klar: „Gott hat das alles zu seiner Zeit auf vollkommene Weise getan. Überdies hat er die Ewigkeit in alles hineingelegt, doch ohne dass der Mensch das Tun, das Gott getan hat, von seinem Anfang bis zu seinem Ende wiederfinden könnte.“[93] Würde sich uns dieser Sinnzusammenhang in seiner wahren Bedeutung erschließen, so könnte es für unser Handeln Grund und Richtschnur sein; dies, obwohl es Stückwerk bleibt.

Die Erfahrung des Phänomenalen ist für uns Hinweis und Schlüssel auf dem Weg des eigentlich zu Erfahrenden. Jedoch ist gerade sie um des Eigentlichen willen zu überschreiten, denn die phänomenale Welt ist Abbildung einer Wirklichkeit, die nicht den Kategorien von Raum und Zeit unterworfen ist. [f] Erst in ihr erschließen sich uns aufgrund der Identität der Kern-$_P$, die Raum und Zeit enthoben ist, authentische Erfahrungs-Momente. Das in unserer Grund-Verfasstheit erschlossene Tor auf das *Leben-Selbst* hin, verschlossen aus dem manifest gewordenen Widerspruch, muss freigelegt und wieder geöffnet werden: „So spricht der Herr ... den Gefangenen zu sagen: Kommt heraus!, und denen, die in der Finsternis sind: Kommt ans Licht! ... Sie leiden [dann] weder Hunger noch Durst, Hitze und Sonnenglut schaden ihnen nicht. Denn er leitet sie voll Erbarmen und führt sie zu sprudelnden Quellen."[94] Entscheidend ist, dass wir diesen Ruf auf uns selbst bezogen vernehmen, denn Umkehr ist das von uns hier unabdingbar Einzulösende, dies, indem die missbrauchte Lebens-Kraft in ihrem Widerspruch letztlich in jener Wirk-Kraft aufgehoben wird.

Im Ruf nach dem lebendigen Wasser, das weder fault noch versiegt, das sich nicht mit zeitlichem vermischt oder verschmutzt werden kann, begegnen wir dem *Leben-Selbst*, das letztlich den Tod besiegt. „Wenn du die Gabe Gottes kenntest und wer es ist, der zu dir sagt: Gib mir zu trinken, so hättest du ihn gebeten, und er hätte dir lebendiges Wasser gegeben."[95] Wie können wir wissen, worin *die Gabe Gottes* besteht und *wer es ist*, der zu uns spricht? Im *gib mir* ist das *ich gebe dir* bereits initiiert, wie es uns elementar in der Natur vorgegeben ist: obwohl der Mensch von ihr genommen ist, spricht sie, *bebaue und hüte mich, ich gebe mich dir*. Das Sich-geben ist in der Aufnahme von Nahrung konkret erfahrbar: Sinnbild für den Empfang der Gabe Gottes. Um das Leben als ganzes zu vollziehen, ist in diesem Empfangen die Rückgabe – letztlich und eigentlich auf das *Leben-Selbst* hin – bereits initiiert.[96] Wird der Empfangende von dieser Initiation durchdrungen, so hat der ichbezogene Wille keinen Spielraum, auf dass absichtsloser Dienst sich natürlich in Einheit mit dem *Leben-Selbst* vollziehen kann. In der Begegnung am Jakobs-Brunnen will der Durst nach dieser Einheit erweckt werden, indem Er unseren in der Natur vorgebildeten Fassungsgrund mit einbezieht. Erschließt sich uns diese Verständnis-Basis, dann kann dies auch das Tor zu Ihm, zum Grund von allem, der *Gabe Gottes* sein.

Leben wird erhalten, indem *Leben sich hingibt;*[97] es ist das nicht nur der Natur, sondern uns allen gegebene Gesetz. Hingabe legt das innerste Geschehnis der unablässig sich ereignenden Akt-Dynamik aus, an deren Selbstmitteilung die ganze Schöpfung teil hat. Dem Gesetz des Teilens tritt der Eigen-Wille entgegen, der uns unterjocht *in der Kette des Entstehens und Vergehens*. „Der Mensch, der dahinlebt, nimmt die Sache des Gottesgeistes nicht auf; denn Aberwitz ist sie ihm. Und nicht vermag er sie zu erkennen, weil sie – vom Geist bestimmt – zu prüfen ist."[98] Erst durch das endgültige Eingreifen – Inkarnation, Tod und Auferstehung Jesu – ist die Kette von Ursache und Wirkung aus dem *Selbst-eigen-sein* durchschnitten. Wer Gottes Erbarmen im Glauben annimmt, dem wird zur Gewissheit, dass das Leben jetzt nicht mehr unter der Herrschaft des Todes steht: „Denn nachdem die Welt – angesichts der Weisheit Gottes – durch ihre Weisheit Gott nicht erkannte, gefiel es Gott: durch den Aberwitz der Verkündigung die Glaubenden zu retten."[99] Alles, auch die Schöpfung, soll nun frei werden von der *Sklaverei und Verlorenheit*.[100]

Bestand das Gesetz der Natur zuvor in ihrer Hingabe, so tut jetzt Rückgabe not, Rückgabe des empfangenen Lebens, die sich in Seiner Hingabe für uns erschließt.[101] Das *Leben-Selbst,* das in seiner Akt-Dynamik sich immerzu enthüllt, kann von uns als sein sich ausfaltendes Mitteilen vernommen werden. Wenn unser Leben im Erwarten des Verheißenen und im Verzicht des eigenen Wollens besteht, dann können wir uns selbst aus der in uns eingestifteten Urkraft recht hingeben.[102] „Denn: Wer sein Leben retten will, der wird es zugrunde richten. Wer aber sein Leben zugrunde richtet – um meinet- und der Heilsbotschaft willen – der wird es retten."[103] Das, was in uns zu einem Selbst-Besitz geworden ist, zu befreien, hat den Hinabstieg in das dem Bewusstsein Uneinsichtige zur Bedingung, das heißt, in das, woran wir haften und was wir deshalb nicht frei geben können noch wollen. Jedoch, können wir uns hierzu entschließen, so bleiben wir nicht mehr gebunden innerhalb der Kette von Ursache und Wirkung: jedes Handeln, das sich daraus ereignet, ist in dieser Hinsicht frei und einmalig, ohne sich wiederholen zu müssen.[104] Die hingebende Rückgabe wird hier gemäß Seinem Heils-Willen in Wahrheit vollzogen, und zwar in Freiheit.

„Dürstet da einer, er komme zu mir. Und trinken soll, wer an mich glaubt. Wie die Schrift sprach: Aus seinem Leib werden Ströme lebendigen Wassers fließen."[105] *Trinken soll, wer an mich glaubt,* wie kann das geschehen? Dass die uns gegebenen Vermögen sich aktualisieren, dazu bedürfen sie der Initiation; dies betrifft auch die negativen Anlagen in uns. Ebenso sind Sprache, Fertigkeiten, Lebens-Gestaltung, oder einsichtsmäßiges Erfassen – kontinual als Ganzes – verwiesen, erweckt zu werden. Der Ruf zu erwachen kann uns aus der Natur oder vom Menschen her treffen; die ganze phänomenale Welt kann dafür Medium sein. Jedoch, in Wahrheit handelt hier das *Leben-Selbst,* um durch das Medium in uns das Erwachen zu veranlassen.[106] Wahre, in das Leben führende Initiation will das Überschreiten dessen, was uns begrenzt, ja fesselt: auf das Unendliche hin uns zu öffnen, ja, das Vermögen des Glaubens zu erwecken. Dabei muss das in der Identität der Kern-$_F$ schlummernden Vermögen initiiert werden, um zu sich selbst zu erwachen. Somit wird sie nicht nur ihrer selbst, sondern ihres Verwiesen-seins einsichtig, nämlich auf das *Leben-Selbst*. Eine Folge des Erwachens der Identität ist die Selbst-Einsicht der Differenz, die nun ihren – zuvor ihr verstellten – Widerspruch erkennt, von dem sie sich lösen muss: für dessen Vollzug ist die bejahende Annahme ihres Verwiesen-seins auf die Identität unabdingbar.

Die eigentliche und tiefste Initiation will sich für uns im sakramentalen Vollzug ereignen. Auch die ganze Schöpfung soll einbezogen werden zwar als Medium des Sakramentalen, das aber als solches zu einem Heils-Zeichen, ja *zum Sakrament des Lebens* wird. Aus dem wachgerufenen, gereiften Glauben entspringt die Kraft zur Erneuerung des Lebens.[107]

Anmerkungen

Anm. a: Es wird hier nicht ausgeschlossen, dass in einer Beziehungs-Schädigung ihre Ersetzung durch eine zuvor genannte Möglichkeit gerade zu einer Lebens-Chance wird, ja sogar zu einer gewissen Gesundung führen kann. Da aber das Bestehen des Lebens im Miteinander mühsam ist, können wir versucht sein, alternative Zuwendungs-Objekte als Ersatz hierfür zu stilisieren. Eine so geartete Beziehung erhält zweifellos Objekt-Charakter und wird entwertet, auf dass gerade die natürlich damit gegebene, in sie gelegte Gesundung für uns mehr oder weniger unwirksam wird; dieser Sachverhalt gilt im Prinzip für alle unsere Lebens-Bezüge.

Anm. b: Mit dem Begriff Ereignis-Feld ist versucht, das notwendige Inmitten, in dem das Sich-ereignen übermittelt und eingeordnet wird, zu thematisieren. Konkretes, intentionales, aber auch ein davon freies Mitteilen kann konstitutiv sein für das Ereignis-Feld. Teilhaftig sind hier Menschen, Tiere, Pflanzen, kosmische Kräfte, das *Leben-Selbst* als das alles Umfassende, denn die Lebens-Kraft, die in allem Geschaffenen gegenwärtig wirkt, ist das eigentlich tragende Medium für das Ereignis-Feld; nicht zu verschweigen sind die dem Leben widerstreitenden Mächte. Das Prozess-Feld zwischen Entbieten und Einfügen ist am schwierigsten zu fassen, denn das Entbotene stimmt mit dem Eingefügten kaum vollgültig überein; die Streuung des Nicht-entsprechens kann von erheblich bis zur totalen Negation variieren., Weil die das Prozess-Feld belebende Kraft sowohl im Übermitteln als auch im Einordnen Unstimmigkeiten unterworfen ist, ist und bleibt dies ein problematisches Feld.

Eine äußerst traurige Tatsache ist, dass der Mensch sich – konkret oder intentional – immer in einem Ereignis-Feld befindet, dessen Wirkweise und Beeinflussung ihm jedoch wenig oder sogar überhaupt nicht bewusst ist. Hierbei lassen sich prinzipiell drei Akt-Felder unterscheiden:

a) das eigentlich aus der Identität gespeiste Akt-Feld ist, auf das Leben hinzuweisen, es zu erhalten, zu tragen, zu stärken und zu bestätigen;

b) das eigentlich aus der Differenz gespeiste Akt-Feld ist, das Leben zu negieren, es zu unterdrücken, oder sogar Tod-bringendes zu hinterlassen;

c) die primäre Begehr des Menschen hat jedoch ihr Akt-Feld im Dazwischen. Im kollektiv legitimierten, relativierten Dabei-sein zerstreut er seine Lebenszeit. Das Eigentliche des Daseins verliert für ihn unmerklich seinen Geschmack;

Soweit der Mensch mit sich selbst identisch wird, das heißt, er sich selbst nicht mehr Objekt ist, soweit verliert im Ereignis-Feld für ihn auch all das Vernetzt-sein dessen Objekt-Charakter, sei es mit den Menschen, der phänomenalen Welt, der Lebens-Kraft, oder auch mit dem *Leben-Selbst.*

Anm. c: Verschiedentlich weisen wir auf die Notwendigkeit hin, dass das instrumentelle Bewusstsein überschritten werden muss, um dem dualistischen Gefängnis, das uns gefangen hält, zu entkommen. Auch wenn die Wirkweise der instrumentellen Vermögen von Person zu Person sich unterscheidet, können wir doch feststellen: die ideierten Konstrukte von Seins-Nischen oder das eingebildet erzeugte Substrat von Welten verführen zur einer nicht zu unterschätzenden, problematischen Praxis der Lebens-Bewältigung, aber das eigentliche Hindernis ist versteckt wirksam im Gestrüpp des emotionalen Wildwuchses.

Mit jedem dieser Vermögen kann der Mensch, soweit sie ihrem je spezifischen Wirken entsprechend nicht in die Identität integriert sind, ein sich selbst täuschendes Wahrnehmen von Einheit servieren. Weil vieles zunächst auf der Gefühlsebene wahrgenommen wird, ist das emotionelle Feld am schwierigsten zu durchschauen, zu reinigen und davon zu befreien, denn es kann im Hinblick auf eine Ersetzung des Identitäts-Mangels, der die eigentliche Ursache des Verunglückens des instrumentellen Bewusstseins überhaupt ist, mit dem Imaginativen und dem Diskursiven zusammen spielen. Wie es scheint, prägt das emotionale Vermögen je nach seinem Grund-gestimmt-sein den Rest des Instrumentellen Bewusstseins. Wenn sich im Durchgang durch das Leben diese Wildnis lichtet, indem die aus ihr sich zeugende Problematik einsichtig wird, dann kann ein Leben sich gemäß den gegebenen Vermögen entfalten. Andernfalls bleibt es – in sich selbst verstrickt – darin hängen, ohne dass seine wahre Dimension je zum Vorschein kommt. Insbesondere gibt sich der Mensch unbemerkt dem Wildwuchs des Emotionalen preis, und zwar in der Gewissheit, auf dem Weg darüber hinaus zu sein, indem er die übersinnliche Dimension des Lebens intentional zu fassen und zugleich damit sich selbst zu identifizieren sucht. Die Ursache dessen, was hier Schaden stiftet, liegt darin, dass er den eigenen Identitäts-Mangel mit dem scheinbar Eingeholten füllen will, wodurch sein Mangel noch zunimmt. Um diese Kluft zu überbrücken, ist er versucht, dem verabsolutierten Sich-selbst-sein Wahrheits-Charakter zu zuschreiben: im Ergebnis verbleibt er dadurch in einer sich selbst offerierten Schein-Wirklichkeit.

Anm. d: „Denn mein Volk hat doppeltes Unrecht verübt: Mich hat es verlassen, den Quell des lebendigen Wassers, um sich Zisternen zu graben, Zisternen mit Rissen, die das Wasser nicht halten."[108] Die Anklage des Propheten will nicht nur diesem Umstand Ausdruck verleihen, sondern auch ein Hinweis sein, dass unser Wahrnehmen sich hierdurch zunehmend trübt. Aus dieser Eintrübung entsteht der Nährboden für das Illusionäre, das unser Handeln bestimmt, weshalb wir überzeugt sein können, zu meinen, wir seien gezwungen, unser Leben aus eigener Leistung bewältigen zu müssen. Tragisch ist hier außerdem die Tatsache, dass wir unser befangenes Erkennen, ohne es infrage zu stellen, akzeptieren. Auf diese Art beschneiden wir unsere Lebens-Bedingung, anstatt es in Übereinstimmung mit dem *Leben-Selbst* zu bestehen.

Anm e: Der leibliche Durst in der äußeren Erfahrung signalisiert eigentlich den Durst der Leidenschaft nach Glück und Leben. Letztlich ist dies ein Hinweis auf das Innerste des Lebens, nämlich die Identität, nach der wir – wissend oder unwissend – dürsten. Dieser in uns grundgelegte Durst kann, wenn wir mit der äußeren Erfahrung unachtsam umgehen, uns dorthin verleiten, das Tor für die drei Gifte in der Differenz zu öffnen: die Gier, etwas zu sein, und zwar im Anspruch nach Herrschaft; das Unwissen, das den echten Durst nach der Identität verdunkelt; der unstillbare Zorn, der in Neid mündet.

Anm f: Im Vermitteln des Lebens sind wir auf die es uns erschließenden Erfahrungen verwiesen. Prinzipiell gibt es für uns zwei Zugänge: zum einen die konkret erfahrene und reflektierte Lebens-Praxis, die uns im Umgang mit der phänomenalen Welt die Augen dafür öffnet, was sie – und so auch uns – verursacht und trägt. Wir sind jedoch in unserem diesbezüglichen Wahrnehmen in Unwissen gebunden, durch dessen Einfluss uns das *Leben-Selbst* – trotz Seiner Nähe – verstellt ist. Ohne Läuterung des Bewusstseins ist es wohl unwahrscheinlich, dass wir dorthin durchstoßen, wo sich unser Erfahrungs-Horizont lichtet.

Betrachten wir den anderen für uns gegenläufigen Erschließungs-Weg: das Letzte, das unsere Erfahrung leitet, wird uns vorgegeben, und wir richten unsere Vorstellung daraufhin aus. So bleibt die Frage, was entspricht hier dem *Leben-Selbst* und was ist unsere in Täuschung, Illusion und Widersprüchen gebundene Vorstellung. Ist der hier erfahrene Gegensatz, der die Versuchung in sich birgt, dass wir uns irrtümlich mit dem gegebenen identifizieren, in seiner zu lösenden Problematik nicht doch auf das authentische Erfahren als eine Voraussetzung hierfür verwiesen?

Eine Verabsolutierung unserer Erfahrung auf den angedeuteten zwei Wegen bleibt insofern problematisch, als die beiden Zugänge der Lebens-Erschließung sich nicht verschränken. Jedoch zu glauben, dass ihre Verschränkung schon genüge, wäre nochmals ein Hindernis, denn diese Zugänge bleiben letztlich gebunden im Bereiten dafür, das Unverfügbare – das *Leben-Selbst* – wirken zu lassen. Erst hierdurch wird uns sowohl unser Anteil als auch unsere Pflicht bewusst. Wenn wir aber die eigene Erfahrung für unwiderruflich halten, obwohl sie auf der je spezifischen Ebene authentisch sein kann, lässt sie uns hinsichtlich unseres Anteils, unserer Pflicht erblinden.

Weil wir von uns aus das Letzte nicht erfahren können, sind wir stets versucht, dieses mit allem uns zur Verfügung stehenden Können sinnbildlich zu bannen. Neu ist jedoch der Versuch, das Letzte selbst zu greifen und es dingfest zu machen: das Unverfügbare sei von uns doch verfügbar. Dadurch, dass das Identische in uns verkümmert, verstellt sich unsrem Blick die Offenheit für das Letzte: unserem Verwiesen-sein überhaupt werden wir selbst entfremdet. Diese defizitäre Erfahrung aus der Vereinzelung treibt die Menschen noch tiefer ins Machen-müssen, das sie unter dem Einfluss der kollektiven Macht solidarisch verbindet. Zwar gab es zu allen Zeiten Erfahrungs-Süchte, aber wir Heutigen atmen diese Atmosphäre mit jedem Atemzug, von dessen Einfluss wir nicht ohne weiteres frei sein können, es sei denn, wir verpflichten uns einer Grundhaltung, in der das Nicht-haben–, Nicht-sein- und Nicht-wissen-wollen unser Handeln bestimmen. Da wir nicht echt und recht bei uns selbst sein können, kann uns die Erfahrungs-Sucht mit solcher Vehemenz ergreifen, dass wir davon abhängig einem krankhaften Zustand erliegen.

22 Spiegel-$_F$: die Spiegelung des Lebens und des Todes

„Ich aber will schauen dein Antlitz in Gerechtigkeit, ich will satt werden, wenn ich erwache, an deinem Bilde."[109] Die Spiegel-$_F$ ist nicht ein Etwas, was unter anderem zum Menschsein zu gehören scheint, sondern die unser Dasein über die phänomenale Welt hinausweisende Funktion, die das Raum-Zeit-Enthobene – die Grund-Ordnung des Lebens – spiegelt. In diesem das Leben Spiegelnden vermögen wir den Tod – wegen unserer Unredlichkeit gegenüber jener Ordnung – zu schauen. Dem Selbst-gerecht-sein zu entsagen, mag uns die Spiegel-$_F$ weisen, indem sie die Identität – Abbild der Gerechtigkeit – in sich spiegelt: „Für euch aber, die ihr meinen Namen fürchtet, wird die Sonne der Gerechtigkeit aufgehen, und ihre Flügel bringen Heilung."[110] Ehrfurcht öffnet die Augen für unser Geschaffen-sein im Verhältnis zum *Leben-Selbst,* in dem es aufgehoben ist.

Die Grund-Ordnung des Lebens, die dem aktiven Bewusstsein so nicht zugänglich ist, spiegelt sich für uns im *Spiegel-Halt,* einem Kontinuum, das von der raumzeitlichen bis zur davon freien Dimension reicht. Ob uns das verstellte Tor des Todes oder das des Lebens im Spiegel-Halt entstellt wird, bestimmt sich aus dem intentionalen Ausgerichtet-sein: *Übung und Verzicht ist hierfür das Zünglein an der Waage.*

Der zu bahnende Weg hin zur Erfahrung von Leben und Tod im Spiegel-Halt ist – bildlich gesprochen – steinig, finster und verschlungen. All unser Mut, ihn in Entschiedenheit zu gehen, wird von uns verlangt: „Man muss durch diesen dunklen Tunnel hindurchgegangen sein, um seine Dunkelheit zu erfassen."[111] Das Wahrnehmen der gespiegelten Mitteilung des Lebens aus der Identität weist den Weg, indem das Vernommene den uns begegnenden Widerstand als das dem Leben sich Widersetzende – eingewurzelt in den Vermögen dessen, was wir Bewusstsein nennen – zutage treten lässt.

Enthüllt wird hier das Vermischte in der Differenz, was auf die aktiven Felder des Bewusstseins – die instrumentellen Vermögen – kondensierend einwirkt. Hierdurch entsteht vor allem in dem mit der Differenz korrespondierenden Keim- und Samenspeicher ein Konglomerat von Verschlüsseltem: aufgrund dieses Sachverhalts weist die Freilegung des Weges zum Tor des Todes und dadurch zur Spiegel-$_{F}$ auf *den schmalen Weg* hin.[112]

Wer von uns im Spiegel-Halt das Tor des Todes durchschreitet, erfährt zum ersten Mal das Unermessliche von Leben und Tod. Im Licht der Identität spiegelt sich nun *die Wahrheit über uns selbst,* die uns im Erfahren des Ungelösten bindet,[a] denn das Ungelöste, das zum Tod führt, verschließt das Tor zum Leben. Hier werden vor allem Unversöhntes und dessen konkretpersonalen Akte offenkundig; kosmisch angereichert hat es seinen tiefsten Grund im Unversöhnt-sein mit dem *Leben-Selbst*. Darin ist seine verborgene Wurzel sowohl für das konkret wechselseitig-bedingte Zueinander als auch für das Zu- und Mit-uns-selbst. Es ist das nicht gelöste – von uns nicht lösbare – Substrat, dessen tatsächliche Spiegelung im Spiegel-Halt erfahren wird: gerade das Bewusst-werden unserer unheilbaren Wunde bietet eine Chance, unser Herz für *das not-wendende Licht* zu öffnen. Im Überschreiten der Erfahrungs-Dimension des Alltäglichen, im Gewahr-werden des kosmisch angereicherten Substrates, begegnen wir im Licht der Identität dem uns Überschreitenden, von dem wir uns nicht nur nicht trennen können, sondern erfahren, wie unsere das Leben äußernden Akte in das Universum fließen, sich mit ihm und so mit dem es Umfassenden verknüpfen, insofern sie dort unterschieden, gewertet und zugeordnet ihre Spur hinterlassen.[b] Das Überschreiten muss sich hin auf die uns bergende Dimension des Lebens und zugleich hinsichtlich des uns von dieser Dimension Trennenden vollziehen. Hier muss das im Ichhaften verankerte und gebundene Subjekt sich lösen, denn nur so kann es als Geschöpf individuell der Schöpfung teilhaftig werden und daraus wahrhaft seine Früchte tragen; dafür ist von uns Mühe – die Läuterung durch Übung und Verzicht – verlangt. Weil das zu lösende Unlösbare unsere Vermögen überschreitet, erkennen wir, wie das von uns Nicht-lösbare von der es lösenden universalen Dimension umfasst sein muss. Ob das Unlösbare, erfahren im Spiegel-Halt, in sein Versöhnt-sein mündet, erweist sich in der intentionalen Ausrichtung des Handelns, das nun in all seinen Akten von dem Willen zur Versöhnung bestimmt ist.[c]

Das Unlösbare im Spiegel-Halt lässt sich durch *das relationale Bezogen-sein der Kern-$_F$* ergründen, indem dessen uns offene und deshalb zugängliche Dimension ins Blickfeld kommt. Die vorgefundene Asymmetrie – das Wolkenlos-sein der Identität und das Bewölkt-sein der Differenz – darf auf keinen Fall übersehen werden. Es geht hierbei um die von uns zu treffende Entscheidung für *das Nicht-wählen*, denn nur so kann das instrumentelle Bewusstsein in das Vermögen der wolkenlosen Identität integriert werden. Je nach der Entscheidung figuriert das relationale Bezogen-sein der Kern-$_F$ als Tor sowohl für die intentional ichhaft zu setzenden Akte als auch für das davon freie Entscheiden. Aufgrund der prekären Obliegenheit des von uns geforderten Entscheidens wirken die instrumentellen Vermögen in uns vermischt: Klärendes und Irritierendes wirkt ineinander. Obwohl das relationale Moment – *das Ereignis-Feld in der Kern-$_F$* – letztlich von uns nicht vollgültig zu fassen ist, soll dennoch, soweit klärende Einblicke uns dies erlauben, durch Shugyō versucht werden, in das Gestrüpp der Dispositionen einzudringen. Je tiefer uns das gelingt, desto klarer schauen wir im Spiegel-Halt unser wahres Gesicht. Schutzlos – die Maske wird uns vom Gesicht gerissen – sind wir dem eigenen Widersetzen gegen das Leben ausgesetzt. Dessen Bewusst-werden lässt uns erkennen, dass wir ausschließlich aus eigener Kraft den Sumpf mit all seinen trügerischen Begierden nicht zu bezwingen vermögen. Trotzdem können wir versucht sein, das hier Unlösbare selbst zu lösen, anstatt dies dem *Lebens-Selbst* anheim zu geben. Dies würde bedeuten, dem Widersetzen mit dessen Kraft sich zu widersetzen: ein absurder Versuch der Selbsterlösung.

Soll sich für uns weniger *täuschendes Wahr-nehmen* einstellen, so ist die reinigende Entstörung vorausgesetzt, und zwar verschiedene Schichten betreffend: Läuterung der elementaren Wahrnehmungs-Vermögen, der Sinne und des Mentalen, deren Beziehung zu ihren Objekten; Läuterung der vom Keim- und Samenspeicher abhängigen Vermögen, in denen die Wurzel aller Illusionen – der vom Subjekt her gegebenen ständigen Anschauung – liegt; Läuterung des Vermögens, in dem die *Energien* für die emotionalen, mentalen und physischen Manifestationen unserer Handlungs-Akte, die das instrumentelle Bewusstsein tangieren, gespeichert sind. Der Aufruf zur Reinigung zielt letztlich auf die Spiegel-$_F$, das Binde-Glied zwischen der Differenz und der Identität. Erst durch ihre Freilegung und Lichtung wird das sich in ihr spiegelnde Korrektiv der Identität – Unterscheidung des Wahren vom Unwahren – offensichtlich wirksam.

Wie wir sehen, durchwirkt die Kern-$_F$ das instrumentelle Bewusstsein insgesamt, das von ihr abhängig ist und dessen Autarkie-Anspruch an sich absurd ist: eine Verkehrung des Authentischen durch die Ur-Störung. In ihr wurzelt das Ichhafte, welches das Widerstreiten und die weitgehend selbsttätigen Akte der Wahrnehmung und des Erkennens verursacht. Die Ur-Störung – das Fallen aus der Einheit – zu übersehen, als wäre sie nicht geschehen, bedeutet, vom wahren Fügen unseres Gespalten-seins Abstand zu nehmen, ja vielmehr, *die zerstörende Einflussnahme auf alles Geschaffene,* die von uns nicht bewältigt werden kann, zu verkennen; unter dieser Voraussetzung führt das raum-zeit-enthobene Erfahren zum puren Selbst-Zweck. Dass die Erfahrung im Spiegel-Halt und deren Umsetzung oftmals nicht in einer Kontinuität zueinander stehen, ist eine hinlänglich bekannte Tatsache: Rückfälle in das *Zuvor* sind ein Beweis, noch auf dem Weg der Reinigung zu sein, ja letztlich zu bleiben, solange wir in dieser Welt atmen. Hier können wir etwas fassen, was an die Wurzel des Ichhaften rührt, das stärker zu sein scheint als die Erfahrung im Spiegel-Halt. Weil das Ichhafte als eine negative Analogie zur Identität wirkt und das instrumentelle Bewusstsein durchtränkt, kann das daraus Kommende und uns Täuschende – Stolz und Zweifel – irreleitend sein. Die gegenseitig sich stimulierenden und so sich konstituierenden Bewusstseins-Akte haben ihr vermischtes Ereignis-Feld von der Differenz bis zu den äußeren Sinnen und umgekehrt. Alle Unklarheiten des Erkennens, des Urteilens und des Handelns haben in diesen vielfach diffus verknüpften Akt-Feldern ihren Grund; hier bilden sich auch die Verstecke für die dem *Leben-Selbst* entgegen wirkenden Kräfte. Durch die gegenseitige Durchdringung der Bewusstseins-Vermögen verstellt sich für uns ihre spezifisch authentische Funktionsweise. Jedoch, durch die sie reinigende Entstörung können die spezifischen Vermögen hervortreten; ihr Wirken wird auf dem Weg ihrer notwendigen Integration in das Akt-Feld partikular erfahren. Aufgrund ihres Sonderstatus ist es der Identität eigen, diesen Prozess der Integration – so weit, als für sie kein Widerstreben manifest wird – zu ermöglichen, denn sie durchdringt ohne schädigende Beeinträchtigung das Akt-Gehalt-Feld mitsamt.

Die Spiegel-$_{F}$ als Binde-Glied im Spiegel-Halt ist die Korrespondenz-Instanz zur Differenz wie auch zu den instrumentellen Vermögen, und zwar im Verhältnis ihrer Nicht-Beeinträchtigung durch das dem *Leben-Selbst* Widerstrebende. Sowohl dieses als auch jenes Feld des Bewusstseins spiegelt in ihr seinen Widerspruch im Verhältnis zur Identität. Ungeachtet der Tatsache, dass die Identität als solche weder befleckt noch zerstört werden kann, sollten wir doch – den Spiegel selbst betreffend – die Möglichkeit sowohl seines Verschmutzens als auch seines Zerbrechens nicht aus den Augen verlieren; das eine wie das andere ist als Erfahrung je individuell feststellbar. Je nach dem Grad der Eintrübung des Spiegels spiegelt sich der in ihm manifest gewordene Widerspruch. Zerbricht der Spiegel, dann ist die Spiegel-$_{F}$

ihrem urteilend-unterscheidenden Vermögen beraubt. Dem Betroffenen ist die entscheidende Hilfe zu seiner Lebens-Ausrichtung damit zwar abhanden gekommen, durch den aufrichtigen Widerruf des Vergehens aber kann sich das zerbrochene Spiegel-Feld restituieren. Was das Unterscheidende der Spiegel-$_F$ anbelangt, ist ihr jeweiliges Wirkfeld zu berücksichtigen: das Gespiegelte der Differenz tangiert letztlich die Genealogie, hingegen korrespondiert das Sich-spiegeln des instrumentellen Bewusstsein mit dem konkreten Handeln. *Jedes Zuwider*, gesetzt gegen das *Leben-Selbst*, trifft uns selbst – das Bewusstsein und demzufolge die Spiegel-$_F$-: jedes Zuwider mindert das Licht der Identität. Erfassen wir diesen Tatbestand – sowohl das, was lichtet, als auch das, was verfinstert – klar, dann kann die hier versuchte Darlegung anhand von Lukas 11,34f an Transparenz gewinnen: „Die Leuchte des Leibes ist dein Auge. Solange dein Auge heil ist, hell-licht ist auch dein ganzer Leib. Wenn es aber bös ist, finster ist auch dein Leib. Achte also darauf, ob das Licht in dir nicht Finsternis ist."

Das Ergebnis dessen, was sich aus dem instrumentellen Bewussten an Widerspruch im Spiegel-Halt spiegelt, lässt sich durch die entschieden angegangene Kehre im Verlauf des Prozesses der Reinigung erschließen. Auch tief Verdrängtes kann vielfältig zugänglich werden: Handlungs-Akte, an die sich *das Ich* nicht erinnern will, legen die Lüge seines Sichrechtfertigens offen. Vorausgesetzt, dass das ich-zentrierte Intendieren zur Ruhe kommt, mit anderen Worten, durch die gesetzten Akte keinerlei Beeinträchtigung im Bewusstsein entsteht, mag für diejenigen, denen dies gelingt, sich das Tor des Todes – *im Ego-sterben* – öffnen. Wer dieses Tor durchschreitet, erfährt sich im Spiegel-Halt ganzheitlich. Jetzt schaut er hier die sich spiegelnde Differenz, und zwar sowohl ihr Eingebunden-sein im Ganzen als auch das Sediment, der Widerspruch im Gegensatz zur Identität, welcher dem gefärbten Bewusstsein unzugänglich bleibt. Oftmals geben vordergründig-vitale Lebens-Interessen dem, was im

Handeln ein Widerspruch ist, keinen Raum für das Korrektiv aus der Spiegel-$_{P'}$ so dass dieser Widerspruch über die Zeit unmerklich sedimentiert, nicht mithilfe des analysierenden Bewusstseins – weil einem Klumpen undefinierbarer Masse vergleichbar –, sondern nur in der Erfahrung des Spiegel-Haltes wahrnehmbar ist. Das durch die Identität sich hier spiegelnde Ungelöste nennen wir *die Erfahrung im Spiegel-Halt*. Hier haben wir nicht nur singulär Schuldhaftes, sondern vielmehr seine komplexe Schau, die Summenbildung, deren spezifische Charakteristik aus der Vernetzung der einzelnen Akte vom Betroffenen erfahren wird; es ist ein Blick in Verborgenes, *das Unerledigte* tritt nun zutage.

Dieses fundamental Ungelöste – Kollektiv-Schuldhaftes –, das das wahre Erkennen der Differenz unmöglich macht, umhüllt die Identität, wodurch die Kraft der Spiegel-$_{P'}$ authentisch zu spiegeln, sich mindert. Infolgedessen vermögen wir nicht nur uns selbst nicht zu erkennen, sondern vielmehr schlägt – für uns – das wahre Selbst um in *ein illusionäres Selbst*, dem wir unwissend dienen. Durch das die Identität Verneinende werden die in der Kern-$_F$ grundgelegten Vermögen in analoger Weise missbraucht und irregeleitet. Daraus folgen alle Arten der Uneinsichtigkeit und der Täuschung, in denen negative Kräfte geschützt, weil unerkannt, ihr Wirk-Feld entfalten.[113]

Das illusionäre Selbst – *das Ich* [d] – fungiert analog zur Spiegelung des wahren Selbst. Alles, was das wahre Wirken der Identität aufweist, versucht *das Ich* als das Seine sich anzueignen. Solange seine Unlauterkeit nicht durchschaut wird, kann es uns betrügen; wir bleiben seine Sklaven. Weil wir getäuscht sind, schmeckt uns das Vermischte: unfähig, die jeweilige Gegebenheit zu unterscheiden. *Das in sich selbst sich spiegelnde Ich* – dessen Pseudo-Spiegelung – wird erst im Spiegel-Halt als ein Widerspruch in sich selbst sowohl hinsichtlich seiner Wirkweise als auch bezogen auf das Ergebnis aufgedeckt. Gelingt uns dies nicht, werden durch das uns täuschende Setzen von konträren Akten zur Identität die Dispositionen angereichert mit dem Ziel, die Spiegel-$_F$ außer Kraft zu setzen, und zwar einem – dieser Funktion vergleichbar – analogen Kräfte-Feld entsprechend. Im Ich selbst liegt die Möglichkeit aufgrund des uns gegebenen freien Willens, das *Leben-Selbst* zu bejahen oder zu verneinen.

Es sind also zwei Spiegelungen in uns zu unterscheiden: die des Ichhaften und die des Grundes.[e] Jenes spiegelt das trügerisch Illusionäre des Lebens, dieser das Untrügliche. Je weniger der Einfluss der uns täuschenden Spiegelung, die wir für unser Leben tragend halten, durch Shugyō aufgedeckt und wirksam sein kann, desto deutlicher wird die aktive Spiegelung des Grundes: das Durchdringen des großen Zweifels erwacht, welches das uns fehlleitende, gespiegelte Unwahre als das den Tod Verursachende überführt. Wir müssen jedoch der Tatsache gewahr werden, dass der Spiegel, der uns den Grund spiegelt, durch einen willentlich gesetzten Akt gegen das Leben – sein entschieden intendiertes Verfügen – zerbrechen kann. Hierdurch büsst das Leben seine ihm natürlich zukommende Sinngebungs-Instanz ein, dessen Restituierbarkeit im weiteren Verlauf geklärt werden soll.

Unsere Erfahrung des Steten im Unsteten, des Unbedingten im Bedingten des Handelns ist nicht ungetrübt.[f] Wäre unser Vermögen wahrzunehmen gänzlich ungestört, könnten wir im Begreiflichen des Unbegreiflichen gewahr werden. Je nach unserer Verfasstheit wird das durch die Spiegel-$_F$ Vermittelte von Fall zu Fall verschieden anschaulich erfahren, was im kosmisch Angereicherten, in der Genealogie als auch der Sozialisierung seinen Grund hat. Hieraus folgt, dass das Vermittelte von der klaren, eindeutigen Wahrnehmung bis zum nur noch dumpfen oder sogar nicht mehr Vernehmbaren reicht, je nach dem, wie die Wirk-Felder der zuvor genannten Einfluss-Sphären in uns gestimmt sind. Ein nicht zu unterschätzender Einfluss aus willentlich gesetzten Handlungs-Akten, die sich im Widerspruch zur Identität vollziehen, treffen unmittelbar die Spiegel-$_F$ – sie eintrübend oder sogar außer Kraft setzend – und berauben sie ihrer spiegelnden Funktion.

Die Spiegel-$_F$ ist sozusagen als feinstoffliches Instrument anzunehmen, in dessen *Vorderseite* sich das instrumentelle Bewusstsein spiegelt. Seine *Rückseite* aber spiegelt das im Spiegel-Halt Sich-vergegenwärtigende der Differenz. Ihre Lage, metaphorisch ausgedrückt, resultiert aus der Konstellation der Kern-$_F$ zu den instrumentellen Vermögen. Diesen zugewandt, spiegelt sich die Nicht-Übereinstimmung mit dem Leben, letztlich das die Identität negierende Intendieren. Der Kern-$_F$ zugewandt, spiegelt die Spiegel-$_F$ das Ungelöste der Differenz im Verhältnis zur Identität. Die Lebens-Kraft aus der Identität, die sich im Spiegel-Halt spiegelt, durchdringt die Differenz und die instrumentellen Vermögen. Anhand dieser Kraft kann sowohl der in ihnen hausende Widerspruch als auch der daraus resultierende Mangel – das sich spiegelnde Schuldhafte – erfahren werden. In der *Vorderseite* spiegeln sich hauptsächlich die das Leben missbrauchenden Akte im Umgang mit der Welt. Das im Spiegel-Halt Sichspiegelnde vermittelt dem Erfahrenden sein vielfältig ungelöst-verflochtenes Handeln, das kosmisch Angereicherte tangierend. Die hierdurch sich ereignende Erschütterung, die das Illusionäre aufdeckt und einsichtig werden lässt, nötigt den Betroffenen zur Kehre.[g]

Jedoch, wenn der Mensch in einem willentlichen Akt – sein Ich – sich gegen das Leben durchsetzt, kann es vorkommen, dass der Spiegel zerbricht. Dass die Scherben nach *unten* fallen, hat seinen Grund im hier sich ereignenden Schaden selbst, wodurch beide Spiegel-Richtungen außer Kraft sind. Erst im Zerbrechen des Spiegels erkennt der davon Betroffene die Konsequenz seines Handelns: eine Verarmung ist das Resultat, denn ihm sind nun entscheidende Hilfen für die Ausrichtung seines Lebens genommen. Was sich einstellt, ist ein Nicht-wahrnehmen von zu entscheidenden Lebens-Vollzügen, bildlich gesprochen, es etabliert sich eine Finsternis des Herzens.

Weshalb zerbricht der Spiegel? Das Zerbrechen setzt eine willentliche Verfügung des Lebens voraus; der diesen Sachverhalt explizierende Ur-Akt ist uns im *Sündenfall*[114] gegeben. Es ist der entschieden bewusste Verfügungs-Anspruch im handelnden Umgang mit dem Leben, der den Spiegel zerbrechen lässt: die Begehr, *frei zu sein* vom sich spiegelnden Gesetz des Lebens in der Spiegel-$_{\mathrm{F}}$. Diese sich selbst erzwungene *Freiheit* entpuppt sich als eine massive Minderung der ursprünglichen Lebens-Bezüge.[115] Wird der Lebens-Impuls aus der Identität nicht mehr authentisch empfangen, befindet sich unser Leben in einem relativ ausweglosen Irrgarten seiner selbst.[h] Wie kann sich der unheilvolle Zustand der Spiegel-$_{\mathrm{F}}$ – der zerbrochene Spiegel – in uns restituieren? Die elementaren Vermögen – Gedächtnis, Verstand und Wille – müssen auf dem Shugyō-Weg sich der Identität zuordnen, um von ihr, die durch den willentlich zerstörerischen Verfügungs-Akt nicht direkt getroffen werden kann, die wahre Bestimmung zu empfangen.[i] Der Weg ist – mit welchen Mitteln auch immer – nicht zu erzwingen, sondern nur die absichtslose Haltung öffnet das Tor zur Identität. In diesem Sich-öffnen erschließt sich für uns zugleich die eigentliche Dimension des Atems, der wir zuvor mehr oder weniger uns berauben ließen. Dieses Atmen hat in sich eine genesende Natur, auch die Spiegel-$_{\mathrm{F}}$ zu restituieren. Seine genuine Kraft, die aus dem *Leben-Selbst* fließt, spiegelt im Spiegel unverfälscht.

Immer wenn wir uns gegen die Natur, unseren Lebensbezug, verhalten und gegen ihre – und so gegen die eigene – Ordnung richten, dann spiegelt sich uns dieser Missbrauch. Diesen Umstand wahrzunehmen, darauf zu antworten, hat seine Bedingung in der Spiegel-$_{\mathrm{F}}$, dass sie weder über die Maßen verschmutzt noch der Spiegel zerbrochen ist. Grundsätzlich lässt sich sagen, das Leben an sich ist für uns nur sich spiegelnd wahrnehmbar, nicht aber in seinem So-sein. Deshalb ist die Spiegel-$_{F}$, die wahrnimmt und spiegelnd korrigiert, uns gegeben: ihre Nicht-Beeinträchtigung ist fundamental für das Gelingen des Lebens.[j]

Dass viel Misslingen im menschlichen Lebens-Vollzug erfahren wird, liegt zu einem nicht zu unterschätzenden Anteil an der Beeinträchtigung des Spiegel-Vermögens. Das Bemühen, ohne die Annahme dieser Korrektur unser Leben meistern zu wollen, dessen wir normalerweise nicht bewusst sind, führt dazu, gegen das *Leben-Selbst* zu handeln. Das Leben kann und darf nicht unserer Anmaßung verfallen, dies wäre die willentliche Überhebung über das, wodurch unser Leben nicht nur erhalten wird, sondern aus dem das Überheben selbst absurderweise seine Kraft nimmt, wobei der so Handelnde überzeugt ist, es sei sein Recht. Weil sowohl das *Leben-Sebst* als auch unser Vergehen Ihm gegenüber sich nur spiegelnd wahrnehmen lässt, werden die Ich-Absichten und deren Ergebnis – im Erkennen wie auch in den daraus entstehenden Dispositionen – uns mittelbar signalisiert: die Spiegelung des *Leben-Selbst* ist eine gespiegelte Gegebenheit; dies gilt ebenfalls für das gespiegelte Vergehen. Das Charakteristische zwischen dem Konkreten und dem Gespiegelten ermöglicht es, uns zu manipulieren im Sinne einer Über- wie auch einer Unterbewertung je nach der subjektiven Verfasstheit. Durch den Akt des Zuwider-handelns geschieht eine Beeinträchtigung der Spiegel-$_{F}$ selbst, nämlich, die Minderung des Spiegel-Vermögens wahrzunehmen, um uns spiegelnd zu korrigieren. In dieser *Verkehrung* liegt der Grund für *das Wählen*, ein Wollen, das nach dem *Leben-Selbst* greift, wodurch der Spiegel zerbrechen kann. Dass er zerbricht, ist bedingt durch den negativen Akt des Handelnden, der danach trachtet, das Leben unter sein Verfügen zu bringen. Solch ein Akt richtet sich zunächst immer gegen ihn selbst, wofür er völlig blind ist. Infolgedessen wird auch das andere Leben erzwungenermaßen diesem Anspruch untergeordnet. Der Eigensinn ist es, der sich gegen das *Leben-Selbst* richtet, es den eigenen Interessen zu unterwerfen versucht. Der Willkür verfallen, bindet er sich selbst die Lebens-Schnur ab: der Lebens-Zufluss mindert sich, trocknet aus und verödet letztlich.

Was geschieht eigentlich durch das Zerbrechen? Das Sich-spiegelnde, durch die Spiegel-$_{F}$ je mitgeteilt Erfahrbare, ist in seiner Konkretheit ohne weiteres nicht mehr zu vernehmen. Auf allen Ebenen des handelnden Bewusstseins stellt sich durch das Zerbrechen des Spiegels eine tiefgreifende Verblendung, eine Disharmonie der erkennenden Vermögen zueinander ein; alle Bewusstseins-Akte des Betroffenen sind hiervon tangiert. Ihm verschließt sich das in ihm eingeschriebene Lebens-Gesetz, demzufolge verliert er die Einsicht in sein selbst zerstörerisches Tun. Die sich selbst setzende Entscheidung, durch die sich das sogenannte Individuum über die eigentliche Individualität, grundgelegt in der Identität, erhebt, tritt handelnd gegen die eigene Authentizität auf, um diese zu bezwingen; das wird im Zerbrechen des Spiegels manifest.

Wie geschieht das Zerbrechen? Die das Leben spiegelnde Grund-Funktion wird in dem Maße, wie das instrumentelle Bewusstsein verschmutzt ist, negiert und in einen *totgeschwiegenen Raum* verdrängt. Das Zunächst des Handelns richtet sich schrittweise gegen das *Leben-Selbst*, dies, in den Akten auf dem Weg, die Spiegel-$_{F}$ zu ignorieren. Gebündelt im Ich-haften, eint der Mensch alle seine Vermögen und setzt seine Akte, die ihn selbst treffen aufgrund seiner Ausschließlichkeit aus dem Ich-Verlangen; täuschenderweise stellt es sich für ihn *im Akt selbst* so dar, er handle – weil es sein Recht sei – in voller Übereinstimmung mit sich selbst. Je überzeugter er sich mit dieser Haltung identifiziert, desto härter wird sein Herz, so dass er eine Korrektur aus der Identität der Kern-$_{F}$ nicht mehr empfängt: der Spiegel zerbricht.

Wie wird das Zerbrechen erfahren? Als ein Akt, der umschlägt in sein Gegenteil. Das Zerbrechen wird konkret erfahren, und zwar nicht als ein Etwas unter anderem, sondern es ist das unmittelbare Beteiligt-sein am Zerspringen des Spiegels, der in Scherben geht. Die Scherben bleiben nicht irgendwie zurück, sondern *fallen hinunter in eine dem Betroffenen unzugängliche Tiefe*. Trotzdem ahnt er, wie schwer der Schaden zu beheben ist, und behält das Vorgefallene mehr oder weniger in der Erinnerung gegenwärtig. Allerdings, wenn es gelingt, alle Vermögen aus ihrer Entfremdung zu entbinden und zu einen, dann wird *diese Örtlichkeit mit dem ins Wasser Gefallenen* im Spiegel-Halt gegenwärtig. Lässt der Betroffene diese Erfahrung über die Zeit zu, fordert sie ihn auf, den Weg zur Ausheilung des Zerbrochenen unter die Füße zu nehmen.

Unser Leben soll trotz alledem mit der in es gelegten Grund-Ordnung in Übereinstimmung kommen! Dafür ist ein Handlungs-Akt, der dem Zerbrechen des Spiegels entgegen wirkt, zu setzen. Der Eigen-Wille, der das Unheil verursachte, muss sich in den Willen des *Leben-Selbst* fügen, denn nur so kann das Zerbrechen aufgehoben werden. Wenn das die Identität negierende Intendieren in ihre Bejahung umschlägt, dann kann der die Grund-Ordnung schädigende Akt sich nicht mehr ereignen. Was hier zerbricht, ist die maskenhafte Existenz des Egos, dessen unersättliche Gefräßigkeit zum ersten Mal offenkundig wird. Im *Zerbrechen* löst es sich in nichts auf, nichts bleibt davon übrig, was ein negatives Nachklingen zurückließe, sondern eine befreiende Erfahrung stellt sich ein, erfahren als ein durchgängig gegenwärtig offenes, sich geweitetes Bewusstsein, das *den lügenhaften Seins-Zustand des Zuvor* nicht mehr verstehen kann: seine verdunkelt-verengte Sicht der Dinge und alle in der Folge begrenzten Lebens-Bezüge sind ihm nun fremd geworden.

In der Erfahrung des Zerbrechens des Spiegels mag im Betroffenen bereits ein Sehnen erwachen, von diesem unheilvollen Akt entbunden zu werden; jenes Sehnen soll nicht niedergehalten werden, sondern es muss in ein diesen Akt wendendes Verlangen münden. Soll sich das die Wende Einlösende dem Menschen erschließen, muss er sich nun zum Hinabstieg bereit finden und den Weg der Läuterung und des Aussühnens einschlagen, um so *die Scherben des zerbrochenen Spiegels aufzuräumen*. In Umkehrung seines frevelhaften Handelns begreift er, wie fundamental notwendig es ist, seinen Eigen-Sinn – gesteuert aus Selbstsucht – zu opfern. Es ist der personale Akt, der aus der aufrichtig entschiedenen Grundhaltung das Heilwerden einleitet.[k] Fährt er darin ohne zu wanken fort, dann lässt sich der Akt des Zerbrechens und auch das Zerbrochene tilgen. Zweifelsohne ist die Entschiedenheit zur Kehre darauf verwiesen, getragen zu sein vom *Leben-Selbst*, dessen Gerechtigkeit; das sich verwirklichende Tätig-sein des empfangenden Subjekts ist hier angefragt. Hier berühren wir die Wasserscheide unseres Lebens: Gelingen oder Misslingen.

Inwiefern spiegelt sich in der Spiegel-$_F$ das *Leben-Selbst*? Sofern der identische Teil der Kern-$_F$ – die Identität – das *Leben-Selbst* spiegelt. Aufgrund dieser Wirklichkeit spiegelt die Spiegel-$_F$ alles, was gegen das Leben verstößt. Wenn der Spiegel zerbricht und das Bemühen, ihn zu restituieren, nicht erwacht, erwachen kann, dann hüllt sich die Wesenseinheit unseres Mensch-seins in Finsternis, es entfremdet sich von sich selbst bis zur Selbstverneinung, ja bis zur Verneinung des Lebens überhaupt. Hier ist das *Leben-Selbst, in dem das Allsamt erschaffen wurde* [116] negiert: die Sinnfindung des Lebens wird gegenstandslos.

Die Nicht-Übereinstimmung, ihr Sediment, mit dem *Leben-Selbst* vermag der Mensch im Spiegel-Halt – je nach dem Entstört-sein seines Erkennens – im Licht der Identität wahrzunehmen. Je mehr es aus seinen Widersprüchen entbunden ist, desto authentischer kann sich für ihn das Anlastende spiegeln. Das Maß unseres irdischen Entbunden-seins ist sozusagen der Gradmesser sowohl für das Spiegelnde als auch für das Gespiegelte. Die uns gesetzten Schranken jederzeit zu durchbrechen, steht dem *Leben-Selbst*, „in dem alle Schätze der Weisheit und Erkenntnis verborgen sind",[117] anheim. Das von uns Nichteingeholte oder Nichteinholbare ist im Durchgang durch das Leben anzunehmen und zu tragen in der Gewissheit, dass das *Leben-Selbst* sich uns vollkommen zu erkennen gibt und wir so uns selbst voll zu erkennen vermögen.

> „*Noch blicken wir ja nur durch einen Spiegel*
> *– in Rätselgestalt –,*
> *dann aber von Angesicht zu Angesicht.*
> *Noch erkenne ich nur zum Teil,*
> *dann aber werde ich voll erkennen,*
> *wie ich selbst voll erkannt ward.*" [118]

Anmerkungen

Anm. a: „Wir haben uns mit einer doppelten Täuschung abgefunden, die es uns ermöglicht, mit einer gewissen Ruhe unser Leben zu führen. Die erste Täuschung besteht darin, dass wir meinen, das Vergangene, Geschehene versinke in den Abgrund der Vergessenheit und sei dadurch, dass die Zeit darüber hingestrichen ist, abgetan. ... Die zweite Täuschung, von der wir leben, ist die, dass wir Verborgenes und Offenbares, Geheimes und Öffentliches unterscheiden zu können meinen. ... Was auch immer in der Zeit geschieht, ist in alle Ewigkeit aufgehoben, es hinterlässt seine Spur in der Ewigkeit. ... Es gibt vor Gott keinen Unterschied zwischen Verborgenem und Geheimem.“[119]

Anm. b: Tamaki erklärt Dōgens samãdhi, was der Erfahrung im Spiegel-Halt bezogen auf die Rückseite der Spiegel-$_P$, wo das Ich verschwindet und vom Licht der Identität durchdrungen ist, entspricht: „Indem der Mensch ganz ergeben im Sitzen [Zen-Jou] sich sammelt, erlebt er Jijuyūzanmai [自受用三昧]. Jijuyūzanmai ist das vom Selbst empfangene und gewirkte samãdhi, eben deshalb ist es das von Mir Erfahrene. Samãdhi ist der Zustand, in dem Körper und Geist in eins gesammelt und in ihrem Ziel geeint sind. ... Zweifellos erfährt dies das *Ich*, dennoch ist der Inhalt der Erfahrung das das Selbst Überschreitende. Wo das Mich-Überschreitende von Mir erlebbar wird, dort tut sich der von Buddha und den Patriarchen überlieferte Weg auf. ... Einerseits ist es unendliches Übereignen sowohl meiner Selbst als auch der Welt, gleichzeitig wird in diesem durch und durch sich übereignenden samãdhi das All verwirklicht. Ja vielmehr, weil es sich übereignet, verwirklicht sich alles Geschehnis wie in einem Spiegel, und zwar, je durchsichtiger und je mehr er Mushin [無心][α)] ist, desto ununterbrochener ereignet sich sein Spiegeln des Alls.“ [120]

α) Mushin [無心] ist das von allen Bindungen befreite wahre Herz, das für sich selbst weder etwas sucht noch von Zerstreuungen und Illusionen beeinträchtigt ist.

Anm. c: Im Spiegel des *Leben-Selbst* begegnen wir zunächst unserer inneren Finsternis, die sich dann sogar als Lüge entlarvt. Da dies ohne Schmerz von uns nicht zu ertragen ist, sind wir versucht, das Erfahrene zu verdrängen, ja um jeden Preis zunichte zu machen, um weiterhin in unserer verdunkelt-illusionären Welt verbleiben zu können. *Den Grund unseres Lebens*[121] nicht akzeptieren heißt, uns von Ihm nicht durchschauen zu lassen, weil wir der Entscheidung ausweichen wollen. Durch sie würde die illusionäre Welt aufgebrochen, überwunden und den diese bestätigenden falschen Grund vernichten, was der Absicht der illusionären Welt, sich selbst bestätigend zu rechtfertigen, widerstreitet. Das *Leben-Selbst* will uns – diese subversive Selbst-Rechtfertigung aufdeckend – den unter die Füße zu nehmenden wahren Weg zum Leben weisen: „Ich bin der Weg."[122] Im hier offengelegten Anspruch ist für die in Interessen gebundene Ideologie, welche die Machenschaft aus dem Zeitgeist voraussetzt, kein Platz: ihr Anrecht ist demaskiert, der verräterische Anspruch offengelegt.[123]

Anm. d: Wie der Mensch ohne *den Urheber allen Lebens* nicht sein kann, so ist das Ich analog ohne Bezug zur Identität existentiell nicht denkbar. Ungeachtet dieser Tatsache müssen wir doch dessen dreifache Verwurzelung ins Auge fassen: verwurzelt im Kosmisch-Angereicherten der Differenz, in der Genealogie und in der Sozialisation des Subjekts. Das damit gegebene – sich widerstreitende – Kräfte-Feld ist nicht frei von Widersprüchen, Selbst-Täuschung und eingebildeten Wirklichkeiten. Von der authentischen Individualität – grundgelegt in der Identität – getrennt kann das Ich den eigenen Zwiespalt nicht erkennen, denn die das Ich charakterisierende Pseudo-Individualität bestimmt sich aus den Dispositionen. Liegt darin nicht der Grund, weshalb wir die Individualität – ihr wahres Bezogen-sein – abschneiden und egozentrisch auslegen? Hier wird überdies deutlich, wenn der die Identität kontrastierende Widersinn, der im Ich sich manifestiert, nicht klar erkannt wird, wenn zum Beispiel biblische Aussagen *„Ich sage euch", „Ich bin es"* mit dem subjektiven Ich – dessen Individualitäts-Überzeugung – verwechselt oder gar gleichgesetzt werden, wie tragisch seine Folgen sein können. Irrtumshalber versteht sich das Ich, das weitgehend seiner dreifach verwurzelten *Selbst-Verwirklichung* verfällt, im Dienst *seiner Lebenswelt*, obschon seine Integration durch die Entdeckung authentischer Individualität von uns vollzogen werden kann.

Anm. e: Drei sich spiegelnde Sinnbezüge menschlicher Verhaltensweisen gilt es zu sehen;

– *der Mensch zur Natur:*

Die Natur spiegelt das Leben auf die ihr gemäße Art und Weise. „Du aber hast alles nach Maß, Zahl und Gewicht geordnet ...Wie könnte etwas ohne deinen Willen Bestand haben, oder wie könnte etwas erhalten bleiben, das nicht von dir ins Dasein gerufen wäre? Du schonst alles, weil es dein Eigentum ist, Herr, du Freund des Lebens. Denn in allem ist dein unvergänglicher Geist."[124] Wenn Menschen primär naturorientiert ihr Leben verstehen, sich ihr Lebens-Sinn aus dem Umgang mit der phänomenalen Erscheinung erschließt, dann kann das Leben, das sich in ihr spiegelt, ein Verweis sein auf *das Darüber-hinaus.* Obwohl sie das Gespiegelte ohne das Wirken des *Leben-Selbst* eigentlich nicht zu fassen vermögen, kann hier ein Sich-öffnen geschehen. Dies gilt jedoch, sofern die Spiegel-$_F$ durch Zuwiderhandeln gegen die Lebens-Ordnung nicht beeinträchtigt wird; das ist eine Ausnahme. In aller Regel ist der

Spiegel eingetrübt, so dass das leben-stiftende Moment in der Natur kaum authentisch wahrgenommen werden kann: die Spiegelung des Lebens kann nicht geschehen.

– *der Mensch zu sich selbst:*

Das Unverbindliche im Religiösen, als wäre es das alles Weitende, führt in Wirklichkeit zur Intoleranz. Das sich selbst spiegelnde Ich – der Eigen-Wille – schließt das Wahre und uns Befreiende aus. Diejenigen, die nach dem Sinn des Lebens suchen, der über das Phänomenale hinausweist, geraten nicht selten auf Irrwege, indem sie sich mit dem Unverbindlich-Religiösen identifizieren. Im All-sein sich zu ergehen, gibt dem je Eigenen an Vorstellung, dem Gefühl, dem Sein-wollen, Sein-sollen und Sein-müssen Raum, was Harmonie, Frieden und Freiheit zu garantieren scheint: ist hier nicht das sich bestätigende Ego wohl am Werk. Das Gefühl des Erhaben-seins begleitet ein solches Leben über weite Strecken, ja sichert es scheinbar, so dass weiteres Fragen und Suchen nach dem wahren Sinn des Lebens sich erübrigt; man hat gefunden, was der eigenen Vorstellung entspricht. Wird hier nicht Selbsterzeugtes – ein selbst fabrizierter Kosmos – gespiegelt! Weshalb ist diese Grundhaltung so gesucht, ja beliebt? Weil sie unverbindlich ist. Das Gefühl zu haben, frei zu sein, sein eigener Herr und Herr darüber hinaus zu sein, gibt dieser Position eine berauschende Sicherheit. Es ist das Bemühen, mit allen Mitteln dem Ichhaften zu seinem Recht zu verhelfen. Was scheinbar weit draußen gesucht wird, ist in Wirklichkeit zwar sehr nahe, aber eng und begrenzt. Weil unersättlich, kann das ichhafte Begehren diesen illusionäreren All-Kosmos erzeugen, der dann im Tod sich als ein Selbst-Betrug entpuppt. Wir müssen also klar die Spiegelung des Ich von der Spiegelung des Grundes unterscheiden. Jene spiegelt sich in sich selbst, diese das Leben an sich; jene will besitzen, diese freigeben; jene muss sich aufblähen, diese kann von sich absehen; jene hat den Tod, diese das Leben zur Folge.

– *der Mensch als Geschöpf zu seinem Schöpfer:*

Die Spiegelung des *Leben-Selbst*, sein konkret uns befreiendes Angebot, entbindet in seiner Verbindlichkeit dort, wo das Leben sich irrtümlich binden ließ. „Ecce homo – sehet welch ein Mensch! In ihm geschah Versöhnung der Welt mit Gott. Nicht durch Zertrümmerung, sondern durch Versöhnung wird die Welt überwunden. ... Diese Liebe Gottes zur Welt zieht sich nicht aus der Wirklichkeit zurück in weltentrückte edle Seelen, sondern sie erfährt und erleidet die Wirklichkeit der Welt aufs härteste. Am Leibe Jesu Christi tobt sich die Welt aus. Der Gemarterte aber vergibt der Welt ihre Sünde. So geschieht die Versöhnung. Ecce homo."[125] Dieses äußerst konkrete Handeln in und an der Welt zertrümmert jegliche falsche Eigenleistung. Hierdurch soll unsere Arroganz und Anmaßung an ihrer Wurzel getroffen werden und absterben; erst das macht den Weg frei, dass sich uns das *Leben-Selbst* authentisch spiegeln kann, indem wir es nicht nur wahrnehmen, sondern uns einlassen, von ihm umgeformt in sein Bild und Gleichnis, um in Wahrheit anzufangen, zu leben.

Jedoch in seiner Umsetzung zeigt das konkret gewordene Angebot eine spezifische Tragik: die Verzweckung und dadurch Gleichsetzung mit dem Konkreten unserer innerweltlich gemachten Erfahrungen, was das Spezifisch-Konkrete dieses Angebotes verdirbt. So wird ihm die Kraft genommen, die Wahrheit für uns zu spiegeln. Wofür will uns dieses authentisch Konkrete die Augen öffnen? Wir sollen sehen, dass das innerweltlich Konkrete für uns Gleichnischarakter hat. Wird das Gleichnishafte für das eigentlich Konkrete gehalten, dann verliert es seinen Verweis-Charakter und tritt an die Stelle dessen, worauf es hätte verweisen sollen; der Überschritt ist blockiert. Weil wir verblendet, ohne es zu realisieren, im innerweltlich illusionären Dasein gebunden bleiben wollen, kann das konkrete Handeln des *Leben-Selbst* uns davon nicht befreien.

Weil die Verwechslung des Gleichnishaft-Konkreten mit dem Konkret-Gewordenen des *Leben-Selbst* durchgängig zu beobachtender Alltag ist, geschieht eine Verstellung der Wahrheit. Das ist der Grund, weshalb viele Menschen trotz des Suchens sie nicht finden. Hier zeigt sich ein Knäuel von vielfältiger Schuldverknüpfung, durch den nicht nur einzelne, sondern die Menschheit vielfach miteinander und aneinander gebunden ihren Weg in Mühsal und Leiden geht. Es ist von größter Bedeutung für alle, dass sich in der uns geoffenbarten Wahrheit das Konkrete unseres schuldhaften Verhaltens mit dem konkret gewordenen Angebot des Lebens trifft und sich darin spiegelt; wird jenes erkannt, dann kann dieses von uns angenommen werden: „Kein Abgrund des Bösen kann dem, durch den die Welt mit Gott versöhnt wird, verborgen bleiben. Aber der Abgrund der Liebe Gottes umfasst auch noch die abgründigste Gottlosigkeit der Welt. In unbegreiflicher Umkehrung alles gerechten und frommen Denkens erklärt Gott sich selbst für schuldig an der Welt und löscht damit die Schuld der Welt aus; Gott tritt selbst den demütigenden Versöhnungsgang an und spricht damit die Welt frei; will Gott schuld sein an unserer Schuld, nimmt er Strafe und Leiden, die die Schuld über uns gebracht hat, auf sich."[126] Im Bewusstwerden unserer Schuld erwacht das Verlangen, sie zu sühnen, und: in der Erfahrung des Sühnens wächst die Einsicht, dass das Werk ohne *fremde Hilfe* nicht möglich ist. Konkret, es kommt zu Hilfe, eben das *Leben-Selbst*, gegen das sich unser schuldhaftes Auflehnen richtet.

Hier stoßen wir nicht auf irgendeine Paradoxie, sondern auf die Paradoxie aller Paradoxien. Es ist das Angebot, das in persönlich freier Entscheidung seinen Eingang nehmen will, um so den Menschen aus dem Irrtum der Knechtschaft in seine Freiheit zu führen.[127]

α) Der große Zweifel: das, was der Mensch zuvor für wahr hielt, bricht gänzlich zusammen. Dieser Zweifel kommt nicht aus dem vom Grund Getrennten, sondern aus dem Grund selbst; jener kann zur Verzweiflung führen, dieser führt zum Erwachen.

Anm. f: Die Kern-$_{F}$ repräsentiert das Gesamt-Bewusstsein eines Menschen. Über die Identität teilt sich das *Leben-Selbst* mit; da es sich jeglicher Erfassung in konkreter Hinsicht uns entzieht, weder festmachbar noch verfügbar ist, seine Andersartigkeit sich nur spiegelnd mitteilt, wofür die Spiegel-$_{F}$ Voraussetzung ist, erhalten wir einen Einblick in Sinn und Bedeutung der das *Leben-Selbst* spiegelnden Funktion. Das sich Spiegelnde der Differenz und des instrumentellen Bewusstseins ist in seinen verschiedenen Teilfunktionen, die, sofern sie ihre Zuordnung zur Identität negieren, sich zu verselbständigen trachten und hierdurch entwerten, was wir dann in seiner Summe das erkrankte, illusionäre Bewusstsein nennen. Es ist also Gestörtes, das in seinen uns irritierenden Spiegelungen sich als authentisch ausgibt und hierdurch den Prozess seiner Desintegration zur Identität vertieft.

In dem Maße, wie die instrumentellen Vermögen des Bewusstseins sich verselbständigen, sind die sich daraus ergebenden Spiegelungen täuschend, da der Anspruch ihrer Authentizität nicht in Übereinstimmung mit dem aus der Identität für uns Sich-spiegelnden ist. Deshalb nennen wir dies eine Pseudo-Spiegelung des instrumentellen Bewusstseins. Sie enthält in zweifacher Hinsicht etwas Wahres, was jedoch klar zu unterscheiden ist. Es sind die dem instrumentellen Bewusstsein zugrunde liegenden Vermögen, ihre Ursächlichkeit, die in Übereinstimmung mit der Identität der Kern-$_{F}$ gegeben sind. Aus ihrer Vermischung von Übereinstimmung und Nicht-Übereinstimmung entstehen Widerspruchs-Akte zur Identität, so dass das Wahre sich nur noch in seiner sich selbst pervertierenden Funktions-Weise spiegeln kann. Das das Wahre Pervertierende spiegelt als solches – ironischerweise – etwas Wahres, nämlich, wie unwahr es ist. Jenes ist wahr, weil es mit der Identität korrespondiert; dieses, weil es ihr entgegenwirkt, ist insofern wahr, als es als solches durch die in den instrumentellen Vermögen wirkenden ursächlichen Grund-Erkenntnis-Funktionen aufgedeckt wird. Soll sich das instrumentelle Bewusstsein entstören, will beides in seinen wahren Akten erkannt werden. Was zunächst entstört werden will, ist Gedächtnis, Verstand und Wille. Wenn sie in den Prozess der Entstörung des instrumentellen Bewusstseins integriert werden, können sie von ihren unfrei setzenden Akten im Hinblick auf Vergangenes, Gegenwärtiges und

Zukünftiges entbunden werden. Es handelt sich hier um einen komplexen Zusammenhang von gegenseitig abhängigen Erkenntnis-Funktionen, die in sich und so mit der Kern-$_F$ in Übereinstimmung kommen sollen. Erst hierdurch können sie authentisch wirken.

Anm. g: Immer wenn Menschen sich auf den Weg begeben, um das Tragende ihres Lebens einzuholen, machen sie unabhängig von Zeit, Religion und Kultur die Erfahrung der Spiegel-$_F$. „Der uralte Spiegel ist sozusagen der ewige Spiegel, auf dem alles Geschehen des ganzen Universums unfehlbar erscheint; ja vielmehr, jegliches Geschehnis im Universum ist dort da, diese Wirklichkeit als solche spiegelt sich auf dem ewigen Spiegel. Deshalb ist der uralte Spiegel der einzige Spiegel, der das Universum spiegelt und dessen Größe wie das Universum ist. Trotzdem trägt jeder rätselhafterweise je einen, nämlich diesen einzigen Spiegel auf seinen Schultern."[128] *Jeder trägt diesen* heißt, keiner ist davon ausgenommen. Uns allen ist er je zwar eigen, auf dass sich unser kosmisches Eingebunden-sein darin spiegle, aber um authentisch zu spiegeln, darf seine Transparenz nicht beeinträchtigt sein. Weitet sich durch die klare Spiegelung das zu erweckende Verantworten des Mensch-seins, dann erkennen wir, dass wir an allen Geschehnissen – sei es unmittelbar oder mittelbar – teilhaben. Deshalb kann alles ichhafte Intendieren, das im Ausschließen der anderen danach trachtet, nur das Eigene zu gewinnen, allenfalls dazu führen, sich selbst ausschließen, denn: „Wer da sucht, sein Leben als Eigentum aufzusparen, wird es zugrunde richten. Und wer es zugrunde richtet, wird es lebendig erhalten."[129] In dem Masse, wie das Verlangen, mit allen in das *Leben-Selbst* hineingenommen zu sein, aus der Grund-Erfahrung erwacht, erschließt sich uns auch die Dimension des Erleidens: insbesondere, dass wir uns von dem, das zum Leben in einen Gegensatz tritt, nicht ausnehmen dürfen. *Das ewige Spiegeln* ermöglicht uns, die Last – die eigene und fremde – auf dem Rücken zu tragen, weil gerade durch dieses Sich-spiegeln das alles Umfassende, das unser Leben Erfüllende, in den Blick kommt. In diesem bewussten Bejahen des zu Tragenden will das Vertrauen geboren werden, dass das zu erwartende – hier zugesagte – Freiwerden von allem es Misslingen-lassenden sich einlöst.

Anm. h: Soll das positive Zerbrechen des *Nur-sich-selbst* geschehen, setzt dies ein heroisches Sich-demütigen voraus: „Zachäus aber stellte sich hin und sprach zum Herrn: Da! Die Hälfte von meinem Hab und Gut, Herr, gebe ich den Armen. Wenn ich jemand ausgebeutet habe, gebe ich es vierfach zurück. Sprach Jesus zu ihm: Heute ist Rettung diesem Haus widerfahren, weil auch der ein Sohn Abrahams ist. Denn der Menschensohn ist gekommen, zu suchen und zu retten das Verlorene."[130] Das Zertrümmern dessen, was ein in Widersprüchen sich äußerndes Verhalten verursacht, ist verwiesen auf die Initiation des All-Einenden, die Gegenwart Jesu. Aus Ihm strömt die Kraft, die uns aus dem selbst erzeugten Kosmos entkommen lässt.

Anm. i: Aufgrund der menschlichen Schwäche – unserer verdorbenen Natur – wollen wir, dass das gegen das *Leben-Selbst* sich richtende Denken, Reden und Tun nicht nur nicht aufgedeckt, sondern eher verifiziert wird. Indem die verfälschten Funktionsweisen, die sich in uns etabliert haben,[α)] sich als authentisch vermittelnd darstellen, soll die Notwendigkeit und Stimmigkeit für das subjektive Handeln ihre Legitimation erhalten. Im Prinzip ist es das in ihnen wirkende Analogie-Moment, anhand dessen das Ich – sich selbst täuschend – mit der Kern-$_F$ gleichsetzen kann.

Wird jedoch dem Ich das es Täuschende offenkundig, schaut es sein eigenes Bild, die Wirklichkeit seiner selbst, was ein *ekelerregendes Erbrechen* zur Folge hat. Hält der Mensch hier stand, dann durchwirkt diese Erfahrung die zuvor genannten Vermögen seines instrumentellen Bewusstseins, das sich hierdurch klärt, reinigt, gesundet und in die Kern-$_F$ integriert, so dass der Kern seiner authentischen Individualität – bestimmt von der Identität – für ihn vernehmbar wird.

α) Die verfälschten Funktionsweisen etablieren sich im instrumentellen Bewusstsein: in den fünf Sinnen in Verbindung mit dem mentalen Vermögen; dem bildfunktionalen Vermögen, der Wurzel vieler Täuschungen und Illusionen; dem Vermögen, Samen und Keime zu speichern als Basis für das Anreichern von Dispositionen.

Anm. j: Ist der in uns gelegte Lebens-Grund uns nicht gegenwärtig, dann werden wir auf dem Lebens-Weg uns selbst zum Hindernis. Aus diesem Grund ist das Nicht-beeinträchtigen der Spiegel-$_F$ von elementarer Bedeutung, weil erst dadurch das Ichhaft-sein – eingeschmolzen in das All-Umfassende – sich bewältigen lässt. Ein in der Vergangenheit aus verschiedenen Traditionen sich herausgebildeter Weg ist *die internalisierte Rezitation*, durch die unsere Vermögen sich so weit sammeln, dass ihnen jegliches Akt-Feld für ein ichhaftes Agieren entzogen wird: „Hotoke [佛] ist hier Shintai [神体],[α)] selbst die äußerste Ruhe, dennoch stets ohne Ende allem gegenüber erwidernd. Wer sich in Nenbutsu-zanmai [念佛三昧][β)] gänzlich hingibt, der verschmilzt mit ihm und vergisst all das Wissen. Shintai wird zum Spiegel, der alles spiegelt. *So eine Welt* ist zwar nicht sinnlich wahrnehmbar, aber das Wahrnehmungs-Vermögen ist natürlicherweise doch darin aktiv. Das Wesen des Spiegels ist Hotoke selbst, ist durchaus geeinter Geist und hat lautere, leuchtende Natur. Wenn einer dem Wesen des Hotoke einmal begegnet, dem wird nun sein verhängnisvolles Sich-im-Dunkelirren beseitigt."[131]

α) Hotoke [佛] bedeutet hier das ewige, unermessliche Leben, der Urgrund allen Lebens. Das Eigentliche des Mensch-seins ist die über sich hinaus verwiesene Identität.

β) Nenbutsu-zanmai [念佛三昧] ist samādhi, in dem das Herz durch bestimmte, internalisierte Rezitation völlig gesammelt ist.

Anm. k: All unseren Widerspruchs-Akten zum Leben liegt immer eine Objekt-Fixierung zugrunde. Hier müssen wir die Akte, die sich auf konkret wahrnehmbare oder vorstellbare Objekte beziehen, von den Akten der Verobjektivierung des *Leben-Selbst*, das von diesbezüglichen Charakteren frei ist, unterscheiden. Durch jene korrespondieren die Dispositionen vor allem mit den instrumentellen Vermögen, durch diese mit der Differenz der Kern-$_F$. In Verbindung mit dem in der Differenz Eingelagerten spiegelt sich das Festgehaltene im Spiegel-Halt; es handelt sich um Sedimentiertes und Zerbrochenes. Was den Spiegel zerbrechen lässt, sind nicht die konkret objektorientierten Widerspruchs-Akte. Dort, wo Vordergründiges aus dem etwas Haben–, Sein- oder Wissen-wollen intendiert wird, geschieht die weitere Verschmutzung der Spiegel-$_F$. Dennoch kann sie nicht grundsätzlich geschädigt werden, sondern der Spiegel zersplittert, wenn der Mensch sich für einen Akt entschließt, *sich vom Leben-Selbst frei zu machen*, weil es seiner Absicht, selbst Herr zu sein, ein Hindernis ist. Diese widersinnige Haltung ist nichts anderes, als die eigene Nabelschnur zu durchtrennen, ob er dies eingesteht oder nicht. Wähnt er, sich vom Leben lossagen zu können, um sich für das ihm Widerstrebende zu entscheiden, geschieht der Bruch; das Zerbrechen entfernt ihn von sich selbst, dass das derart Verursacht-schuldhafte von ihm nicht mehr erkannt wird: hier berühren wir den Urvirus von Schuld schlechthin.

Für das die Wende einleitende Handeln öffnet uns Jesus die Augen: „Nun, ihr Pharisäer, das Äußere des Bechers und der Schüssel reinigt ihr, euer Inneres aber strotzt von Raffsucht und Bosheit."[132] Dass wir in Täuschung selbstüberzeugt zu leben vermögen, hat seinen Grund in der suggestiv erzeugten sozialen Fassade, mittels derer wir den uns notwendigen Defizit-Ausgleich einhandeln. Stilisiert sich ein derartiges Verhalten, indem es zum Habitus erstarrt, was in der Lebenspraxis aktualisierend manifest wird, kann es nur noch im Spiegel-Halt wahrgenommen werden. Hierfür muss das Tor des Todes, wenn auch nur für Augenblicke, sich öffnen, um uns von dem dort hausenden Widerspruch – dem Sediment als auch dem Hinunterfallenden – im Erschauern treffen zu lassen: „Ihr Unverständigen! Hat denn er, der das Äußere gemacht, nicht auch gemacht das Innere? Nein, gebt den Inhalt als Almosen.[α)] Und da! Euch ist alles rein."[133] Das, was im Innern ist, ist uns nicht gegeben zum Festhalten, sondern zum Teilen, denn nur dadurch kann es seine Früchte tragen. Jegliche anhaftende Verzweckung, die damit einhergeht, verhindert, dass das Unheile, das Zerbrochene, heil werden kann. Das ist der zu gehende Weg, um das Sedimentierte wie auch das Zerbrochene zu tilgen, und zwar im Hinabstieg bis in den Spiegel-Halt.

α) Das Wort Almosen hat seine Wurzel im Erbarmen: „Almosen ist ein großer Trost vor dem höchsten Gott, denn die Almosen erlösen von allen Sünden.“[134]

Detlef Willand, Jakobs Ringen mit dem Unbekannten
(Gen 32,23-31)

24 Shugyō: Der Weg der Läuterung

„Kämpft, um durch das enge Tor hineinzukommen. Denn viele – sage ich euch – werden hineinzukommen suchen und es nicht können."[135] Diese Aufforderung Jesu will uns grundlegend Weg und Ziel von *Shugyō* erschliessen: im unermüdlichen Bemühen reift die Grundhaltung für die unablässige Übung des Entäußerns seiner selbst. Indem das dem *Shō* [性] – der Identität der Kern-$_F$ – Entgegentretende in der Differenz erkannt wird, kann *Shō* das unstimmige Kräfte-Feld des Herzens einheitlich walten. Denn es geht um das Vernehmen des Grund-Impulses aus dem *Shō*, das Offenbar-werden des uns ursprünglich zugekommenen Frei-seins: die Frucht von Shugyō [修行], gereift aus dem Verzicht seiner selbst.

Erwägen wir die verschiedenen Ausprägungen dessen, was als Shugyō in der Geschichte der Menschheit entdeckt, praktiziert und verstanden worden ist, so finden wir einen gemeinsamen Anlass: VERGÄNGLICHKEIT. Die Erfahrung des Todes fordert uns heraus zur Sinnfrage: *was ist das Leben?* Zunächst nehmen wir es in seiner Erscheinung wahr, und zwar, als wäre es unvergänglich. „Der Tod aber ist der Schlund, durch den jede Fortdauer des Lebens in allen Ecken und Winkeln erlischt. ... Wie qualvoll unser Leben auch sein mag, gäbe es den Tod nicht, würde in uns ein nach Erwachen verlangendes religiöses Herz, das das Mu [無][a] zu erforschen sucht, nicht erweckt."[136] Auf diese Grundtatsache der Erfahrung will das Buch Kohelet unsere ganze Aufmerksamkeit lenken: „Denk an deinen Schöpfer in deinen frühen Jahren, ehe die Tage der Krankheit kommen und die Jahre dich erreichen, von denen du sagen wirst: Ich mag sie nicht! ... ja, ehe die silberne Schnur zerreisst, die goldene Schale zerbricht, der Krug an der Quelle zerschellt, das Rad zerbrochen in die Grube fällt, der Staub zur Erde zurückkehrt als das, was er war, und der Atem zurückkehrt zu Gott, der ihn gegeben."[137]

Wenn wir wahrnehmen, wie sehr das ganze Umfeld unserer innerweltlichen Lebens-Erfahrung mit der Eigenschaft des Vergehens behaftet ist, sind wir existentiell dazu herausgefordert, diese Tatsache nicht nur nicht zu ignorieren, sondern uns dem *Ohne-Bestand-haben* zu stellen. Weil wir jedoch aufgrund unseres Identitäts-Mangels anhaften, liefern wir uns der im Gegenüber bindenden Kraft aus, die uns stimuliert, dem eigentlich Wahrzunehmenden auszuweichen. Letztlich ist es das Entfliehen der Auseinandersetzung mit der schnöden Vergänglichkeit: ein angereichertes Humus-Beet für alle Arten von Illusionen kann nun entstehen.

In jedes Menschen Leben gibt es unzählige Ereignisse, die in ihrer Flüchtigkeit des Lebens Spur aufscheinen lassen. Indem wir den in der Zeit gebundenen Akten – der erfahrenen Begrenzung – nicht erliegen, teilt sich uns gerade in der Bedrohtheit des Endlichen das Unendliche mit. Hier kann im Vergänglichen das sich Ereignende des *Leben-Selbst* für uns gleichnishaft wahrnehmbar werden: das Unendliche berührt uns. Eben *im sinnlichen Wahrnehmen selbst* ist ein Schlüssel für das Sich-enthüllen des Unberührbaren. Das uns berührende Übersinnliche und das Erwachen sind ursächlich nicht zu trennen, vielmehr führt es dazu, dass Vergänglichkeit nicht weiterhin unser Leben zu plündern vermag. *Alles Hängenbleiben im vom Vergehen Bedrohten ist deshalb Ausdruck für unser unerwachtes Dasein in der Welt.*

Im Wach-werden durch Shugyō entdecken wir – gespiegelt im Unvergänglichen der Identität der Kern-$_F$ – die Vielgesichtigkeit unseres Herzens, welche sich auf das phänomenale Umfeld überträgt.[b] Das hier Erfahrene zeigt den Umbruch von der vermeintlichen zur tatsächlichen Gegebenheit. Jedoch, täuschen wir uns nicht, denn es gibt auf dem Shugyō-Weg auch *Umbrüche,* die das Erfahrene als wahr vorgeben, ohne es zu sein; vor allem lässt sich dies im Ansinnen der gesuchten Leere häufig feststellen. Das uns Täuschende stellt sich ein, wenn Vergänglichem – Materiellem oder Ideellem – das Merkmal des Unvergänglichen zugesprochen wird: eine suggestive Projektion. Diesen illusionären Sachverhalt aufzudecken, ist überaus schwierig. Deshalb müssen wir uns mit äusserster Nüchternheit dem Shugyō – Übung und Verzicht – hingeben, und zwar im Vertrauen darauf, dass das *Leben-Selbst* das von uns Nicht-zu-bewältigende einlösen möge. Hierdurch werden wir vom Anhaften an Vergängliches gereinigt. Das eigentliche Ziel von Shugyō ist die authentische Leere, das ungefärbte Herz: allein es kann von der Identität durchdrungen werden.[c] Die ausreifende Einsicht erkennt nun: weder ein Anhaften an Vergängliches noch ein Haften an Unvergänglichem ist je mit dem Grund des Lebens in Übereinstimmung zu bringen. Jenes hält nicht, was es verspricht, dieses ist faktisch allem entzogen, woran ohne Schaden gehaftet werden könnte: aufgrund dieser Gegebenheit führen beide Weisen des Haftens zu einem trügerischen Ergebnis. Erst diese Grund-Einsicht öffnet den Weg, auf dem sich die untrügliche Leere – frei von jeglichem Anhaften, was es auch sei – einzustellen vermag.[d]

Soll die gesuchte, wirkliche, uns nicht fehlleitende Leere selbst nicht doch uneingestandenermaßen versteckt zu einem Etwas werden, woran dann gehaftet werden kann, sind die Hindernisse auf dem einzuschlagenden Weg klar zu identifizieren. Die Voraussetzung dafür ist die innere Grund-Haltung, die davor bewahrt, der Körperlichkeit im Haben-wollen, der Vielheit im Wissen-wollen und der Zeitlichkeit im Sein-wollen zu erliegen.[138]

Wenn die authentische Leere, sie anstrebend, Wirklichkeit werden soll, muss das ihr zugrunde liegende Gesetz des Lebens im Einklang mit dem in ihr Sich-offenbarenden führen. In der durch Shugyō zugänglichen Einheit dessen, was das Leben sichtbar werden lässt, erweist sich uns für diesen Weg die rechte Grundhaltung. "Erst dadurch, dass sich das Leben des formlos Reinen demjenigen zeigt, der sich in *die das ganze Mensch-sein durchdringende Wahrnehmung* [= Zenjou] einfindet, wird die gründliche Umwandlung seines Mensch-seins an sich – das Erwachen – verwirklicht.»[139] Wie die Leere für das Sich-offenbaren des Lebens eine Bedingung ist, so ist die Voraussetzung ihrer Vergegenwärtigung in der Hingabe an das in ihr Sich-mitteilende zu finden. Um zum ersehnten Ziel zu gelangen, ist hier nicht das Vertrauen auf ein beliebiges Etwas gefragt, sondern das im *Leben-Selbst* wurzelnde, das aus Ihm sich ernährende Vertrauen. Die Haltung, welche diesen Schgyō-Weg begleitet, ergibt sich aus der ausreifenden Ehrfurcht. Sie erlaubt der initiatorischen Gegenwart des Lebens Einlass und befähigt uns zum Erkennen des Gesuchten. So werden wir fähig zur Teilhabe an Seinem universalen Gegenwärtig-sein: unser notwendiges Ergriffen-sein von dessen Selbst-Hingabe lässt uns unsere Hingabe – in ihrer kosmischen Dimension – einlösen.[140]

In den eigenen Lebens-Bahnen ist *eine grosse Vielfalt an Material* gegeben: eine Chance, für die Endlichkeit sensibel zu werden. Uns bedingungslos darauf einzulassen, führt unausweichlich zu Shugyō. Die hier entbundene Materie der Dispositionen ist im Prozess des Weges gegenwärtig wirksam.[e] Das ergiebigere Material, das in den tieferen Dimensionen einlagert, lässt sich durch Shugyō heben und entschlüsseln; die reflexiven Vermögen sind in diesem Prozess des Sichlichtens, des Sich-lösens und des Sich-neu-ordnens integriert tätig, also nicht ignoriert, sondern darauf verwiesen. Wach zu werden für die Vergänglichkeit bedingt das in uns geborene Verlangen, dass das Unvergängliche sich uns in tieferer Weise mitteile. Soll dieses *Geschehnis* gegenwärtig werden, müssen die zuvor genannten Hindernisse – die Ausgeburten unseres Eigen-Willens – in ihrer Neigung abnehmen, ja sich lösen. Sie entstehen zunächst durch unsere Vergehen am Leben, genauer, durch dessen Missachtung. Zeigt sich Schuldhaftes in diesem Prozess, ist dies – soll der Lösungsprozess nicht blockiert werden – zu akzeptieren und zwar ohne sich zu rechtfertigen. Soll unser Versehen in den gesetzten Akten sich berichtigen, muss es die gesamte Wirklichkeit unseres Seins tangieren. Es bezieht sich demzufolge auf die dreifache Realität unseres

Lebens-Feldes: auf das Eigen-sein, auf das Anders-sein und auf das All-sein.[141] Um uns dieser Realität bewusst zu werden, bedingt die Engführung unserer Vermögen eine tiefgreifende existentielle Erschütterung jenes dreifachen Bezugs-Feldes, denn erst hierdurch geschieht der Umbruch, der uns zur Komplexität unseres Daseins erwachen lässt. Unser *Tun und Lassen* aus der dreifachen Dimension, das sich in einem Kontinuum des Zeitlich-begrenzten zum Überzeitlich-unendlichen als Geschehnis vollzieht, zeitigt Früchte des Lebens.[f] Der Beweggrund der von uns zu setzenden Akte tangiert immer das ganze Bezugs-Feld. Es bleibt hier zu klären, was unsere Zielsetzung war. Was könnte, sollte oder müsste sie nun sein? Jetzt wird Shugyō konkret: der Weg führt durch den Irrgarten dessen, was vermeintlich war, ist oder sein sollte, dorthin, das anscheinend Undurchdringliche zu berühren. Es durchleidend zu lichten, ist grundlegend für das Erwachen. In dieser *Wildnis* ist das aus Missachtung angehäufte Missverständnis hinsichtlich unseres Eigen–, Anders- und All-seins zu entziffern, um die Basis der in uns grundgelegten Vermögen freizulegen: unsere authentische Individualität als Eigen-sein, unsere Unterschiedenheit von anderem als Anders-sein und das Moment unseres Eins-seins mit allem als All-sein.

Ein Blick in das hier Vorfindliche, zwar im Rückblick, zeigt uns den Tatbestand: jenes Undurchdringliche, das als gespiegeltes Material ansteht, ausgewertet zu werden. Eine erste Sensibilisierung dafür liegt im Impuls aus dem erfahrenen Widerspruch – unser Handeln eingeschlossen –, der uns anfänglich diesen Weg gehen lässt. Jedoch, der entscheidende Impuls, die Entschiedenheit für Shugyō, kommt uns zu im Tiefschlaf, einem Schlaf, der die Todes-Zone berührt. Dort wird uns *ein Hinein-blicken in das Etwas*, das wir sonst nicht wissen können, gewährt.[g] In diesem Erleben liegt ein essentieller Anlass dafür, uns aufzumachen, um das dort Hinuntergefallene, das Ungelöste, das in dieser fast unendlich entfernten Dimension wahrgenommen wird, zu lösen. Die Ahnung vom zu gehenden Weg als solchem mobilisiert all unsere

Vermögen, indem das Geschaute selbst uns drängt, nicht hier oder dort zu verweilen, sondern auf das Ziel hin entschieden den eingeschlagnen Weg zu wagen. Deshalb ist es ohne ein Voraus-erfahren wie hier im Tiefschlaf äusserst schwierig, das mit dem Wort Shugyō Intendierte einzulösen.

Das Verwirklichen des Weges bedingt als Ausrüstung eine enthaltsame, besonnene Lebenspraxis, um uns für *den Zeitpunkt des Lösens*, soweit es von uns her nicht möglich ist, zu bereiten. Die einzuholende Verschränkung vom Empfangen *zum Tat-werden-lassen* und *vom In-die-Tat-gesetzten* zum Empfangen verbürgt das Authentische des Weges: das aktive Tun findet sich im Prozess des Geschehen-lassens. Der im Shugyō angestrebte, erwachte Seins-Stand hat – soll er sich einlösen – seine Bedingung in der Entstörung der Energie-Felder: die disparat sich stimulierenden Impulse gilt es zu überwinden, indem die störend sich ausschliessenden Akt-Tendenzen zum Schweigen gebracht werden. Das ist die grundlegend uns vermittelte Einsicht von den verschiedenen Traditionen.

„Das Unentbehrliche, um Gedatsu [解脱] – das Frei-werden von allem irrtümlich uns Bindenden – zu erlangen, ist zweifelsohne Hotsubodaishin [發菩提心].[α] Hotsubodaishin ist, mit allen Kräften das Herz, das völlig abgeschieden ist und dadurch erwacht, zu erheben. ... Ohne dieses Herz zu erheben, ist das Erlangen von Gedatsu unmöglich. Das gleicht sozusagen einem, der ohne aufzubrechen ankommen will. ... Wenn wir uns auf unser jetziges Herz rückbesinnen, dann gibt es darin wirklich nur Illusionen wie Wollust, Habgier, Ehrsucht, interessen-gesteuerte Beziehungen etc. Hosshin [die Abkürzung von Hotsubodaishin] muss diesem Herzen entgegentreten. Was ist der Grund der verschiedenen Begierden? Mit einem Wort, es ist die Ich-Anhaftung, *das Herz des Ich* – Ego-Herz – nach Dōgen [道元]. Er betont unentwegt: trennt euch vom Ich, von der Ichsucht. *Das Herz des Ich* ist doch im allgemeinen gerechtfertigt. Kein Mensch ist ohne Selbstbewusstsein. Erst durch dieses Bewusstsein entfaltet sich in uns eine personbezogene Verantwortung. Hätten wir kein Selbstbewusstsein, glichen wir einem Menschen ohne Person-sein. Vor allem seit der Neuzeit ist im Abendland das Selbstbewusstsein massgebend für die menschliche Existenz. *Das Herz des Ich* ist einerseits als Selbstbewusstsein die Basis der Person und des Intellekts, andererseits als Eigenwille und Ich-Anhaftung die Ursache, Gedatsu zu verhindern, mit anderen Worten, dieses Herz umfasst die Tätigkeit des Intellekts, gleichzeitig ist es die Quelle sinnlicher Begierde und des Irrtums. Von dieser Quelle aus gesehen ist *das Herz des Ich* das anhaftende Herz: *ich bin*. Ist es also so, muss, um Gedatsu zu erlangen, dieses Herz beseitigt werden, zugleich muss man sich ebenfalls von der Basis des Person-seins und des Intellekts – dem Standpunkt des menschlichen Urteils – als Selbstbewusstsein trennen. Um wirklich in die absolut ungefesselte Welt befreit zu werden, muss man von jeglichem menschlichen Stand gründlich abgeschieden sein. Hier ist die Linie des kompromisslosen Weges von Dōgen zur Überwindung der Welt, die er gänzlich verneint, gelegt.[β] Eben dies ist nach ihm Hosshin, nämlich, die Vergänglichkeit klar zu schauen. In dieser Welt gibt es nichts Beständiges, *selbst das Ich ist unbeständig*. ... Die Nichtigkeit erwägen und sie gänzlich durchdringen ist die Grundbedingung von Hosshin [das ist der Shugyō-Weg]."[142]

α: Hosshin [發心] ist das in Wahrheit von sich aus zum Erwachen entschlossene Herz. Hinter diesem Herzen – auf seiner Rückseite – ist der tief ernste Tatbestand verborgen, nämlich die Reflexion über sein jetziges Unerwacht-sein.

β: Hiermit ist alles Bauen auf Vergängliches angesprochen, was sich dann im Lebensvollzug als Selbstbetrug entpuppt; dieser Täuschung will Dōgen mit seiner Aussage zuvorkommen.

„Die in der Tat echte Einübung eines Menschen in sein Mensch-sein hat mit der unbewussten Schicht [seines Inneren] zu tun. Von da tritt das Leben-an-sich unmittelbar *an-*

schaulich hervor."[143] Es ist der Atem des Lebens-an-sich, sein Sich-mit-teilen, das Tamaki mit *dhamma* gleichsetzt; erfahren im davon Durchdrungen-sein. „Solches [alles leben-lassende] Wirken von *dhamma* ist absolut und universal. Aber es ist uns, die wir sowohl im wechselseitigen als auch im partiellen Erwägen eingeschlossen sind, verborgen, als hätten wir mit ihm nichts zu tun. Wir stehen ihm in fatalistischer Weise – den eigenen Anlagen zuneigend – fern und bewegen uns, ihnen zu folgen. Wenn das Wirken von *dhamma* mir offenbar wird, wird zum ersten Mal erkannt, dass dies absolut und universal ist. Gedatsu ist, dass *dhamma* mir durchaus manifest wird. Wäre es nicht so, bliebe Gedatsu aber auch *dhamma* als eine blosse imaginäre Vorstellung des danach Strebenden."[144]

Fragen wir also, was lässt den Weg des Erwachens gelingen, dann bedarf es der Entschiedenheit, begleitet von Mut und Geduld. Sie lässt den auf dem Weg sich zeigenden Hindernissen, den sich einstellenden Krisen, nicht erliegen, auch wenn das Überwinden uns aussichtslos zu sein scheint. Die Ausgewogenheit in der bejahten Spannung zwischen den beiden Haltungen, Mut und Geduld, führt uns auf den langen Weg zur Erkenntnis dessen, wie wir sind. Ausserdem, wäre uns die eigene Nichtigkeit durch und durch gegenwärtig, entstünde in uns *ein freier Raum*, in welchem die Identität der Kern-$_F$ ohne Hindernis wirken, uns aus dem Ichhaften entbinden und letztlich auf das *Leben-Selbst* als das Ziel des Weges verweisen kann. Wie jedoch die Erfahrung zeigt, ist es äusserst schwierig, aus dieser Balance nicht herauszufallen. Der Widerstand und die Vielfalt der Hindernisse, denen wir im Shugyō begegnen, wie auch der Konflikt mit dem Ich – das Aufdecken der Existenz des Illusionären – lässt uns nach Auswegen Ausschau halten in der Absicht, die Zielvorgabe durch ein eigenes Ziel zu ersetzen: „Hier könnte [ja, kann] sich auf einem frommen Umwege unsere alte Eitelkeit und unser unerlaubter Anspruch an Gott einschleichen, als hätten wir irgend ein Recht auf lauter erhebende und beglückende Erfahrungen, und als sei die Erfahrung unserer inneren Armut unser unwürdig."[145]

Wer in Unwissen – der Unfähigkeit, das Ineinander dessen, was das Leben ist und was sich ihm widersetzt, zu unterscheiden – gebunden lebt, versteht kaum die Notwendigkeit, dass der materialisierte Widerspruch in den Dispositionen durch Shugyō heraus gebrannt werden muss. Wie könnte sich ein tieferes Erfassen der Wirklichkeit sonst einstellen? Wenn der Shugyō-Weg nicht durch das reinigende Feuer hindurch gegangen wird, ist es kein Shugyō: das Feuer, die weitere Verschmutzung der Erkenntnis-Vermögen und die Zunahme des Illusionären zu beseitigen.[h]

Wirkt Shugyō nicht doch so, das Ego zu stärken, wenn es sich nicht als Kehre in den Lebens-Grund vollzieht? Will authentisches Shugyō nicht doch dahin führen, uns von allem Anhaften loszusagen? Jedoch, dem Ego zu sterben ist für uns äußerst schwierig: wir sind fest überzeugt, darauf nicht verzichten zu können, zumal es unsere Existenz bedrohe. Eben aufgrund dieser Bedrohung, die unseren Identitäts-Mangel spiegelt, erliegen wir der permanenten Versuchung, Shugyō abzulehnen oder das Ego zu kultivieren. Widerlegen nicht gerade die biblischen Aussagen derartige in uns tief sitzende Neigungen? Doch, Jesus kommt es darauf an, dass unser Leben gelinge: wie könnte Shugyō zu Seinen Weisungen in einem Widerspruch stehen! Sein unablässiger Verweis, allem Ichhaften zu sterben, stimmt mit dem buddhistischen Ermahnen, durch Shugyō zu erwachen, aufs äußerste überein. Fragen wir nun, *was ist das Gelingen des Lebens*, so lässt sich sagen: *sich zu verwirklichen*. Zweifelsohne verstehen wir das Sich-verwirklichen innerweltlich festgelegt: eine fundamentale Missdeutung des Lebens. Ein derart selbst-verwirklichtes Leben, dessen *Gewinn* sich selbst rechtfertigt, erweist sich letzten Endes als ein selbst-verwirktes. Das ichhaft gesteuerte Begehren ruiniert also unser Verwiesen-sein auf das *Leben-Selbst*, ja, unsere Ehrfurcht vor Ihm. Deshalb lädt uns der bewusst gewählte Shugyō-Weg zu Willens-Akten ein, von sich aus entschieden gegen sich selbst – den Eigenwillen – zu setzen und zugleich völlig auf den Impuls aus der Identität zu vertrauen.[i]

Nur die so gesetzten Akte steuern dem ichhaften Wollen entgegen, denn jegliches Haften hindert unser wahres Sich-verwirklichen: „So kann also keiner von euch mein Jünger sein, der sich nicht lossagt von all seinem Hab und Gut."[146]

Die Neigung, etwas sein zu müssen, die oftmals zu einem Habitus erstarrt, beeinträchtigt unser Leben massiv. Die Ursache hierfür ist in unserem Identitäts-Mangel – im Vertauschen der Identität mit der Differenz – zu finden, welcher nötigt, uns auf die Identifikations-Objekte zu fixieren. Dieser Tausch bildet die Grundlage dafür, dass unsere existentiellen Entscheidungen vielfach auf einer Täuschung beruhen, die den Handlungs-Akt steuert, in dessen Früchte zeigt sie sich. Die dem Akt zugrunde liegende Gewissheit ist in Wirklichkeit eine verstellt-vermischte. Das ist die Art der Verfasstheit der Differenz, denn sie ist aus sich nicht fähig, das Ineinander von Wahrheit und Lüge zu entziffern. Würden unsere elementaren Bedürfnisse wohl sich aus der Identität aktualisieren, gäbe es daraus keine das Leben beeinträchtigende Wirkung. Erst durch die Übertretung der in ihr zugrunde gelegten Ordnung entsteht Zwietracht, die das Identifizieren mit dem absoluten Anspruch der Differenz als Basis unsers Erkennens verlangt. Deshalb können wir das in uns der Identität Widerstrebende nicht klar erkennen. Die Identifikation mit der Differenz bewirkt das ich-zentrierte Handeln, durch das *unser Miteinander* weitgehend in *ein Gegeneinander* umschlägt. Solange dieser falsche Grund, der nicht das Leben, sondern dessen Veruntreuung nährt, nicht aufgedeckt wird, kann unser Leben nicht gesunden.

Dass der Mensch ohne Identität nicht leben kann, ist eine Tatsache! Deshalb scheint ihm das Sich-identifizieren mit allem – sei es, was es will – recht, die von ihm nicht zu bewältigende Erfahrung seines Mangels auszugleichen. Die Selbstbehauptung – etwas zu sein – hat im Zeitgeist, den das Kollektiv prägt, ihren Nährboden. Weshalb kann der Zeitgeist eine so grosse Macht haben? Weil wir alle unter dem Identitäts-Mangel leiden und dafür einen Ausgleich suchen. Der Zeitgeist ist vor allem durch sein sich rechtfertigendes Moment über die Maßen – ja sogar, dass daraus Ideologien entstehen – wirksam, letztlich zielt er darauf hin, ein Bündnis mit der das Leben zerstörenden Kraft zu schliessen. Wie können wir diese suggestive Kraft entmachten und dadurch ihr entfliehen? Indem wir im Shugyō unser derartiges Identifizieren durchleiden und so dessen Verursachung durchschauen. Erst hierdurch erschließt sich uns die Identität, um den von uns nicht zu bewältigenden Widerspruch zu tilgen. Shugyō, der Weg des einübenden Sich-einfindens ins Leben, tangiert unser Dasein insgesamt: die Erkenntnis-Kräfte – einschliesslich der Kern-$_F$ – partizipieren an diesem Prozess, der zu einer vertieften Erkenntnis seiner selbst führt. Das ichhafte Intendieren verliert seinen Geschmack so sehr, dass hierdurch der Horizont für eine einhellige Kommunikation entsteht, die das Verwiesen-sein auf die Geschöpfe, den Kosmos und so letztlich auf das *Leben-Selbst* in uns erneut erweckt. Die Wege hierzu sind vielfältig, sie sind bedingt durch die jeweilige Typologie derer, die sich auf den Weg begeben, um der Konfrontation mit dem Leben nicht auszuweichen.

Die wesentlich zu beantwortende Frage ist hier: wie steht der Mensch zu sich selbst, zum Anderen und zum *Leben-Selbst*? Konkret: wie ist das Missverhältnis – die Kluft von mir zu allem – letztlich zu überwinden? Nur die Entschärfung unserer Konflikte zu suchen, hat mit Shugyō nicht zu tun. Es geht auf dem Shugyō-Weg darum, dass wir bereit und fähig werden, das, was das Leben schädigt, nicht nur mitzutragen, sondern *das leidende Leben* – daran Anteil nehmend – mitzuleiden. Werfen wir unseren Blick auf die Kern-$_F$, so stellen wir fest, wie sich die Identität zur geschädigten Differenz verhält: *mit-leidend*. Shugyō zielt im Prozess der Läuterung der Differenz auf ihr Leer-werden von der Versklavung unseres Lebens. Je reiner die Differenz wird, desto mehr kann die Identität vom *Leben-Selbst* durchdrungen werden. Beide Seelen-Teile, sollen sie sich uns erschliessen, müssen je in ihrem spezifischen Verwiesen-sein uns einen Einblick gewähren. Das die Kern-$_F$ konstituierende Vergängliche als auch das Unvergängliche muss von uns gegenwärtig erfahren werden. Dies deshalb, weil die Identität vom *Leben-Selbst* durchdrungen, ja initiiert wird. Dadurch, dass das *Leben-Selbst* in der Identität uns zugewandt ist, will *es* uns initiieren, so dass das in ihr grundgelegte Leben keime und erwache. Machen wir uns klar: ohne das *Lebens-Selbst*, um *dessen Gegenwärtig-werdens* willen Shugyō zu fordern ist, entbehrt solch ein Bemühen seiner eigentlichen Frucht.

Ignoriert im Lebensvollzug die Differenz – weil verankert mit dem Ich – den Impuls der Identität, dann ist zu fragen: ist dieser Missklang über das Zeitliche hinaus besiegelt oder nicht? Dass im Tod das Verhältnis von beiden sich lichtet, steht wohl ausser Zweifel. Die Differenz trägt vielfach Vermischtes in sich, einerseits neigt sie sich zur Identität, andererseits ist sie widerwillig. Obwohl die Differenz so ist, kann die Identität auf sie doch Einfluss nehmen, sofern in ihr Lichtendes lebt und deshalb die Kommunikation nicht durchaus blockiert ist. Allerdings, ohne Auflösung der Widersprüche, wie es vorwegnehmend im Shugyō erfahren wird, lässt sich das integrativ ordnende Moment der Identität in der Differenz nicht nur nicht einlösen, sondern sie verbleibt weiterhin im Nebel, *denn aus sich selbst kann sie nicht einsichtig werden.*[147]

Es stellt sich uns die Frage: wie ist es überhaupt möglich, sein Leben zu verwirken? Ohne die Realität, dass es das Böse gibt, zu akzeptieren, lässt sich darauf keine Antwort finden. Ja, die Realität, dass unser Leben im Spannungs-Feld zwischen der Kraft des Lebens und der des Todes ausgesetzt ist. Diesen sich widerstreitenden Kräften begegnen wir in uns selbst, in der Kern-$_F$. Der Eigen-Wille ist hier das Zünglein auf der Waage. Wer sich – auf die Differenz bezogen – mit dem Eigen-Willen identifiziert, um sein Leben zu gewinnen, wird es verlieren. Wer jedoch dem Willen, der in der Identität gründet, folgt, überantwortet sein Leben.[148] Im täglichen Bewältigen unseres Lebens gelte es, aus den erfahrenen Beschwernissen zu lernen. Wir verdrängen aber vielfach das leidvolle Erfahren, das wir zum Guten wenden sollten. Dadurch geben wir dem Eigen-Willen eine Chance, seine Herrschaft zu gewinnen. Das führt zu einem Sich-bemächtigen der Differenz über die Identität, was nicht nur die Störung, sondern möglicherweise sogar die Zerstörung der Kommunikation der Differenz mit der Identität zur Folge hat. Das ich-zentrierte Wollen, das sich weitgehend aus den Dispositionen – dem *Geschichtlichen* – in der Differenz bestimmt, unterdrückt ihre natürliche Verfasstheit mit der Konsequenz, sich zu verdunkeln. Werden die Akte dementsprechend willentlich gesetzt, dann agiert die Differenz gegen die Identität in der vollen Überzeugung, sie sei autark.[j] Das so erzeugte, illusionäre Selbstbewusstsein ist dafür offen, von den Kräften, die das Leben zerstören wollen, manipuliert zu werden. Nicht zu erwachen bedeutet, unsere Verschuldung als Mensch bleibt bis zum Tod.

Das Verwiesen-sein der Kern-$_{F}$ auf das *Leben-Selbst* ist im Gleichnis vom Weinstock und der Rebe dargelegt ist; das Verhältnis der Differenz zur Identität ist als dessen Analogie zu verstehen.[149] Die Identität und die durch sie bedingte Differenz sind als eine gleichnishafte Wirklichkeit der Schlüssel und zugleich das Tor für das Ein-münden unseres Daseins in die alles einende Akt-Dynamik, die im *Leben-Selbst* waltet. In ihm, in seinem Manifest-werden, spiegelt sich uns das Verwiesen-sein der ganzen Schöpfung, was auf das Offenkundig-werden der Kern-$_{F}$ als Abbild der urbildlichen Wirklichkeit zielt.

Im Verhältnis der Kern-$_{F}$ zum *Leben-Selbst*, eingeholt als Erfahrung, erschliesst sich uns durch Shugyō – den Reinigungs-Weg – die Realität der im Gleichnis zugesagten Früchte. Früchte, aus dem Aufgehoben-sein der Trennung, kann unser Leben tragen, indem unser *Geworden-sein* sich in die Identität integrieren lässt und so seine Akte setzt. Können wir uns dazu nicht bereit finden, sondern überlassen uns im völligen Vertrauen auf den Eigen-Willen, dann ist die Gefahr groß, dass *dem geschichtlichen Bewusstsein* das Authentische des Lebens, nämlich die Fähigkeit der Annahme und der sie erwidernden

Hingabe, abhanden kommt. In solch einer isolierten Lage ist die Kommunikation in der Kern-$_F$ blockiert, so dass die Differenz – ausgeschlossen – an sich selbst gebunden im Bewusstsein ihres Mangels existiert: Leiden, das schliesslich Neid und Hass zur Folge hat. An uns alle gerichtet bleibt: wählen wir die Einung oder die Scheidung?[k]

Im Shugyō, der Einübung ins Leben, zeigen sich Momente der befreienden Erfahrung vom Ichhaften, durch die der Übende sich nicht blenden lassen darf, als sei der Wurzelgrund aller Anhaftung damit bewältigt. Ferner muss ihm bewusst bleiben, dass das über eine gewisse Zeitdauer Erfahrene nicht allein aus eigener Kraft erreicht wurde. Erkennt er nicht tief genug, dass er aus sich ein Nichts ist, hat sein Shugyō-Weg schon eine falsche Richtung. Denn die Authentizität des Weges zeigt sich darin, von der Anhänglichkeit und vom Eigendünkel frei zu werden, was zum Eingeständnis der eigenen Nichtigkeit führt. Um auf dem rechten Weg zu bleiben, mahnt die Tradition zu grosser Wachheit vor möglichen Fallgruben: „Eure Lenden seien gegürtet und die Leuchten brennend."[150]

Das erfahrene Frei-werden, ohne daran zu haften, bedingt weiterhin das Sich-einlassen auf den Weg der Reinigung. Je mehr sich das Bewusstsein reinigt, desto tiefer schauen wir die eigene Erbärmlichkeit, die im *Leben-Selbst* – seinem Erbarmen – aufgehoben ist. Trotz der zur Kenntnis genommenen Schuld und der erfahrenen Vergebung kann ein mit der Identität korrespondierendes Erlebnis doch nicht ganz frei sein von den Dispositionen. Das ist der Grund, weshalb wir die Illusion, angekommen zu sein, nicht haben dürfen, sonst werden wir rückfällig. Nur dadurch, dass wir den Weg unablässig – verankert im Vertrauen auf das *Leben-Selbst* – gehen, tut sich uns Schuldhaftes und dessen Aufgehoben-sein in Ihm unbeirrbar kund.

Alles, was uns durch Shugyō bewusst wird, ist authentisch: vorausgesetzt, der Akt des Erfahrens ist eine Spiegelung der Identität. Falls ein Erfahren aus den Dispositionen – in Korrespondenz mit der Differenz – frei wird, kann es uns täuschen, als wären wir auf dem rechten Weg zum Erwachen.[l] Wir müssen sehr gefasst sein, dass nur große Nüchternheit den Weg begleiten kann, weil sonst die Gier im Etwas-haben–, Etwas-sein- und Etwas-wissen-wollen erweckt wird.[m] Shugyō ist von uns aus das Sich-bemühen, sich selbst nicht mehr auszuweichen auf dem Weg der Läuterung. Vom *Leben-Selbst* her ist es im Akt Seines Erbarmens – allein durch den, *der weiss, was im Menschen ist*[151] – das Erlassen von Schuld; die Reinigung des Herzens trägt sich für uns soweit zu, wie wir uns diesem Empfang *ohne Warum* überlassen. Fehlt uns diese Erfahrung, dann können wir das eigene Herz – befallen von Finsternis[152] – nicht schauen. Mit anderen Worten, um Reinigung geschehen zu lassen, muss der Übende von Anfang an bis zu seinem Ziel durch das *Leben-Selbst* geführt sein, denn: „Die eigenen Wege führen im Kreise immer zu uns selbst zurück. Aber wenn Gott unsere Wege leitet, dann führen sie zu ihm."[153]

In der Vielzahl der im Shugyō zu überwindenden Hindernisse ist die Versuchung allgegenwärtig, der Beschwernis des Weges auszuweichen: nicht wenige erliegen ihr. Vor allem die Erfahrung des Widerstreits der Kräfte lädt ein, der Mühe des Weges zu entfliehen.[154] Sei es, dass das Erkennen seiner selbst nicht genügend ausreift und der Übende infolge der Selbsttäuschung rückfällig wird, oder aber, wenn das Erkannte nicht in Achtsamkeit gebettet in Stolz umschlägt, was zum Vergleichen mit anderen verführt. Das Angekommen-sein sich selbst zu suggerieren steht der Wirklichkeit – *alles lassend weiterzugehen* – selbst entgegen. „Im Prozess von Zenjou ereignet sich plötzlich ein Erlebnis des ganzen Mensch-seins. ... Im Zen ist dies Kenshō [見性] genannt: das Wesen schauen. Dieses Erlebnis ist wohl Kenshō, aber eben darin liegt das Problem. In Kenshō ist das sehende Subjekt noch da; in Wahrheit, dableibend fällt das Selbst in das alltäglich Gewohnte zurück.[n] Ferner nennen die Gelehrten dies ein geheimnisvolles Erlebnis. Sie sagen, es sei augenblicklich, also vorübergehend. Zwar ist es so, aber gerade das ist das Schlimme. Es ist unerträglich, dass ein solches Erlebnis nur momentan ist, wie oft es sich auch wiederholen mag. ... Es geht nicht um Kenshō, sondern vielmehr um Shōken [性見], nämlich das Wesen zeigt sich [als die sich manifestierende Gegenwart des Lebens].“[155]

Wach zu werden ist nichts anderes, als die eigentliche Dimension unseres Daseins, in der von Anfang an unser Leben gründet, zu erkennen. Gibt es ein auf sich selbst bezogenes Wachwerden, ohne überhaupt zum *Leben-Selbst* zu erwachen? Ist solch ein Wach-werden – aufgrund seines Sich-überhebens – nicht doch die Ursache dafür, sich selektiv vom eigentlichen Bezugs-Feld des Lebens auszuschliessen? Das Erwachen zum *Leben-Selbst* dagegen zeigt sich darin, unter allen Umständen die eigene Nichtigkeit zu erkennen und so sich auf das, was die Einheit stiftet, hin zu öffnen. Dies beginnt zunächst damit, die Kern-$_F$ in ihrem *Über-sich-hinaus* zu schauen, dessen Ermöglichung darin liegt, dass uns die Differenz als auch die Identität in ihrem Verwiesen-sein das Tor dafür öffnet. Dann kann der Identität ihr Verwiesen-sein auf das *Leben-Selbst* voll bewusst werden. In diesem Augenblick durchdringt das *Leben-Selbst* – in seinem An-sich-sein als das alles Verbindende – die Identität und so die Kern-$_F$ überhaupt. Wer dies erfährt, weiss sich in diesem Geschehnis objektloser Gegenwart sich selbst genommen und zugleich *von Ihm* durchdrungen. Nun findet er – ihm übergeben – den verlorenen Schlüssel zu dem in seinem Grund gestifteten Erbe, um dessen Willen er leben soll.[156] Erst dann können wir von den Bindungen des Eigenwillens wirklich frei und dadurch fähig werden, den Bedrängnissen des Lebens nicht auszuweichen: vielmehr gilt es, uns willfährig für *das Erwachen zum Leben-Selbst* in den Dienst zu stellen.

Anmerkungen

Anm. a: Nach Tamaki bleibt das Verständnis von Mu [無] durchaus ideell-abstrakt – auf der Ebene der Vorstellung – und seine ihm eigentlich entsprechende Bedeutung wird nicht erfasst, wenn Mu durch die eigene Erfahrung nicht wahrgenommen wird. Man bleibt doch in diesem Spiel der Ideen befangen, wie intensiv man es auch erforschen mag. „Um dieses Problem zu durchbrechen, muss der Mensch Mu als ein religiöses Erlebnis erfahren oder nach Mu in der tatsächlichen Erfahrung des wirklichen Lebens streben.“[157]

Anm. b: Das Wahre – *das Leben-Selbst* – teilt sich uns in seinen unendlichen Erscheinungen im Vergänglichen unablässig mit. Dieses Sich-mitteilen können wir als eine Wirklichkeit empfangen, sofern der Atem durch unser atmendes Mit-sein im Shugyō zu seinem Ursprung zurückfindet. Wird das Unvergängliche im Vergänglichen vorgefunden, dann weitet sich unser Blick über das ausschließliche Erfahren des Phänomenalen hinaus.

Anm. c: Ein Blick in das konkret sich Ereignende unseres Lebens weist hin auf das Sich-entgegenstehende, seine nicht mehr steigerbare Spannweite: Geburt und Tod. Es gilt, in dieser Spannung unserem Identitäts-Mangel auf die Spur zu kommen: Mangel an Vertrauen auf das *Leben-Selbst*. Wie paradox es auch klingen mag, die authentische Leere ist vom völligen Vertrauen nicht zu trennen.

In dem Maße, wie die fehlgeleiteten Vermögen in der Differenz entbunden werden, mindert sich unser Verlangen nach einem Ausgleich des zuvor erfahrenen Mangels. Hier steht sich die Illusionäre Leere der konkreten gegenüber. Jene stellt sich ein, wenn das, womit wir unser Leben füllen wollen, sich leer erweist; diese reift aus, indem uns das Sich-ereignende dort hinführt, wo das Haften seinen Einfluss verliert. Im Verneinen oder Bejahen des Willens dessen, was dem *Leben-Selbst* entspricht, liegen die Kriterien für das je zu wertende Ergebnis; da sich das Akt-Feld der Differenz für uns mehr oder weniger im Dazwischen ereignet, zeigt dies das zu bewältigende Auseinandersetzen für das Einholen der authentischen Leere.

Anm. d: „Nichts zu besitzen noch anhaftend etwas zu nehmen: das ist nichts anderes als Zuflucht. Dies nenne ich nirvāna, was das Erlöschen der Altersschwäche und des Todes ist.“[158]

Anm. e: Vor allem durch die existentiell tief berührenden Erfahrungen wollen sich uns – wegweisend – Lebens-Chancen auftun. Solche Einbrüche in Ein- und Festgefahrenes enthalten in sich ein Potential, das Lähmende und uns im Lebensvollzug Behindernde zu sprengen; Achtsamkeit in jedem Augenblick lässt dem Netz, ja dem hier sich meldenden Aufbäumen entkommen. Trotz allem bleibt die Frage, weshalb viele existentielle Erfahrungen uns noch tiefer in die Verstrickungen fallen lassen. Zunächst ist es die Macht der Gewohnheit, genauer: die handelnd erzeugten Dispositionen vereiteln den Aufbruch, weil sie die gemachte Erfahrung mit missgestimmten – ja selbst zerstörerischen – Potenzen binden. Überdies ist der Einfluss des Kollektiven nicht zu unterschätzen. Unsere verdunkelten und deshalb anfälligen Erkenntnis-Vermögen durchschauen weder den Sachverhalt der kollektiv gesteuerten Interessen noch die Tatsache, dass unsere eigenen Interessen auf jenen bauen; mit anderen Worten: wir identifizieren uns mit dieser Selbst-Entfremdung. Die uns aus existentiellen Erfahrungen zukommenden Lebens-Chancen haben, sollen sie Realität werden, ihren Preis: die Bereitschaft, alles in Frage zu stellen, um die Hindernisse zu entlarven und frei zu werden für das Gehen des einsamen Weges. Hier ist die entscheidende Weichenstellung für das Ich, ob es willentlich sich durch die Einsamkeit hindurch in das Lebens-Ganze integrieren lässt, oder ob es dem Egozentrismus verfällt. Soweit die durch Shugyō sich lösenden Kräfte aus Energie-Blockaden nicht in die Identität integriert werden, vagabundieren sie und vertiefen die Ich-Anhaftung, was die Praxis selbst widersinnig wirksam werden lässt. Auf dem recht verstandenen Shugyō-Weg aber korrespondieren die aus der Differenz frei gewordenen Potenzen mit der Identität.

Anm. f: Vielfach machen Suchende und Sich-bemühende die Erfahrung, dass die Früchte des Lebens mehr oder weniger ausbleiben. Die Ursache dafür liegt in einem fundamentalen Missverständnis: das über die Vorstellung eingeholte, verinnerlichte und falsch ausgelegte Erfahrungs-Wissen wird für die authentische Erfahrung gehalten. Wer darin befangen ist, kreiert handelnd seinen eigenen – illusionären – Kosmos mit leeren Früchten.

Auf dem mühsamen Weg des Shugyō wird mit der Zeit eine Sichtweite geboren, die diesem illusionären Kosmos nicht mehr anhängt. Jedoch lässt die nun sich einstellende wirklichkeitsnahe Sicht der Dinge, die uns herausfordert, entsprechend zu handeln, noch nicht die erwarteten Früchte bringen. Die gewonnene Sicht fordert eine beachtliche Wegstrecke, um fähig zu werden, das uns manipulierende Illusionäre aufzudecken, aber selbst existentiell von dieser lebensnahen Sicht durchdrungen zu werden, ist in aller Regel noch ein langes Ringen: die erfahrene Nicht-Übereinstimmung von Erkennen und Handeln ist durchleidend zu integrieren in das dreifache Lebens-Feld. Nur Im erwachenden Ausreifen sind die Früchte des Lebens einzuholen, dies unter der Bedingung, dass die von uns zu setzenden Akte im bewusst gewordenen Spannungsfeld von Eigen–, Anders- und All-sein sich ereignen.

Dieses Handeln Tat werden zu lassen erfordert, dass sich alles falsche Hängen an der dreifachen Lebens-Dimension entleert: das Ich-zentrierte im Eigen-sein ist um der authentischen Individualität willen zu entbinden, das wägend-messende Vergleichen im Anders-sein muss um der Hingabe willen zur Ruhe kommen und dem Anspruch des Verfügen-wollens im All-sein ist um des *Leben-Selbst* willen mit absoluter Entschiedenheit zu entsagen. Ist Shugyō auf das *Leben-Selbst* hin ausgerichtet und von Ihm geführt, korrespondiert es mit der dreifachen Grund-Erfahrung unseres Lebens, so dass das daran anhaftende Wollen erstirbt. Diesen Weg finden wir – bis zum Äussersten im Gleichnis – vom Weizenkorn. Die hier tat-gewordenen drei Stufen beinhalten den Kern von Shugyō: wenn das Eigen-sein – wie das Weizenkorn [159] – nicht stirbt, vereinsamt es; geht das Anders-sein in *die Erde* ein, löst sich der dualistische Zwiespalt in ihm auf; nun trägt das gereinigte Anders-sein aus der – *je sich unterscheidenden* – authentischen Individualität seine Früchte, die im All-sein mit der Akt-Dynamik kommunizieren und so zur Einheit finden.

Anm. g: Verwechseln wir hier nicht den Tiefschlaf mit dem traumlosen Schlaf. In diesem sammeln und erneuern sich unsere Kräfte aus ihrer Zerstreuung. Im Tiefschlaf dagegen sind wir in einem Zustand völligen *Verfügt-seins;* alle Vermögen für die von uns zu setzenden Akte sind nicht nur untätig, sondern befinden sich im Bann dessen, was hier ist und sich zeigt. Das Wahrnehmende der Identität als auch das Wahrgenommen der Differenz geschieht wie ausserhalb des tätigen Bewusstseins, weshalb die konkrete Erinnerung fehlt; und doch ist das Erfahrene für uns selbst existentiell nicht mehr zu löschen. Es ist die Berührung der Todes-Zone, in der das im Tiefschlaf Geschaute einlagert, was sich uns im Zurückkommen, im Bewusstwerden der Distanz, bekundet. Unser aktives Bewusstsein stösst hier in seinem Anspruch, etwas zu klären, auf Bewusstlosigkeit, weil sich ihm das in diesem Zustand Wahrgenommene entzieht. Obwohl das, was sich im Tiefschlaf ereignet, bleibt, kann das erwachte Moment, das pulsierend antreibt, dieses Geschehnis einholend und im Lebensvollzug handelnd zu integrieren, verstummen, wenn ihm im Zuwiderhandeln achtsame Aufmerksamkeit verweigert ist. Indem sich all unsere Erkenntnisvermögen sammeln, ja bündeln, wird das dort gespiegelt Geschaute, *das Tote,* im Prozess seines Entschlüsselns partiell bewusst. Dieser Prozess selbst ist Brücke und zugleich Weg für die Auflösung des aus Störungen Angehäuften, denn alles zu Bereinigende ist letztlich geknüpft an den Prozess des Bewusstwerdens seiner Bedeutungen.

Das, was im Tiefschlaf *sich selbsttätig vollzieht,* birgt die Weg-Spur, um wach zu werden für den innersten Widerspruch der Differenz zur Identität. Das dem aktiven Bewusstsein Verhüllte scheint dort unmittelbar auf, gleichzeitig ist seine Gegenwart jedem Zugriff entzogen. Was wirklich geschah, wird graduell erst im Zurückkommen unter tiefen Ängsten deutlich: entsetzt über das mögliche Abgeschnitten-sein von weiterhin gegebenen Lebenstagen. Die Frage, die hier bleibt, ist: dämmert unser Leben in der eingefahrenen Spur weiter dahin, als wäre nichts geschehen, oder führt das Erfahrene zu einem wirklichen Sinneswandel, zum In-die-Pflicht-genommen-sein für die gegebene Lebenszeit zu erwachen, um letztlich *mit der Akt-Dynamik des Leben-Selbst* zu übereinstimmen!

Anm. h: Was veranlasst das Verlangen, uns auf den Weg zu machen und umzukehren? Ein initiatorischer Impuls aus der Akt-Dynamik des Lebens! Auf dem Weg entdecken wir in uns den vermischt-mehrdeutigen Widerspruch und stellen fest, wie sehr dessen Tilgung des ihn reinigenden Feuers bedarf. Damit sind unsere Zwiespältigkeiten jedoch nicht schon erledigt. Weshalb? Weil die Korrektur aus dem Seelengrund – der Identität der Kern-$_F$ – durch das in der Differenz einlagernde Substrat fehlgeleitet wird. Dies aktualisiert sich als Lebens-Gier in ichhaften Akten, durch die unsere Erkenntnis-Vermögen sich mit dem Staub irdischen Sinnes beflecken. Ihr Einwirken auf den empfangenen Impuls hat eben ein von den Dispositionen abhängiges Ergebnis zur Folge. Hier gilt es, unseren Blick für die Ursache der spirituellen Gier zu schärfen, die vorgibt, Suchende authentisch zu leiten zu können.

Durch Shugyō wird die Verästelung des ichhaften Begehrens offen, welches in den verschiedenen Vermögen freigelegt (→ Dispositionen) und in seiner ganzen Vehemenz erfahren wird. Hierbei ist ein Moment der Gefahr nicht zu übersehen: die Beugung spiritueller Inhalte unter das verfälschte Begehren, das sich in ichhaften Akten aktualisiert und dadurch sich weiter anreichert. Im Shugyō geht es letztlich um *die Freilegung des Religiösen in uns*. Wird stattdessen die spirituelle Gier wach, der Anspruch, letztlich das Unverfügbare unter das eigene Verfügen zu bringen, ist grosser Schaden – die Kultivierung des Ichhaften – unterwegs. Seine Verwurzelung zu treffen und auszudörren, so dass sein Triebvermögen durch die ihm entgegen gesetzten Akte sich mindert, darum geht es. Dafür muss der Eigen-Wille mit aller Entschiedenheit der sich etablierenden spirituellen Gier widersetzen. Er muss sie treffen, um sie in ihre Schranken zu verweisen, ja vielmehr, er muss sie so weit wie nur möglich aus dem Feld schlagen. Hier wird deutlich, wie sehr der Eigen-Wille gegen seine eigenen Interessen kämpfen muss um des Gelingens des Weges willen.

Im Entscheiden des Eigen-Willens gegen sich selbst, seine Begehr, berühren wir den eigentlichen Kern von Shugyō, nämlich, die Auflösung von Paradoxien. Der hier notwendig gegen das Ichhafte zu setzende Akt ist verwiesen auf die im Begehren verfälscht wirkende Kraft, die ursprünglich aus der Identität geschöpft und widersetzlich verwendet wurde. Sie zu wenden, ist ausschlaggebend für das Bemühen zur Umkehr.

Der hier behandelte Gestehungs-Sachverhalt hat seinen Nährboden in folgendem Missverständnis: der Versuch, geistlich-spirituelle Aussagen über das mentale, das imaginative oder das emotionale Bewusstsein aufzuschliessen. Bleiben diese Vermögen ausschliesslich in dieser Hinsicht aktiv, werden die schon bestehenden Illusionen angereichert bzw. neu erzeugt. Als Einstieg hat dieses Vorgehen eine gewisse Berechtigung. Um jedoch zum in den Erfahrungs-Aussagen Vermittelten zu gelangen, müssen diese Verstehens-Vermögen überschritten werden, denn nur aus der Identität der Kern-$_F$ lässt sich in Wahrheit der vermittelte Inhalt erschliessen. Wird der Überschritt durch das reinigende Feuer hindurch nicht riskiert, dann ist es das erweckte Begehren, das sich in das illusionär Eingeholte mischt und als spirituelle Gier manifest werden kann. Erneut vertiefte Bindungen im Ichhaften sind ihr Ertrag.

Anm. i: Es gibt eine Verfasstheit, die sich dem Sich-kehren in seinen Grund widersetzt: das von Trägheit befallene, an sich gefesselte Herz, das die Entfaltung der in ihm gründenden Vermögen lähmt und teilnahmslos macht. Sein verdunkelt-befangenes Erkennen lässt leiden, was sich als Unlust und trübe Grund-Stimmung äussert. Ein solches Herz ist nicht frei, sich selbst zu negieren; das überträgt es auf andere und letztlich auf das Lebens-Ganze, da es seine schwere Last nicht zu tragen vermag. Dieser negativen Selbst-Setzung, dem passiven Leiden an sich selbst, ist der Weg für Shugyō verstellt. Die Unversöhntheit mit allem, deren Ursache in versteckter Ich-Anhaftung liegt, hat die Fehleinschätzung seiner selbst zur Folge.

Im Einsichtig-werden durch Shugyō für das, was der Grund-Ordnung des Lebens entgegen tritt und sie zu zerstören trachtet, muss der Ich-Wille sich das eigene Todesurteil sprechen und sich zur Übereinstimmung mit dem *Leben-Selbst* kehren, um der das Leben zerstörenden Kraft sich zu widersetzen. Ein derartiges Streben ist ohne die Bereitschaft, am erfahrenen Verwunden der Lebensordnung zu leiden, nicht nur nicht fruchtbar, sondern es wird vielmehr selbst zum Ausdruck dessen, was das Leben zersetzt. Nur im Einklang mit dem *Leben-Selbst* ist diese Last tragbar, und zwar im Bewusstsein, dass menschliches Dasein hiervon nicht zu trennen ist; sich distanzieren zu wollen hiesse, sich dem illusionären Anspruch beugen, als sei das dem Leben Sich-widersetzende letztlich doch fassbar, ja, als könnten wir dies aus uns selbst bewältigen.

Anm. j: Dem illusionären Anspruch der Differenz ist ein faktisch mögliches Moment eigen, sofern der Wille die Identität nicht als übergeordnet anerkennt. Dass der Wille mit aller Kraft versucht, sich zu verselbständigen, kann sich ereignen aufgrund des Sich-hinneigens zu den der Identität entgegenwirkenden Kräften. Hierdurch wird das Energie-Feld der Differenz so weit angereichert, dass sie der Illusion erliegt, *als sei sie autark*. Daran erkennen wir den von einem *Virus* befallenen Eigen-Willen, der seine Integration in den Lebens-Grund verweigert, ja, der gegen sich selbst handelt, ohne dass ihm dies einsichtig werden kann; der Befall erstreckt sich auf die Erkenntnis-Vermögen, die mit den Dispositionen in der Differenz korrespondierenden. Die intendierte Verselbständigung der Differenz, die sich auf die Urteilskraft überträgt, wird deshalb möglich, weil sich der Wille mit den widerstrebenden Kräften verbindet: infolgedessen können sie uns in ihren Dienst nehmen, es sei denn, der Eigenwille lässt sich vom *Leben-Selbst* wenden, so dass er sich für die Identität entscheidet.

Das Sich-verselbständigen entspricht der Differenz und so auch dem Eigenwillen, denn in ihr hat er seine Wurzeln. Durch die in ihr wirkenden Dispositionen tendiert sie zur Desintegration. Soll diese sich aktualisieren, bedingt es einen willentlichen Akt, dessen Resultat auf das Dispositionsgefüge rückwirkt. Aus dem dadurch verstärkten Gefüge bestimmen sich vielfach die weiterhin zu setzenden Akte.

Aufgrund des die Differenz betörenden Giftes – ihres Autarkie-Anspruchs –, welches sich des Erkennens bemächtigt, faktisch es jedoch ursächlich hindert, erschwert uns das Bewusst-werden der Identität. Hier hat das erwachende Begehren, sich für das Unvergängliche das Verfügungsrecht zuzusprechen, seine Ursache: *ein Begehren, das uns überwältigt*. Nur in der Identität liegt die Autarkie, die durch ihr Erfüllt-sein vom *Leben-Selbst* zur Wirklichkeit wird. Ihr Erfüllt-werden bedingt dennoch das *Leer-werden – von allen Kreaturen – der Differenz*, weil nur so diese ihrerseits von der Identität erfüllt werden kann: zeigt sich darin nicht *unser Verwiesen-sein als Geschöpf zum Urheber des Lebens*? Deshalb, je mehr sich die Differenz in ihrem Widersetzen anreichert, desto augenfälliger werden wir zu den lebenden Toten.[160]

Am Eigen-Willen, seiner Neigung zur Integration oder Desintegration in den Lebens-Grund, entscheidet sich, ob die Differenz mit den instrumentellen Vermögen sich der Identität unterordnet, oder ob sie in einen bewussten Gegensatz zu ihr und so zu sich selbst tritt, wodurch sie sich die eigene Nabelschnur abbindet und so vom *Leben-Selbst* trennt.

Anm. k: „Lebendig ist das Wort Gottes, wirkkräftig und schärfer als jedes zweischneidige Schwert, und durchdringend bis zur Trennung von Leben und Geist, von Gelenken und Mark. Und es ist Richter der Gedanken und Gesinnungen des Herzens. Und kein Geschöpf ist unsichtbar vor ihm: Alles ist nackt – und wie mit blossgelegtem Hals – vor den Augen dessen, dem wir Rede stehen müssen."[161] Erwägen wir *das Wort des Lebens, das bis zur Trennung von Leben und Geist durchdringt*, so lässt es die entscheidende Rolle der Kern-$_{F,}$ das Verhältnis der Differenz zur Identität, für unser Dasein in den Blick kommen: unser Leben – sein *Empfangen* und sein *Mit-teilen* – zu verantworten.[162] Es sollte uns klar sein, dass uns die Freiheit des Wählens sowohl für den Weg zur Einung als auch für den zur Scheidung in den Grundvermögen des Erkennens und des Wollens gegeben ist.

Anm. l: Entscheidend ist hier der zu klärende Sachverhalt: korrespondiert das aus der Differenz Frei-gewordene mit der Identität oder nicht. Die Kräfte, die durch Shugyō sich aus Energie-Blockaden lösen, soweit sie nicht in die Identität integriert werden, wirken verstärkend auf die Ich-Anhaftung, wodurch diese Praxis widersinnig wirksam wird.

Anm. m: Ein das Leben besonders beeinträchtigendes Gift ist das Sich-überheben aus Mumyō [無明].[α] Dieses oftmals tief in der Differenz wurzelnde Etwas, zeigt sich im Etwas-sein–, -haben- und -wissen-wollen, um damit den nicht zu stillenden Durst unseres Identitäts-Mangels zu bezwingen. Jedoch, ohne Shugyō – ohne Läuterung – kann das hier dem *Leben-Selbst* widerstrebende Agieren kaum in den Blick kommen und einsichtig werden. Erst aufgrund dieses ernüchternden, uns demütigenden Ringens kann das Gestehen von Schuld und so ihre Vergebung als das erbarmende Handeln des Lebens uns zukommen. Letztlich kann dieses Erfahren uns einen weitenden Horizont öffnen, nämlich zum Urheber allen Lebens und dessen Willen.

α: → Erläuterung 2 Unwissen

Anm. n: „Du siehst, dass die Menschen ins unbesonnene Anhaften fallen. Daraus folgt für sie Qual und sie sind vom Alt-werden heimgesucht. Darum ... bemühe dich ohne Versäumnis und werfe das unbesonnene Anhaften weg, damit du nicht wieder in das irrtümliche Dasein zurückkehrst."[163]

Bodhidharma mit Kreuz
Dein Weg, gehe ihn!

Geh bis zum Äußersten den Schugyō-Weg, was Bodhidharma verkörpert, damit die wahre Bedeutung des Kreuzes hervortreten kann: nur in völliger Ohnmacht – im Leer-werden – leuchtet das alles umfangende Anteil-nehmen des *Leben-Selbst* auf. Ja wisse, im Leer-geworden-sein hat das Sich-begegnen in Wahrheit seinen tragenden Grund; aber auch das In-der-Pflicht-stehen wird erst hierdurch voll bewusst.

Kalligraphie von Hirata Rōshi für Pater Kohler (Rōhatsu-Sesshin 1997)

Das Tor im Wasser

Unser Mensch-werden führt – um dessen Verwirklichung willen – durch *das Tor im Wasser,* welches für uns das diesseitige mit dem jenseitigen Ufer verbinden will. Das *Wegbahnen zum anderen Ufer* lässt die das Leben sowohl verwerfenden als auch die es bejahenden Untiefen erfahren. Indem sie uns bewusst werden, und indem wir nicht ausweichen, sie standhaft auszuloten, erschließt sich das Tor des Lebens. Das Nicht-zu-fassende des Wassers, zwar tragend und doch in seinen abgründigen Tiefen nicht auslotbar, ist das von uns zu Durchquerende. Damit in eins sind die atmosphärischen – nicht kalkulierbaren – Turbulenzen zu sehen.

Die zwei Ufer, das eine und das andere, versinnbildlichen die Kern-$_F$: Differenz und Identität, die fleischgebundenen und die davon freien Seelen-Kräfte. Dem uns Vertraut-Unvertrauten, nämlich, sowohl dem an der Oberfläche uns Sich-zeigenden als auch dem uns Nicht-einsichtigen, zum unser instrumentelles Bewusstsein Übersteigenden ist ein je klar zu unterscheidendes und zugleich doch nicht zu trennendes Moment eigen. Innerhalb des uns gegebenen raum-zeitlich Begrenzten zum Unbegrenzten will sich unser Leben ereignen, dies, entweder im Gefesselt-sein aufgrund unseres Haftens am Wahrgenommenen, oder im Erwachen, wodurch wir uns öffnen hin auf das *Leben-Selbst,* das im real Vorgefundenen – in jeder Begegnung – bereits gegenwärtig ist.

Erst wenn wir uns restlos – mit allem, was wir sind und haben – auf dieses Gegenwärtig-sein einlassen, erkennen wir in ihm uns selbst und auch das uns aufgetragene Gesetz des Lebens: „Diese Gesetzesweisung die ich dir heute anbefehle, geht nicht über deine Kraft und ist nicht fern von dir. … Nein, das Wort ist ganz nah bei dir, es ist in deinem Mund und in deinem Herzen, du kannst es halten.“[164] Die hier begründete

Weisung zeigt die in ins gestiftete Kraft, nämlich die Kraft der Identität, die uns auf den Weg der Abkehr von der kollektiven Macht des Zeitgeistes zurück zum Leben führen will. Wir müssen uns dessen bewusst werden, dass diesem Zuwider, gestimmt aus den niederen Kräften der Differenz, eine entschieden aufrichtige Haltung aus den oberen Kräften der Identität notwendig entgegen zu setzen ist, um zum anderen Ufer zu gelangen, und zwar konfrontiert mit vielfältigen Hindernissen. Diese durchleidend lässt sich der zu bahnende Weg bewältigen, auf dem sich die gesuchte Integration der niederen Seelen-Kräfte in die höheren vollzieht und einlöst.[165]

Die hier skizzierte Versinnbildlichung des Weges zum anderen Ufer will das Zuwider zwischen den oberen und den niederen Seelen-Kräften entwirren und dadurch das Menschsein in seinem Kern erhellen. Zunächst muss uns sowohl ihr Unterschieden-sein als auch ihr Zueinander bewusst werden, so dass sie in Übereinstimmung kommen mit der im Leben gestifteten Ordnung, wie sie in uns grundgelegt sind.

Die Identität, deren Eigenheit ein Abbild des *Leben-Selbst* ist, ist nur auf sie hinweisend auszusagen: jeglichem Etwas, allem Fass- und Vorstellbaren, entzieht sie sich, auch Gemütsbewegungen erreichen ihr Eigen-sein nicht. Jeder Anspruch, sie zu verdinglichen, zu besitzen oder gar als etwas Unverlierbares zu betrachten, muss scheitern, denn all dem ist sie nicht zugehörig. Hier berühren wir den Lebens-Nerv an sich: das *Leben-Selbst* gibt sich uns nur zu erfahren, soweit unsere Intentionalität nicht mehr Objekt-orientiert ist. Mit anderen Worten, indem wir uns in Achtsamkeit dem im Augenblick für uns Anstehenden stellen, kommt den gegen das Leben versteckt wirkenden Motiven ihr Aktions-Feld abhanden. Es ist, wie wenn der König der Lüfte, ein Adler, gesammelt in vollkommener Ruhe über allem schwebt, um dann im Sturzflug kühn in die Tiefe zu schießen, oder, wie wenn eine Nachtigall – in ihrer Erscheinung äußerst unscheinbar – ihren lang anhaltend melodisch klingenden Gesang ohne

Unterbrechung trillert, wodurch sich eben das ihnen je Authentisch-Eigene manifestiert. Ebenso veranschaulicht ein Hai auf Beutejagd durch die Eleganz seines ruhigen, spannkraft-geladenen In-eins mit dem Wasser das ihm signifikant-eigene Merkmal. Die ganze Schöpfung versinnbildlicht – für uns wahrnehmbar – die in ihr je wirkende Lebens-Kraft. Will die in der Bewegung erfahrene Ruhe, die in der jubilierenden Stimme wahrgenommene Reinheit nicht auch uns hinführen zum Authentisch-Eigenen? Diese Sinnbilder aufzufinden, lehren uns, dass es der Atem ist, der im Hier und Jetzt das Leben trägt. Durch und durch gelöst und zugleich gefasst, wie uns dies die Schöpfung versinnbildlicht, stellt sich die authentische Gegenwart ein, in der unsere Akte natürlich, ja unverfälscht in Übereinstimmung mit dem *Leben-Selbst* kommen. Mensch erkenne also, dass du aus dir selbst ein Nichts bist. Findest du aber den in deiner Seele verborgenen Schatz, so bist du nicht mehr ein Entfremdeter, sondern ein Bewohner des ganzen Kosmos und darüber hinaus.

Weshalb ist der Atem für den Menschen unikal? Obschon alles Geschaffene atmet, der ganze Kosmos vermöge seines intern-externen Korrelats eben atmend über sich hinaus weist, ist es doch nur dem Menschen möglich, dass er kraft des Atmens dem ihn Leben-lassenden auf die Spur kommt und sich seines Ursprungs bewusst wird. Unser Atem lässt sich – ohne ihn zu schädigen – nicht manipulieren. Das als bloßes Instrument verdinglichte Atmen zu überwinden ist dennoch unumgänglich. Nur der intentional nicht mehr unterjochte Atem vermag in seine Natürlichkeit – dessen absichtslose Leere – zurückzufinden. Der in seine natürliche Ursprünglichkeit zurückgefundene Atem, der alles in eins verbindende, ist ein Abbild der Akt-Dynamik des *Leben-Selbst*, ja er, als das in ihr Wurzelnde, öffnet uns die Augen für unser Verwiesen-sein.

Wenn wir atmen, aktualisiert sich nicht nur ein *wechselseitig verpflichtendes Moment* über die Schöpfung hinaus, sondern gerade darin ist *sein Korrelat zwischen atmendem Erneuern und*

Erkennen wirksam. Aufgrund dieser Tatsache vermögen wir durch *Shugyō* die erfahrene Begrenztheit im Bewusst-werden unseres In-der-Welt-seins zu weiten. Im atmend sich aktualisierenden Geschehens-Prozess wird die Erkenntnis-Kraft aktiv, analog dem Atem in eins mit der Identität zu kommen. Dank diesem uns natürlich eigenen signifikanten Erkenntnis-Pfad können wir zu unserem mikro-/ makro-kosmischen Verwiesen-sein – unserer Einsicht üblich verstellt – einen Zugang finden und dadurch Einblicke gewinnen, die sich auf unser Mensch-werden vertiefend auswirken; gleichwohl existiert trotz des Innewerdens ein für uns Verbleibendes, das nur vom *Leben-Selbst* zu begleichen ist.

Jedes Festsitzen ist *dem Zum-anderen-Ufer* zuwider. Der erfahrene Mangel, dessen Impuls uns in der Regel uneinsichtig ist, veranlasst jegliches Festhalten, sei es an Vorgestelltem, an So-sein-sollendem oder an Gesichertem, was dem Aufsitzen eines Bootes auf einer Sandbank gleichkommt. Die Ursache von Mangel-Erscheinungen liegt eigentlich darin, dass die Differenz sich selbst nicht einsichtig werden kann, weshalb sie danach strebt, die Identität zu dominieren. Wirksam in der Handlungs-Intention hinterlässt ein derlei triebhaftes Begehren seine Spuren, die nach einem Begleichen des defizitär Erfahrenen als Ergebnis eines demgemäß aktualisierten Wollens verlangen. Es ist für uns grundlegend, im Zerbrechen solcher Schematismen das Zerwürfnis der Differenz mit der Identität zu überwinden, denn allein die aus der Identität gestimmten und veranlassten Akte hinterlassen keine diesbezüglichen Spuren. Unbelastet ist die Intentionalität, wenn sie nicht von Absichten gefärbt ist. Sie stellt sich auf das je Gegebene ein und aktualisiert sich dem entsprechend: durchdrungen vom *Leben-Selbst* stiftet sie Leben.

Je weiter wir auf dem Weg *Shugyō* – Übung und Verzicht – voranschreiten, desto mehr lichtet sich unser Wahrnehmen, das sich in einem diametralen Öffnen des Bewusstseins vollzieht. In dem Maße, wie die Differenz sich reinigt, erwacht das intuitive Erfassen unserer Lebens-Wirklichkeit und zugleich die Einsicht des für uns Nicht-wissen-könnens, welches dem *Leben-Selbst* anheim zu geben ist. Stellt sich sowohl die Kenntnis des erweiterten Wissens als auch die des Nicht-Wissens ein, so liegt darin für uns ein Kriterium, dass der Prozess der Erschließung des Bewusstseins mitsamt begründet ist. Dass uns das zu wissen Mögliche zukommt und desgleichen das uns zu wissen Unmögliche bewusst wird, beides hat ein und dieselbe Wurzel. Es ist das *dem Leben-Selbst* Sich-überlassen, das sich nur in der authentischen Gegenwart ereignet. Solch ein uns demütigendes und dennoch befreiendes Moment in all unserem Tun und Lassen zu erfahren, lädt uns ein, auf dem Wasser zu bleiben, das Jesus mit uns überqueren will; das hier anstehende *Bis-auf-den-Grund-gehen* ist das notwendige Sterben des Haftens an etwas, was es auch sei.

„*Und er sagte zu ihnen an jenem Tag, als es Abend geworden: Fahren wir zur Jenseite! Und sie lassen die Leute stehen und nehmen ihn, wie er gerade war, im Boot mit; auch andere Boote waren mit ihm. Und ein gewaltiger Wirbelwind kommt auf und die Wogen schlugen ins Boot, dass schon das Boot sich füllte. Er aber war im Heck und schlief auf dem Kopfkissen. Und sie wecken ihn und sagen zu ihm: Lehrer, kümmert es dich nicht, dass wir zugrunde gehen? Und auf richtete er sich, herrschte den Wind an und sprach zum See: Schweig, verstumme! Und der Wind erlahmte – und es ward große Stille. Und zu ihnen sprach er: Wie feig ihr seid! Immer noch habt ihr keinen Glauben! Und Furcht überkam sie, große Furcht. Und sie sagten zueinander: Wer ist doch dieser, dass auch der Wind und der See ihm gehorchen*"?[166]

Legen wir für den Beweggrund, um das Tor im Wasser zu durchqueren, den Text von Mk 4,35-41 zugrunde, dann lässt sich das hierfür zu bewältigende Prozess-Feld – intendiert von der *Zen-Jou Community: return to the source of life* – folgendermaßen beschreiben:

a) als es Abend geworden

das Tage-Werk, die Menschen zu lehren und zu heilen, scheint vollbracht, zumindest für die Jünger Jesu dürfte dieser Eindruck bestehen. Zuvor waren es die Anderen, doch jetzt sind sie an der Reihe, denn auch sie sollen belehrt und geheilt werden: die nun hereinbrechende Nacht ist ein Sinnbild für ihre eigene Finsternis, in der sie immer noch verweilen;

→ *Weg-Weisung für die ZJC-rsl*: der Aufbruch zum Umbruch.

b) fahren wir zur Jenseite

das Hinaus in die Nacht soll für die Jünger ein Hinein in die ihnen selbst noch unbekannte eigene Nacht werden. Indem die Taten Jesu allein durch die Nähe zu ihm die Jünger berühren und erfüllen, mögen sie glauben, das sei schon der Weg, den er mit ihnen gehen will. Die der Fehleinschätzung verfallenen Jünger will nun Jesus einem Erwachen aussetzen;

→ *Weg-Weisung für die ZJC-rsl*: im Verweilen ist der zu gehende Weg nicht einzuholen.

c) sie lassen die Leute stehen

die Gefahr lauert, *wir sind – bei allem, was durch Ihn geschieht – mit dabei*: das sich selbst überschätzende Moment, aus dem sich für sie ein anhaftendes Verhalten gebiert, soll aufgedeckt und umgangen werden. Hierbei geht es um ein dreifaches Anhaften seiner Jünger, das für sie in den Blick kommen soll. Weil Jesus sie erwählt, und weil sie als seine Vertrauten mit Ihm auftreten, ist ihre unbewusste Identitäts-Schwäche scheinbar ausgeglichen; davon nicht zu trennen ist auch das Sich-identifizieren mit Seinem Wirken. Dadurch, dass er die Menschen-Menge immer wieder stehen lässt, schneidet er nicht nur ihre Abhängigkeit von ihm, sondern auch die seiner Jünger von ihnen ab. Auch ist es das Haften an Ihm, das sie ebenfalls – letztlich auf seinem Leidens-Weg – überwinden müssen;

→ *Weg-Weisung für die ZJC-rsl*: das zu Beugende ist von dem, was das Leben trägt, zu unterscheiden.

d) nehmen ihn, wie er gerade war, im Boot mit

das *Wie* ist hier wohl die entscheidende Frage. Wie war es, nach so einem Tag des Redens, des Heilens und – wir dürfen annehmen – auch des Austreibens böser Geister, mit Ihm? Sein Blick, der das Ganze unseres Daseins umfasst, bejaht, das Leben neu zu beginnen. Er dagegen war gewiss seiner Kräfte beraubt. Mit seinen die Menschen in ihrer Not berührenden Kräften, die er ihnen zukommen lässt, gibt er sich – seinen Tod am Kreuz vorwegnehmend – ihnen hin: *sein Leiden ist ein langer, langer Weg;*

→ *Weg-Weisung für die ZJC-rsl*: das Leben, Ihn in uns zu nehmen, will gewonnen werden.

e) andere Boote waren mit ihnen

alles, was wir sind, ist immer auch darüber hinaus verwoben. Im Verhältnis dazu, wie uns *unser Geworden-sein* bewusst wird, kann die Dimension des über das eigene Dasein hinaus zu verantwortenden Lebens erwachen. Unser Menschwerden ist unabdingbar darauf verwiesen, dass eine diesbezügliche Horizont-Erweiterung – ein Befreien aus dem ichzentriert dualistischen Wahrnehmen – in uns geschieht; das Miteinander soll uns hier in den Blick kommen, nicht das uns Trennende.

→ *Weg-Weisung für die ZJC-rsl*: das uns mit allem Verbindende ist das Leben an sich, dagegen ist das uns Trennende der Selbstsucht eigen.

f) ein gewaltiger Wirbelwind

Wind und Wasser – elementare Kräfte der Natur – werden unerwartet zu einem aggressiven Element, das ihr Leben tödlich bedrängt. Die bedrohenden Wogen füllen das Boot. Dessen bevorstehender Untergang trifft die Jünger unausweichlich existenziell. Ihre aus dem Umgang mit dem See gewonnene Geschicklichkeit nützt ihnen nichts, denn die über sie herfallenden Gewalten – ohne vorhergehende Anzeichen – übersteigen das ihnen zuvor bekannte Maß. In dieser Grenz-Erfahrung lässt sich ihre innere Verfasstheit nicht mehr verbergen.

→ *Weg-Weisung für die ZJC-rsl*: die sedimentierten Schein-Sicherheiten brechen unerwartet zusammen, das tägliche Leben ist davon nicht mehr getragen.

g) er war im Heck und schlief

Jesus ist da, aber für den Augenblick überlässt er sie sich selbst: sie, den drohenden Natur-Gewalten ausgeliert, sollen erkennen, dass er – ganz besonders in einem Widerfahrnis – mit ihnen ist. Will er durch sein Schlafen den Jüngern nicht doch einschärfen, dass es darum geht, trotz dieser äußersten Bedrängnis sich unversehrt auf ihn zu verlassen! Hier soll wohl ihr Vertrauen geprüft werden. Denn sein Sich-einsetzen für das Leben, seine Gegenwart, muss durch sie weiter getragen werden. Eben dafür will er ihnen die entsprechende Bereitung zukommen lassen;

→ *Weg-Weisung für die ZJC-rsl*: die Vertrauens-Anfechtung, der wir alle auf diesem Weg ausgesetzt sind, gilt es zu bestehen.

h) Lehrer, kümmert es dich nicht

ihr Notschrei vermischt sich – sicher ihnen selbst verborgen – mit dem Vorwurf an Jesus und zugleich auch mit der Angst vor dem Tod. Absurd, obwohl das Licht mit ihnen im Boot ist, herrscht für sie Nacht. Die innere Nacht, ihre Anhaftung an das Leben, verstellt das Licht für sie. Jesus führt jedoch die Jünger durch *das Tor im Wasser* – wie durch ein Nadelöhr –, um sie auf der Überfahrt über den See bei Nacht für die noch einzuholende Weg-Strecke mit ihm zu bereiten. „Denn: Wer sein Leben retten will, der wird es zugrunde richten. Wer aber sein Leben zugrunde richtet – um meinet- und der Heilsbotschaft willen – der wird es retten“;[167]

→ *Weg-Weisung für die ZJC-rsl*: in Drangsal und Not will sich die wahre Geburt unseres Lebens ereignen.

i) auf richtete er sich: Schweig, verstumme

Jesu Da-sein kommuniziert immer und überall mit dem Leben. Wäre es nicht so, wie könnte er sonst mit allem, was aus dem Leben kommt, eins sein! *Seine All-Autorität,* die er erneut die Jünger erfahren lässt, will für eine weitere Dimension ihnen die Augen öffnen: gegenwärtig-wirksam, sogar die kosmischen Kräfte können sich seinem Wort nicht entziehen. Das Erfahren, dass *dem ihm eigenen Gegenwärtig-sein* hier nicht mehr auszuweichen ist, trifft die Jünger ins Herz. Sie sollen lernen, Leben und Tod sind in seiner Hand;

→ *Weg-Weisung für die ZJC-rsl*: es gilt, das uns Beängstigende *im Hier und Jetzt* zu überwinden.

j) es ward große Stille

die Elemente, zuvor aggressiv, schweigen plötzlich, so wie er es ihnen gebot. Was aber ist der Jünger Befund? Wie könnten sie der eingetretenen Stille auch teilhaftig werden! In Aufruhr, nahezu zum Angreifen herausgefordert, erfahren sie sich selbst ausgeliefert. Nicht den Widrigkeiten der Elemente gilt ihr innerer Aufruhr, sondern mehr der Frage: *Weshalb sind wir in diese äußerst kritische Notlage überhaupt gekommen.*

Halten sie aufgrund ihrer erfahrenen Ohnmacht im Hintergrund nicht versteckt sogar nach einer Schuldzuweisung Ausschau? Die Ursache für ihr Reagieren in dieser Situation bleibt ihnen wohl im Augenblick noch verborgen;

→ *Weg-Weisung für die ZJC-rsl*: die in uns verborgene wahre Stille wird offenbar, indem es gelingt, alle Zerwürfnisse in ihr zu versenken.

k) wie feig ihr seid! Immer noch habt ihr keinen Glauben!

was beabsichtigt Jesus, bei Nacht mit den Jüngern an das andere Ufer zu fahren? Das mit ihm bisher Erfahrene fasste in ihnen nicht tief genug Wurzel, denn ihr Empfinden bleibt in Raum und Zeit gebunden. Wird *Feig-zu-sein* nur mit der nächtlichen Krise auf dem See verknüpft, trifft es noch nicht das von Ihm zu Vermittelnde. Die Einsicht der für sie weiterhin anstehenden Wegstrecke, um in Wahrheit seine Jünger sein zu können, steht noch aus: die Selbsttäuschung, bereits mehr oder weniger am anderen Ufer angekommen zu sein, muss ihnen genommen werden;

→ *Weg-Weisung für die ZJC-rsl*: jede Fehl-Einschätzung verschließt das Leben.

l) Furcht überkam sie, große Furcht

dreifache Furcht ist es, der sie ausgesetzt sind. Zunächst sind die Jünger ganz auf sich selbst, auf die in ihnen zu lichtenden Dunkelheiten, geworfen. Ihr Zwielicht, das sich erhellen muss, erfordert einen Hinabstieg in die bisher nicht wahrgenommene Wirrnis. Eben das in Angriff zu nehmen, aber auch sich den Kräften der Natur vollkommen ausgeliefert zu erfahren, löst Furcht aus, denn Unbekanntes kommt ins Blickfeld. Letztlich ist es eine Furcht vor dem sie Überragenden: dessen Wahrnehmen, das für sie nicht einzuordnen ist, überschattet sie, weil sie befürchten, ob sie Ihn in seinem So-sein jemals zu fassen vermögen. Der zu gehende Weg – restlos auf Ihn verwiesen – ist nicht mehr davon zu trennen;

→ *Weg-Weisung für die ZJC-rsl*: die erfahrene Furcht in uns verhindert, dem Leben wahrhaft zu begegnen.

m) wer ist doch dieser…?

Das, Ihn zu erfahren, dass selbst Wind und Wasser ihm gehorchen, rückt nun in eine Distanz zu dem für sie nicht mehr Vertrauten. Die durch die Turbulenzen aufgewühlten Wasser, die ihr Fassungs-Vermögen übersteigen, versinnbildlichen genau ihre derzeitige Gemütslage: fassungslos stehen sie *dem Sich-Aufrichtenden* gegenüber, denn erschüttert ist ihre zuvor geordnete Weltsicht. *Sein Gegenüber*, wie nie zuvor erfahren, ist auf der Überfahrt zum anderen Ufer gleichsam *das Tor im Wasser*: das – durch Ihn – zu durchschreitende Ankommen;

→ *Weg-Weisung für die ZJC-rsl*: das Ankommen hat seine Beweggrund im Weg selbst, der je von uns entsprechend einzuholen ist.

Der Bericht von der nächtlichen Überfahrt zum anderen Ufer stilisiert sich in unserer Auslegung zum Gleichnis: das Tor im Wasser. Ist das zu verlassende Ufer hier nicht doch Jesus selbst? Was ist für die Jünger eigentlich das zu Verlassende? Ihr Sich-identifizieren mit seinem Auftreten! Auf dem Weg durch das Tor im Wasser wird Jesus den Jüngern genommen und dadurch sie sich selbst. Dass jedoch hiermit das Tor im Wasser noch nicht durchschritten ist, kann ihnen erst nach seiner Auferstehung zukommen. Die Dimension des Glaubens, die im Durchgang durch das Tor im Wasser vorbereitet und grundgelegt wird, muss im nachösterlichen Erfahren vertieft werden. Dies ist nichts anderes als der authentische Weg für Shugyō: dafür hat Jesus die Spur gelegt.

Drei Wirklichkeiten als Seins-Dimensionen, die Jesus mit seinen Jüngern durchschreitet, müssen sie auf ihrem Weg bestehen. Ihr Shugyō – Übung und Verzicht – ist zu vergleichen mit einem Schiff, das Stürmen ausgesetzt ist und deshalb seine Lasten in den See werfen muss. So ist es auch mit ihnen. Sie sind gefordert, ihren Ballast abzuwerfen, damit sie ihre künftige Bevollmächtigung, die er ihnen aufzutragen beabsichtigt, empfangen können:

Jesus – wahrer Mensch

Sein – ihn von uns allen unterscheidendes – Mensch-sein wird zwar von seinen Jüngern wahrgenommen, aber es mangelt ihnen an Vermögen, die Dimension dessen, was über das natürliche Wahrnehmen hinaus wirkt, zu erfassen. Ihr Blick kann noch nicht bis zum *Kern Seines In-der-Welt-seins* durchdringen. Die Aussage *wahrer Mensch* zielt für uns daraufhin: das Wirken, in welcher Situation wir uns auch immer befinden mögen, unterliegt nicht dem Vergehen am Leben. Eben dies will der Weg, den Jesus mit uns geht, offen legen;

Jesus – seine mikro-/makrokosmische Dimension

Die Dimension, dass Jesus aber auch den Mikro-/ Makrokosmos – das Bindeglied zwischen *wahrer Mensch* und *wahrer Gott* – verkörpert, ist den Jüngern noch verschlossen.[168] Um zu dem bisher mit ihm Erfahrenen einen tieferen Zugang zu finden, öffnet er ihnen mit der Schlüssel-Erfahrung auf dem See die Augen; allerdings, das andere Ufer ist damit noch nicht einholbar, es ist nur eine Etappe auf dem Weg. Je tiefer wir in uns selbst – die mikrokosmische Welt – eindringen, desto mehr nehmen wir auch die deutenden Zeichen wahr, die uns auf das Makrokosmische, auf die das Universum umfassende Dimension, hinweisen.[169] Auch umgekehrt: das Darüber-hinaus ist immer ein Hinabstieg, der von uns demütigend und zugleich im Hier-sein – mit allem, was uns erhält – befreiend erfahren wird. In dem Maße, wie uns das gegenseitige Verwiesen-sein von Mikro- und Makrokosmos zugänglich wird und dessen Folgen unverkennbar gewahr werden, wird das sich konstituierende Kräfte-Feld aus jenem oben genannten Bindeglied so wirksam, dass wir uns selbst untrennbar darin finden;

Jesus – wahrer Gott

Wie ist das nachösterliche Erfahren der Jünger mit Jesus – dem Auferstandenen – zu deuten? *Sein all-gegenwärtiges Ich-Bin,* das konkret nicht mehr zu fassend ist, soll sie nun in all ihrem Tun für das von ihm ihnen aufgetragene Werk öffnen.[170] Ist das nicht doch der Weg, den er versucht, auch mit uns zu gehen? Mit anderen Worten: ist es auch nicht unser Schugyō-Weg, das von den Jüngern Erfahrene – das Unfassbare und die authentische Gegenwart – gemäß unserer Situation auszudeuten und zu vollziehen? Vom ihm eingeladen folgen wir dieser Weg-Spur, um das innerweltliche Verstehen zu überscheiten. Unfassbar ist er. Er, der alles umfasst! gehören nicht auch wir dazu? Und: all-gegenwärtig ist er, denn alles Atmende atmet durch ihn. Er, selbst der Atem, kann in Wahrheit uns mit seinem Geist durchdringen und Leben schenken.[171] Als solcher vermag Jesus das je zu Wirkende im Praxis-werden seiner Botschaft eben durch uns geschehen zu lassen.[a]

Das Durchschreiten der genannten Seins-Wirklichkeiten konfrontiert die Jünger mit einer dreidimensionalen Furcht. Genau diese Furcht, die sich letztlich bei jedem Menschen in Ehrfurcht beugen muss, gilt es, sie ins Blickfeld zu rücken:

Furcht vor dem in ihnen zu Lichtenden

Die Furcht vor dem in ihnen zu Lichtenden, welche sie selbst betrifft, ist ausgelöst aus Feigheit. Dies ist nichts anderes als die Furcht vor dem Weg der Reinigung: die Ahnung, allem Ich-zentrierten zu widersagen. Jedoch, ohne dieses Sich-sterben kann niemand den oberen Teil der Seele, die Identität, wirklich vernehmen. Uns dem Licht auszusetzen, scheuen wir deshalb, weil alles, womit wir uns bisher identifizierten, zusammenbrechen wird. Erst das erfahrene und zu durchschreitende *Niemands-Land* lässt die Ehrfurcht vor dem Leben in uns keimen;

Furcht vor den kosmischen Kräften

Die Furcht vor den Natur-Gewalten hat ihr Wurzel-Beet in der dualistischen Ich-Du-Trennung, insbesondere in ihren zum Objekt degradierten Kräften. Jesus ist von diesen Kräften nicht geschieden, sondern *in-eins* mit allem Geschaffenen. Seine alles einende Kraft soll sich eben durch die Erfahrung der nächtlichen Überfahrt auch auf die Jünger übertragen. Erst aus diesem *In-eins-sein* kann die Ehrfurcht mündig werden, ja letztlich ist es aus Achtsamkeit und Dankbarkeit ein *In-eins-werden* mit Ihm;

Furcht bezogen auf Jesus

In dem Maße, wie die Jünger von Jesus, der Ursache unseres Seins, noch getrennt sind, müssen sie ihr defizitäres Erfahren – *das Ohne-Ihn* – selbst bewältigen. Im *Ohne-Ihn* kann eben das Trennende die Furcht vor ihm nisten. Das Leben aus dem hier verborgen Eingestifteten, aus Misstrauen, zu bestehen, erzeugt Furcht: „Furcht gibt es in der Liebe nicht. Nein, die vollkommene Liebe treibt die Furcht aus – denn die Furcht hat ja mit Strafe zu tun. Wer sich aber fürchtet, ist in der Liebe nicht vollkommen.“[172] Finden sie zu sich selbst und so auch zu Ihm, dann weicht im Vertrauen die Furcht der Ehrfurcht. Jesus will auf dieser Überfahrt sie dafür öffnen, sich auf *das Mit-Ihm* ganz einzulassen.

Versuchen wir, diese dreifach uns lähmende Widerfahrnis im Bild der Schlange, die sich ihrer alten Haut entledigt, zu verdeutlichen. Ihr Enthäuten, nämlich wie sie sich durch eine Enge zwängt und das alte Kleid abstreift, lässt sich auf das Wie der in uns zu bewältigenden Furcht übertragen. So wie die Schlange sich durch die Enge scharfkantiger Steine zwängt, sollen wir durch das enge Tor im Wasser vom alten Menschen Abschied nehmen. Ist es nicht unser bewusst wahrgenommenes Ringen, dass wir täglich im Kampf zwischen Licht und Finsternis stehen! Wie unter der alten Haut die neue wächst, so muss das Vertrauen – tiefer als die Furcht – in uns keimen. Die uns lähmende Kraft aus der Furcht zu lösen, bedingt eine Initiation, die wirksam wird. Hier kann das Problem auftreten: die Initiation durchdringt die alte Haut nicht, weil der Widerstand gegen das Neue so groß ist, dass die initiierende Kraft abprallt. Die Verweigerung ist dann möglich, wenn das Sich-identifizieren mit der Furcht zu einem Habitus wird, an dem man haftet. Außerdem sollten wir klar sehen, Furcht ist nicht etwas Partikulares, sondern ein in uns nistendes Hindernis – die Behausung dunkler Kräfte –, die beanspruchen, *dauerhaft* in uns aktiv zu sein. Wie die Schlange *jedes Jahr* neu die alte Haut abstreifen muss, so müssen auch wir mit der uns lähmenden Kraft *ringen in der Zeit*.

Das initiierende Wort kann kommunikativ nur im ihm entsprechenden Teil der Kern-$_F$ – der Identität oder der Differenz – erfasst werden. Das damit Intendierte muss – sind wir dafür disponiert – eindringen und uns durchwirken, um in uns die Sensibilität dafür reifen zu lassen. Der Reifungs-Prozess, bis ein initiiertes Wort in uns Wurzel fasst, ist ein langwierig-mühsamer, demütigender Weg, aber zugleich eine von Gewissheit getragene, erhellende Erfahrung. Versucht jedoch das instrumentelle Bewusstsein die auf die Identität gerichteten, auf sie bezogenen Worte mittels der Differenz zu erfassen, dann wird solch ein Ansinnen selbst zur Blockade, so dass gerade dadurch seine Bedeutung nicht nur dunkel bleibt, sondern verfälscht wird.

Alle Überfahrten zum anderen Ufer auf dem See Genezareth, die Jesus veranlasst, sind für die Jünger ihr Schugyō-Weg:

- Von ihrem Anhaften Abschied zu nehmen,
- die eigene Finsternis im Erfahren der Dunkelheit der Nacht zu erkennen,
- ihr illusionäres Selbst aufzudecken,
- ihre falschen Weltsichten zusammenbrechen zu lassen
- Jesus, dessen Seins-Wirklichkeiten, in Demut zu erkennen;

Das Wort des Lebens, soll es in uns eindringen, bedarf eines dafür bereiteten Erdereichs. Unser natürliches Vermögen, empfangen zu können, ist *das Erdreich der Differenz*. Alles, was von uns aufgenommen werden soll, muss diesen Empfang ausnahmslos passieren. Um jedoch das mit dem Wort intendierte Ziel zu erreichen, bedarf das elementare Empfangen der Durchlässigkeit. Die Redlichkeit in der Differenz ist dafür unerlässlich; töricht ist, zu glauben, das Empfangen allein sei der gewonnene Kampf.[173]

Alles, was sich in der Differenz gegen das Wort des Lebens auflehnt, hat keine Beständigkeit und bricht demzufolge früher oder später um. Unser Leben auf die Unbeständigkeit zu bauen, kommt uns an und für sich vernünftig vor. Die mit Nichtigem verschmutzte Differenz – weil gebunden in Stolz – ist vom Kollektiv, das unser instrumentelles Bewusstsein steuert, manipulierbar. Ist es nicht seltsam, dass wir – hier und dort gerade im Nichtigen – immer noch etwas Sichereres suchen? Unwissend entfernen wir uns dadurch von der in uns gestifteten Lebens–Quelle der Identität. Stammt nicht doch allein aus ihrem Licht die innere Gewissheit, deren Kraft beständig die Erkenntnis-Vermögen inbegriffen durchwirkt, also nicht mittels der Vermögen des Diskursiven, Imaginativen oder des Emotionalen verursacht Ist? Um zu dieser Verfasstheit zu gelangen, *müssen wir unser So-geworden-sein durchleiden*: dies, indem alles dem Leben Abträgliche zusammenbricht, im reinigenden Feuer verbrennt und zur Asche wird, die dann zum Dünger auf dem zu bereitenden Feld für die Saat des Wortes wird, damit es in uns eindringe und Wurzel fasse.

Die Asche der verbrannten Dispositionen hält uns wach, um nicht rückfällig zu werden. Das wirklich Verbrannte ist das Vergehen am Leben, welches stets in uns gegenwärtig bleibt, nicht als Vorwurf oder als eine Last, sondern als ein Verlangen, das uns zur Übereinstimmung mit der Identität drängt. Nichts anderes als das Verlangen nach völliger Armut, nichtig zu sein, wird in uns wach; erst dadurch reinigen sich unsere Vermögen, um das *Leben-Selbst* überhaupt aufzunehmen, ja, davon durchdrungen zu werden.

Der Weg der Jünger mit Jesus, versuchen wir ihn von Ihm her offenzulegen, zeigt uns die Tragweite seines absoluten Anspruchs, welchem letztlich nicht auszuweichen ist. In seiner menschlichen Wirklichkeit redet er wie einer, der Macht hat, der weiß, wovon er spricht, und der alles durchschaut; in seiner kosmischen Wirklichkeit offenbart er in den Zeichen, die er wirkt, seine allumfassende Dimension; in seiner göttlichen Wirklichkeit bewältigt er, der Auferstandene, den wir nur im Glauben vermögen anzunehmen, das Urproblem unseres Mensch-seins, den Tod. Dies ist der Weg, der ins Leben führt, denn: „Selig, die nicht gesehen und doch geglaubt haben."[174] Jesus geht es darum, uns mit seiner dreifachen Seins-Wirklichkeit zu durchdringen: „Das Allsamt ist durch ihn und auf ihn hin erschaffen. Und er ist vor allen und das Allsamt ist in ihm zusammengehalten."[175]

Wenn der Glaube unser ganzes Mensch-sein trägt, dann hat er sein Ereignis-Feld in der Identität der Kern-$_F$; dessen initiatorisches Moment kann das dreidimensionale Bewusstsein überschreiten. Ist es nicht der Fall, so bleibt der Glaube nicht nur in den instrumentellen Vermögen hängen, sondern ist weitgehend illusionär, weshalb er im Ernstfall sich als nicht tragfähig erweist. *Die Identität ist das vom Leben-Selbst beglaubigte Etwas in uns*. Durch ihr affines Moment kann sie das Wort des Lebens empfangen und in natürlicher Weise mit Ihm kommunizieren. Weil jedoch diese ihre Fähigkeit, nichts auszuschließen, dem Eigen-Willen, sich durchzusetzen, ein großes Hindernis ist, verdrängt oder negiert er ihren Lebens-Impuls, ja, sogar kann dieser durch ihn verschüttet werden. Setzt sich der Eigen-Wille durch, dann schwindet damit das Wahrnehmen von Schuld. Außerdem wird das Gewissen, das in uns wegweisende Instrument, seiner Bestimmung beraubt. Unversöhntheit mit uns selbst und so mit unserem Lebens-Feld sind die Folgen. Ist es nicht so, dass es der Identität eigen ist – sie deshalb danach verlangt –, mit dem Überzeitlichen sich verbunden zu wissen, dies, um das je Erfahrene im zu bewältigenden Leben einordnen zu können? Das Erahnen solch einer ordnenden Gegenwart lässt uns in gültigerer Weise atmen mit dem ganzen Kosmos und so letztlich auch mit ihrem Schöpfer. Ein stetes daraufhin Sich-ausrichten ermöglicht, uns vom ausschließlich phänomenalen Vorstellen, Erwägen und Intendieren zu verabschieden. Ist nicht jegliches Verdinglichen im Glauben bereits eine Diskriminierung dessen, was sich eigentlich mit ihm und durch ihn ereignen will und kann? Davon frei zu sein, steht nur der Identität – *einem Humus-Beet höherer Ordnung* – zu.

Wie schwer der Glaube ohne Verdinglichung in uns Wurzel schlägt, zeigt die Emmaus-Erfahrung der Jünger.[176] Schlicht auf jene höhere Ordnung zu vertrauen und von ihr sich leiten zu lassen, ist das Werk aus dem Licht des Lebens. Aber auch unsere Obliegenheit, die vielen dem Glauben im Wege stehenden Hindernisse zu überwinden, ist ohne Hilfe des Lichtes nicht möglich. Mit seinen Zeichen will Jesus die Augen der Jünger öffnen für seine kosmisch-göttliche Dimension. Exemplarisch hierfür sind: die wunderbare Speisung der Volksmenge am See von Tiberias,[177] der Gang Jesu auf dem Wasser.[178] In allen derartigen Geschehnissen geht es ihm darum, das Herz der Jünger zu weiten.[179] Einem Menschen jedoch, dessen Lebens-Impuls verschüttet ist, kann Jesus in der Tat nicht begegnen. Denn nicht zu trennen sind das Verwiesen-sein der Identität auf das *Leben-Selbst* und der Glaube, dessen Bekenntnis einer Initiation bedarf: der Glaube hat in der Identität seine Wurzel.

Der initiatorische Weg Jesu fordert von seinen Jüngern *Übung und Verzicht*, um die Zuordnung der *Differenz zur Identität* zu klären. Ein Ziel der Überfahrt zum anderen Ufer ist das Bewusst-werden dessen, die in allem ich-bezogene Sicht, deren Ursache im gestörten Verhältnis der Differenz zur Identität zu finden ist, zu überwinden. Auf diesem Weg stoßen die Jünger auf ihr eigenes Gefesselt-sein, dem sie ausgeliefert sind. Die eigentlich zu nehmende Hürde sind hier die eingeschlichenen und uns manipulierenden Gewissheiten, die nicht infrage gestellt werden wollen. Die dagegen wirkende Kraft, um uns weiterhin im illusionären Dämmerzustand zu halten, übersieht keine Gelegenheit, zwischen die Differenz und die Identität zu treten und uns zu verwirren. Dieser Kraft ist deshalb daran gelegen, das intendierte Entstören zunichte zu machen; wird der in der Differenz versteckt trügerische Anspruch bloßgelegt, so mindert sich für jene ihre bisherige Einflussnahme. Jede Art der Entstörung kann dadurch geschehen, dass sich die entsprechenden Dispositionen auflösen: erst dann lässt sich das Gespalten-sein – unser gestörtes Bild zu sich selbst, zum anderen und zur Lebens-Welt insgesamt – überwinden.

Der beschriebene *Schugyō-Weg* verlangt große Achtsamkeit, denn ohne sie können wir stets der Gefahr, rückfällig zu werden, nicht entkommen. Die Falle, die sich hier auftut, ist das Sich-identifizieren mit dem sich aus Unachtsamkeit verstärkten Ich-Bewusstsein. Anstatt dass wir vom Ich-haften befreit werden, kann ein unmerklicher Tausch mit der Ich-Stärkung sich einstellen; in allen spirituellen Wegen ist das zu beobachten und dennoch nicht gut genug gefasst. Die Tore, durch die die Kräfte, welche den Menschen untrüglich zu Fall bringen wollen, einfallen, sind alle verursacht aus Selbst-Überhebung: *der wahre Akteur*, der sich hinter dem zweifellos sicher scheinenden Sebst-Gefühl verbirgt, *ist Stolz*. Diesem, dessen Raffinesse äußerst schwer zu durchschauen ist, gilt die genannte Achtsamkeit. Um ihm nicht zu erliegen, müssen wir auf dem *Schugyō-Weg* unablässig dagegen kämpfen. Wo Stolz haust, dort wird rückhaltlose Anerkennung nur dem Ich gezollt: jede Art des Ausschließens – sei es den Menschen oder der Schöpfung gegenüber – kommt von dort. *Letztlich schließt ein stolzes Herz das Leben-Selbst und so sich selbst aus.* Entscheiden wir uns, die anstehende Kehre in Angriff zu nehmen, dann müssen die sich zuvor verbergenden Mächte und Kräfte – zum Widerstand entschieden – offenbar werden. Um in den hier auszutragenden Kampf einzutreten, ist unser ganzes Mensch-sein einzubringen.

Von sich selbst frei zu werden ist das Voraus, um an das andere Ufer zu gelangen. Aus dieser gewonnenen Einsicht deuten wir *Arm-zu-sein*, welches allein der solide Grund für unser Verbunden-sein mit der Identität und so mit dem *Leben-Selbst* sein kann. Auf dem *Schugyō-Weg* ist es deshalb unabdingbar, dass wir unseren Identitäts-Mangel erkennen. Der Mangel, indem er die intentionalen Akte bestimmt, *stärkt das Ichhafte*, das die unentbehrlichen Ausgleichs-Objekte – um seiner Pseudo-Identität willen – schafft. Das ist die Ursache des Konflikt-stiftenden in allem. Das durchaus nicht wahrgenommene Problem ist hier, dass die betreffende Person selbst diese Tatsache nicht erkennt, sie weiter vermeintlich Identisches sucht, wodurch sich die Kluft der Differenz zur Identität vertieft: der eigentliche Grund, rückfällig zu werden. Soll die eigene Finsternis uns in den Blick kommen, benötigen wir die lichtende Kraft des Geistes, denn sie allein kann die Lebens-Lüge in uns aufdecken. Unverkennbar ist und bleibt alles trügerisch Gezeugte, denn es hat keinen realen Grund im *Leben-Selbst*. Indem wir uns fraglos damit identifizieren, zeigt dies, wie tief die Kluft in uns ist, die uns von uns selbst trennt. Ist es nicht so, dass wir die uns trennenden Akte selbst verursacht haben, deren Konsequenz wir nicht wahrhaben wollen?

Der Weg der Jünger mit Jesus führt unweigerlich durch das zu passierende Tor im Wasser. Das ist ein Sinnbild für *unseren Shugyō-Weg,* auf dem sich das unser Leben Umfassende, das wir von uns aus anschaulich nicht zu fassen vermögen, verdeutlicht. *Das Nicht-zu-fassende,* das sich uns ohne Seine lichtende Kraft nicht öffnet, will auf *das Tragende unserer Zuversicht* verweisen: dieses – entbürdet durch die Initiation des Glaubens – geleitet uns. Sind wir von einem solchen Initiiertsein – ohne auszuweichen – wirklich getroffen, vertieft sich das aus dem erweckten Vertrauen immerzu neu werdende Leben.[b] Das ist das Überschreiten des Vergänglichen hin zum anderen Ufer, nämlich zum Unvergänglichen.

Anmerkungen

Anm. a: Auf dem Weg des Shugyō sind prinzipiell drei Stufen zu unterscheiden:

1) die *Botschaft des Lebens* wird von uns in aller Regel mit dem instrumentellen Bewusstsein aufgenommen, und zwar undifferenziert, als wäre das diskursive, das imaginative oder das emotionale Vermögen dafür unstreitig kompetent. Das diesbezügliche Sich-bestätigen geschieht aus den im alltäglichen Lebens-Vollzug eingeübten Erkenntnis-Stufen. Hier berühren wir den aberwitzigen Anspruch der Differenz, für alles, auch für das unser Leben letztlich Umfassende zuständig zu sein; eine Kompetenz, die sie sich selbst zuspricht, obwohl die mehr oder weniger unbewusst wahrgenommenen Unzulänglichkeiten mittels der gegebenen Inhalte der Botschaft *sich füttern*. Darüber hinaus ist es eine Aberkennung von Joh 15,5: „Ich bin der Weinstock, ihr seid die Reben. Wer in Eins mit mir bleibt, wie ich in Eins mit ihm: Der trägt viel Frucht. *Denn ohne mich vermögt ihr nichts zu tun.*"

2) das *in Eins* und das *ohne mich* verweist uns eindeutig auf die Zuständigkeit der Identität. Nur sie ist das mit dem Darüber-hinaus authentisch kommunizierende Etwas. Sie kann die Botschaft des Lebens empfangen und davon durchdrungen werden unter der Bedingung, dass die Differenz durch Shugyō von den Dispositionen gereinigt wird, dadurch von ihrem Widerstreben gegen die Identität ablässt und bereit ist, sich ihr unterzuordnen. Beiden Seelen-Kräften ist zwar ein sie klar zu unterscheidendes Spezifikum eigen, indessen nur in Übereinstimmung vermögen sie vollgültig wirksam zu sein.

3) in solch einem Übereinstimmen ist dann nicht mehr die Differenz oder die Identität das betrachtete Subjekt, sondern etwas Neues ist damit gegeben: alles ist inbegriffen, dies eben so weit, als unser In-der-Welt-sein dafür ausgerüstet ist. Im All-inbegriffen-sein ist die uns auferlegte und von uns einzulösende Pflicht gegeben, damit das uns ursächlich Zugesprochene zur Wirklichkeit werde: Shugyō ist dafür unumgänglich.

Die hier vorgenommene Drei-Gliederung korrespondiert mit:

- *Jesus, wahrer Mensch:* die in sich selbst verblendete Differenz erkennt ihren verhängnisvollen Zustand;
- *Jesus, seine kosmische Dimension:* erst der erwachten Identität öffnet sich hierzu das Tor;
- *Jesus, seine Auferstehung:* der hier geforderte Glaube ist die alles umfassende Dimension;

Zu 1): der zunächst intuitive Impuls, Jesus als *wahrer Mensch* doch zu erfassen, ist gespeist aus der von der Differenz unterdrückten Identität, weshalb sich im Wahrnehmen hier Blindheit und Einsicht vermischen. Aufgrund des Vermischt-seins von zwei sich unterscheidenden Kräfte-Feldern pendelt das instrumentelle Bewusstsein zuwischen der materie-bezogenen und der materie-freien Dimension. Der Versuch, – über die gestörte Beziehung der Differenz zur Identität – der Wahrheit sukzessiv auf die Spur zu kommen, bleibt letztlich erfolglos. Ist der Anlass für das Moment, welches das instrumentelle Bewusstsein bewegt, nicht frei von Störungen, kann das Bestreben, der Wahrheit auf dem eingeschlagenen Weg näher zu kommen, sehr fraglich sein. Diese Tatsache darf nicht übersehen werden.

Zu 2): für die Erschließung der kosmischen Dimension Jesu ist die erwachte Identität vorausgesetzt. Weil sich ihr Impuls in seinem Wirken nicht mit der Differenz vermischt, kann die Identität sich spontan und unerwartet in diese Dimension fügen: ihr fehlerloses Erkennen, ihr Vorstellen ohne sich zu täuschen, ihre Gefühle ohne daran zu haften. Die damit einhergehende tief im Innern aufleuchtende Freude ist ein klares Zeichen, dass wir in diesem Wahrnehmen dem Identischen in uns begegnen, ohne dass jedoch dessen Verwiesensein sich uns schon vollgültig offen legen würde, nämlich, dass die Identität nur aus und im *Leben-Selbst* in Wahrheit existent ist. Allerdings, das hierbei Erfahrene ist nicht gebunden in Stetigkeit, so als würde es uns im täglich zu Bewältigenden nicht mehr verlassen, dessen ungeachtet teilt sie sich uns eben dadurch in ihrem So-sein mit. Da es für uns nicht möglich ist, die der Identität eigentlich gemäße Beschaffenheit offen zu legen, will uns über die analoge Wirkweise der Differenz ein Einblick in sie gewährt werden. Im Sich-zeigen ihrer analogen Wirkweise zur Identität erhalten wir vermittels dieses Erfahrens den Schlüssel, der uns einen Zutritt zu ihr eröffnet.

Zu 3): mit dem Erwachen der Identität zu der bisher in ihr schlummernden Lebens-Kraft pendelt sich das Bewusstsein in *das Sich-selbst-umfassende,* nämlich in die Gegenwart ohne Objekt, ein. Der freigewordene *Lebens-Wille* fügt sich nun zwischen die Differenz und die von ihr kreierte Objektwelt und trifft demzufolge den Eigen-Willen. Nun erfahren wir, dass wir uns selbst nicht mehr Objekt – die Ursache aller Objekte – sein können. Ist das nicht ein tiefes Zeichen dafür, wahrhaft Mensch zu werden: die Differenz muss in ihrem Widerstreit gegen das Leben – im Sich-überheben über die Identität – enthüllt werden, um unweigerlich ihr Verwiesen-sein auf die Identität zu erkennen und anzunehmen. Ohne Achtsamkeit lauert hier doch eine Falle, wenn wir naiv glauben, dass damit alles, was uns zuvor in Mühsal band, gewonnen sei. Die Vorstellung – aufgrund unseres Uneins-seins mit uns selbst –, das in Konflikt und Irrtum vollzogene Dasein sei nun über alle Hürden hinweg davon befreit, enthielte bereits die negative Kehre in sich: das Zurück zum davor Entkommenen. Weshalb? Weil das aus der Identität wachgerufene Erkennen der Ausreifung bedarf, außerdem niemals als ein Besitz zu betrachten ist, erfahren wir über längere Zeiträume verschiedenartig ein sich entgegen gesetztes Gestimmt-sein. Getestet und versucht im Wechsel von Freude, Glück, Erfüllt-sein zu Verlassen-sein, ausgesetzt den Widrigkeiten der Welt, gedemütigt und allem zuvor uns erfüllend Wahrgenommenen beraubt, ist dies das Bewusst-werden der sich weitenden Lebens-Dimension, da das ursprünglich Verursachende unseres Daseins – die kosmische Dimension überschreitend – nun ansteht, eingeholt zu werden. Eigentlich geht es hierbei darum, unser Angenommen-sein existentiell wahrzunehmen. Nur so können wir unser Verwiesen-sein, dass wir – allein aus uns selbst – absolut nichts sind noch sein können, vollgültig bejahen: der Grund, weshalb wir unausweichlich der uns durchlichtenden Quelle des Glaubens bedürfen. Sie kann, ja muss das zuvor beschriebene Prozess-Feld läutern und uns von den Fesseln des Zweifels befreien.

Anm. b: das Initiiert-werden des von uns Nicht-zu-fassenden

Eine Initiation tangiert immer das Ganze unseres Daseins. Allerdings will das von uns Nicht-zu-fassende auf dem Weg dessen, was wir fassen können, uns zugänglich werden. Es gibt Erfahrungs-Augenblicke, in denen uns die Gegenwart des Schöpfers durch die Schöpfung berührt: dieser Akt des Initiierens korrespondiert mit den inneren Sinnen; die äußeren Sinne, überhaupt das instrumentelle Bewusstsein, sind miteinbezogen. *In diesem Moment ist das objekt-bezogene Bewusstsein inaktiv*, denn seine Objekte – verursacht aus dem Identitäts-Mangel – sind ihm entzogen. Mit dem Initiiert-werden nehmen wir zum ersten Mal den Widerspruch in uns deutlich wahr. Durch die hier gestiftete innere Unruhe wird das Verlangen geweckt, dem erfahrenen Elend zu entkommen. Das ist der Einstieg in den Shugyō-Weg, der nun durch das reinigende Feuer zu gehen ist: je mehr das Erkennen den eigenen Widersinn durchdringt, desto klarer verliert sich für uns die Einflussnahme der Objekte. Je deutlicher das ungelöst schuldhafte Vernetzt-sein erkannt wird, desto unverkennbarer kommt die Notwendigkeit dessen, was *durch die Erlösung* uns zukommen soll, in Sicht: Vergebung gewähren und annehmen, letztlich Aussöhnung mit allem.

Hier öffnet sich uns ein zweifacher Zugang zum Initiiert-werden der Identität: sowohl die Erscheinung in Verbindung mit der sie formenden Kraft als auch das allem Zugrunde-liegende, das *Leben-Selbst*, bewirken das die

Initiation stiftende Moment. Die Identität, die dem Phänomenalen enthoben ist, kommuniziert – im Hinblick auf ihr Erwachen – mit der phänomenalen Erscheinung. Unterscheiden wir klar zwischen der Erscheinung als solcher und der das Sichtbare verursachenden Kraft, so stellt sich uns die Frage: wie lässt sich hierzu die Identität zuordnen? Die Identität ist hinsichtlich ihrer Eigenheit von der Lebens-Kraft der Geschöpfe zu unterscheiden, denn sie – und nur sie – kann sich selbst und so ihres Verwiesen-seins auf das *Leben-Selbst* einsichtig werden. Ist der zu sich selbst erwachten Identität eigen, ihr Verwiesen-sein zu ignorieren? Wenn nein, warum kann dann ihr Initiiert-sein in ein das Leben fesselndes Bestreben umschlagen, anstelle dass es sich auf das Leben hin öffnet!

Die Frage, die sich uns hier stellt, ist: inwiefern kann sich die erwachte Identität intentional gegen sich selbst kehren? Die Eventualität ihres Sich-selbst-ignorierens hat im *Sündenfall* ihre Ursache, wodurch das ursprüngliche Licht in ihr nicht mehr vollgültig gegenwärtig ist. Ein weiterer Aspekt hierzu eröffnet sich uns, indem wir das Zugeordnet-sein der Differenz zur Identität ins Blickfeld nehmen. Aufgrund der hierarchischen Rangfolge zur Differenz ist die Identität trotz ihrer raum-zeit-freien Dimension doch nicht frei. Mit anderen Worten, sie steht in der Pflicht, sich mit der raum-zeit-gebundenen Differenz – mit der materie-gebundenen Welt – nicht nur stets in Verbindung zu treten, sondern alles soll letztlich teilhaftig werden der anfänglich der Identität gegebenen Fülle. Eben das, was alles zusammenfügt, ist durch den ursündlichen Virus, der die Einheit stört und das Misstrauen stiftet, getroffen. Das beide Seelen-Teile – den oberen und den niederen – Verbindende, welches durch eine Störung getroffen wird, ist das eigentliche Feld für das Einwirken der Sakramente, die hier ansetzen und den Heilungs-Prozess initiieren. Außerdem will uns das beschriebene kommunikative Feld zwischen den beiden Seelenteilen auch einen Zugang für unser Mensch-sein erschließen, um die eigentliche Kommunikations-Dimension, die vom Raum-Zeit-Gebunden, über das Raum-Zeit-Freie bereits bis ins Unendliche reicht, einzuholen: ein Kontinuum, dessen wir uns zwar bewusst werden müssen, aber die damit gegebene Komplexität ist von uns letztlich nicht auslotbar.

Nachschrift

Die drei Grund-Pfeiler der *ZJC-rsl* sind:

1) *Zen-Jou, Shugyō – Übung und Verzicht* – zielt auf das Bewusst-werden der eigenen Vergänglichkeit:

2) *Lebens-Praxis*, das In-der-Welt-sein existentiell zu durchleiden;

3) *Eucharistie*, dem *Leben-Selbst* zu begegnen

Strebt *Zen-Jou* in Verbindung mit der *Lebens-Praxis* nach der rechten inneren Haltung, um in Ehrfurcht dem *Leben-Selbst* zu begegnen, so geht es hier auf allen drei Ebenen darum, dem Ich-Gefängnis zu entkommen. Das Tor im Wasser – im Hinblick auf das andere Ufer – will uns hierzu den Weg weisen:

Zu 1) Jesus macht mit seinen Jüngern *Shugyō* auf der elementaren Erfahrungs-Ebene. *Verzicht*: den Annehmlichkeiten aller Art entsagen, indem sie den in sich bergenden Widerspruch erkennen und sich damit nicht mehr identifizieren. *Übung*: auf ihrem Weg mit Ihm sich bewusst den herausfordernden Umständen wie dem äußeren und inneren Wetterwechsel, ihrem endlos scheinenden Auf-dem-Weg-sein und dem Ungesichert-sein des täglichen Lebens sich aussetzten. Dies entspricht durchaus unserem Sitzen!

Zu 2) *Lebens-Praxis* der Jünger ist der Umgang mit den Menschen. Sie müssen die Not, die Sorge und die Bedrängnisse der Menschen sehen und damit umgehen lernen, indem sie Jesu Heilen, Schlichten und Aufdecken des Wahren als auch des Unwahren erfahren. Das Elend der Welt kann ihnen nicht mehr gleichgültig sein, sondern sie wissen sich dessen mitverantwortlich und versuchen dadurch, dass sie die Ursache des Unheils erkennen, mitzuleiden. Genauso soll unsere Lebens-Praxis sein: auch wir müssen aus der Gleichgültigkeit heraus zum Mit-leiden erwachen.

Zu 3) Dem *Unwiderlegbaren* zu begegnen muss bereitet werden: *Shugyō* und die *Lebens-Praxis* zielen darauf hin. Unwiderlegbar ist, wie wir geworden sind, absolut unwiderlegbar ist, dass alles aus dem Urheber des Lebens atmet. Von Ihm – in allem, was wir sind und haben – durchdrungen zu werden, ist die uns allen offerierte Einladung.

Zen-Jou ist von der Tradition her ein Mönchs-Weg:

die Frage ist, wie können wir diesen Weg – sein authentisches Verständnis – heute mit Laien praktiziert einholen, ohne dass das damit fundamental und solid Verstandene geschmälert wird?

- die *Sitz-Übung*: dem notwendig Einzuholenden ist unter keinen Umständen auszuweichen;
- die *Lebens-Praxis*: in den durchzustehenden Beschwernissen den damit gegebenen Prozess des Reifens erkennen und annehmen;
- die *Eucharistie*: das Alles-umfassend-integrierende auf unserem Shugyō-Weg.

Unterwegs – wohin?

Das Tor zum hier dargelegten Erfahrungs-Weg hat sich – längst gesucht – im ersten Augenblick der Begegnung mit P. Enomiya Lassalle aufgetan. Achtzehn Jahre des Auf-dem-Weg-seins mit ihm ließ das von Anfang an als authentisch Erfahrene in der Entschiedenheit zum Weg reifen. Jedoch, das Wohin blieb und bleibt stets gegenwärtig! Geht es nicht darum, zur Wurzel des Weges – dem eigentlich Gesuchten – durchzustoßen? Den Grundstein hat P. Lassalle gelegt, das Weiter liegt in den Händen all derer, die – aus verschiedenen Traditionen und Weg-Verständnissen – auf dem Weg sind, das gesuchte Juwel einzuholen und weiterzugeben.

Den Begegnungen mit Zen-Meistern in Japan, Korea, China und Taiwan folgen vielfach gemeinsame Übungs-Perioden mit den Mönchen. An dieser Stelle sollen vor allem diejenigen Tempel genannt werden, mit deren verantwortlichen Meistern – unter ihrer Unterweisung – längerfristig der Weg praktiziert wurde.

An erster Stelle ist Tenryūji in Kyōto zu nennen. Dreizehn Jahre nahm ich unter der Leitung von Hirata Rōshi in diesem Tempel an den Sesshins teil. Ihm und seinen Mönchen verdanke ich viel, ging es doch darum, *die Nuss-Schale zu zertrümmern.*

In Mampukuji, Ōbaku, unter der Leitung von Sengoku Rōshi, kam das chinesische Element – korrespondierend mit den Erfahrungen in China und Taiwan – in den Sutras, im Zendō und auch im Miteinander zum Tragen. Durch die Verbundenheit über viele Jahre mit Sengoku Rōshi erschlossen sich auch wichtige Texte, die uns den Zen-Weg von verschiedenen Traditionen offen legten, um Verengungen im Verständnis des Weges aufzubrechen.

In Kora, Paeg Yang Sa, unter der Leitung von Seo Ong Sinim, war die Erfahrung des koreanisch geprägten Zen-Weges das Praktizieren des Weges, die eine weitere Verständnis-Dimension erschloss. In der ursprünglich indischen Tradition ist das Jahr in vier Übungs-Periode eingeteilt, in zwei je dreimonatige Sesshin- und in zwei je dreimonatige Wander-Perioden – von Tempel zu Tempel; diese Weg-Praxis ist bis heute in Korea lebendig. Der eigenen Art der Wegweisung von Seo Ong Sinim fühle ich mich aufrichtig verbunden.

Neben den drei genannten exemplarischen Tempel-Erfahrungen gibt es noch viele Begegnungen – auch verbunden mit Sesshins – mit Meistern und Mönchen, wodurch die Vielfalt der Schulbildungen deutlich wurde: eine Mannigfaltigkeit geeint im Grundverständnis, der Finsternis des Bewusstseins – *Mumyō* – auf die Spur zu kommen, auf dass es sich lichte. Das Einholen des Weges ist von Anfang an verwiesen auf das Miteinander: das sich öffnende und weitende Darüber-hinaus in das je Größere, das uns trägt und erhält. In allen Begegnungen mit Meistern und Mönchen in Ostasien war eine große Offenheit im Mit-teilen des ihnen anvertrauten Weg-Verständnisses zu erfahren.

Letztlich geht es im Durchschreiten der uns gegebenen Lebens-Zeit darum, dass sich unser Bewusstsein weitet auf das Unendliche hin. Versuchen wir den Shugyō-Weg plakativ zu beschreiben, dann sind es drei zu durchschreitende Dimensionen: die mikro-kosmische Dimension seiner selbst zu erkennen; der makro-kosmischen Dimension – der Vernetzung der Bedingungen unseres Lebens – bewusst zu werden; die Erfahrung unseres mikro-makro-kosmischen Verwiesen-seins erschließt uns die eigentliche Dimension unseres Verwiesenseins auf das *Leben-Selbst*.

Die Vermittlung des Weges kann dank suchender Menschen – bereit, sich über die Jahre darauf einzulassen – gelingen. Der Aufruf zum Erwachen umfasst unsere in Gemeinschaft vollzogene Zen-Übung, das Tat-werden der Übung im Alltag und den Gottesdienst. In diesem Dreiklang ist der Weg vermittelt, auf dem alles integriert und letztlich im Gottesdienst aufgehoben werden muss. Hier wird uns neu bewusst, dass die aus dem Osten eingeholten Übungs-Wege unserer christlichen Tradition – unserem Kulturträger – nicht widersprechen, sondern vielmehr durch ihre Integration in der gegenwärtigen Herausforderung für die Gesundung des religiösen Bewusstseins notwendig sind. Der Zukunft sei es überantwortet! *Erprobt und bewährt* wird das aus dem Osten im Westen Vermittelte dorthin zurückwirken.

Endnoten

1 Kern-$_F$: Identität und Differenz

1 Ps 85,12f; → Jes 45,8
2 Josef Quint: Meister Eckehart, Deutsche Predigten und Traktate, Diogenes, 1963, S. 203 (→ Juliana von Norwich, Offenbarungen von göttlicher Liebe, Johannes Verlag, Einsiedeln-Trier, 1988, S. 87f)
3 Ebd. S. 203
4 Ebd. S. 203
5 → 1 Kor 3,16f
6 2 Tim 2,13
7 → Johannes Tauler, Predigt Band 1, 1987, S. 167
8 Juliana von Norwich, Offenbarungen von göttlicher Liebe, Johannes Verlag, Einsiedeln-Trier, 1988, S. 37
9 ebd S. 71f
10 → Joh 15,1ff
11 → Lk 23,40-43
12 Offb 3,20
13 → Röm 7,15ff
14 Tauler, Bd. 1, S. 264
15 → Mt 13,24-30
16 → Mt 13,27ff
17 → Lk 12,56
18 → Mt 12,33
19 Ps 18,26-27
20 → Gal 5,1; 13-18
21 → Joh 3,1-13
22 → Joh 3,14-21
23 → Gal 6,8

2 Unwissen

24 Joh 1,1f; übersetzt von Otto Karrer
25 → 1 Joh 1,5
26 → Joh 3,1ff; Jak 3,13-18
27 Joh 1,1-5
28 → Buddaha no Kotoba (Sttanipāta), Übers. von Nakamura Hajime, Iwanami 1992, Sutt 622
29 → ebd 1026
30 → ebd 1033
31 Pfarrer von Ars in: Christian Feldmann, Gottes sanfte Rebellen, Freiburg i. Br. 1984, S. 289

32 ebd, S. 291
33 Ps 51,7
34 Ps 51,6a
35 → Mt 13,24-30
36 Romano Guardini, Glaubenserkenntnis, Versuche zur Unterscheidung und Vertiefung, Werkbund Verlag, Würzburg 1949
37 Joh 1,11
38 → Ps 107
39 Ps 112,4
40 → Jes 63,10: Ps 51,13
41 → Mt 13,24ff

8 Entscheiden: Wegscheide zum Leben

42 Ps 90,8
43 Ps 86,11
44 Ps 19,13
45 → Apg 9,1ff
46 Ps 36,10
47 Jes 6,1ff
48 → Mt 13,10ff; Joh 12,37ff
49 Lk4,18-19
50 → Offb 3,15-18
51 Lk 17,10; → Mt 6,3f
52 Lk 20,38
53 Mt 6,24

Appendix

54 Sir 15,14-17
55 Jes 25,1
56 Tamaki Kōshirō, Dōgen, Bd. 1, Shunjūsha Verlag, Tokyo 1996, S. 370f
57 → Josef Quint: Meister Eckehard, Deutsche Predigten und Traktate, Diogenes, 1963, Pred. 19
58 Tamaki, ebd S. 295
59 Mt 5,37

10 Dispositionen: das gefärbte Herz

60 Mt 21,13
61 → Lk 12,16-21; 2 Petr 3,14ff
62 → Eckehart Pred. 1; → Tauler Band 2, Pred. 69
63 → Tauler Pred. Band 1, Pred. 28, S. 196f

64 → Röm 1,18ff
65 → Jak 4,1ff
66 → Ps 139,23f
67 Tamaki, Dōgen, Bd. 1, S. 387f
68 → Gal 5,13-26
69 → 1 Joh 2,15-17
70 → Klgl 2,14
71 → Mk 3,5
72 → Joh 15,11
73 → Job 14,27
74 Ps 85,12
75 → Phil 2,13
76 Edith Stein, Endliches und ewiges Sein. Nauwelaerts Louvain/Herder, Freiburg, 1986, S. 409
77 → Mt 12,30
78 → Röm 7,14ff
79 → 1 Kor 3,16-17
80 Jud 20
81 Mt 21,13

15 *Leben-Selbst:* das Leben-Schenkende und -Erhaltende

82 Röm 11,33-36; → Apg 17,28
83 → Gen 3,1ff
84 Ez 47,1.8.9.12
85 → Offb 22,1f
86 → Lk 1,78f
87 → Mal 3,1ff; Mt 3,11f
88 → Ps 148,4
89 Ps 63,2; → Ps 42,2f
90 Röm 1,20; → Weish 13,1-9
91 → 1 Kor 13,12
92 Sir 17,3
93 Koh 3,11
94 Jes 49,8-10
95 Joh 4,10
96 → Joh 15,1-8
97 → Joh 12,24
98 1 Kor 2,14
99 1 Kor 1,21
100 → Röm 8,19ff
101 Phil 2,5-11
102 → 1 Joh 3,16
103 Mk 8,35

104 → Ps 36,10
105 Joh 7,37f; → Tauler Pred 11
106 → Mt 23,1ff
107 → Lk 17,5f
108 Jer 2,13

22 Spiegel-$_F$: Spiegelung des Lebens und des Todes

109 Ps 17,15
110 Mal 3,20
111 Theresia von Lisieux, Allein die Liebe, Herder, S. 292
112 → Mt 7,13f
113 → Röm 1,18ff
114 → Gen 3,1ff
115 → Gen 3,8-10
116 → Kol 1,16
117 → Kol 2,3
118 1 Kor 13,12
119 Bonhoeffer Brevier, hg. Otto Dudzus, Chr. Kaiser, Gütersloher Verlagshaus 1998, S. 460f
120 Tamaki Kōshirō, Dōgen Bd. 1, Shinjūsha, Tokyo 1996, S. 41f
121 → 1 Kor 3,11
122 Joh 14,6
123 → Lk 12,49-53
124 Weish 11,20-12,1
125 Bonhoeffer, S. 147
126 Bonhoeffer, S. 147-148
127 → Joh 8,30-47
128 Tamaki, Dōgen Bd. 2, S. 434
129 Lk 17,33
130 Lk 19,8-10
131 Tamaki, Dōgen Bd. 1, S. 6
132 Lk 11,39
133 Lk 11,40-41
134 Tob 4,10f

24 Shugyō: Der Weg der Läuterung

135 Lk 13,24; → Mt 7,13f
136 Tamaki, Das im Ursprung des Buddhismus Beruhende, Kōdansha, 1986, S. 210f
137 Koh 12,1; 6-7
138 → Eckehard, Pred. 13
139 Tamaki, ebd. S. 306

140 → Apg 7,51-60
141 → Lk 9,46ff
142 Tamaki, Dōgen Bd. 1, S. 34ff
143 Tamaki, Das im Ursprung des ost-westlichen Gedankengutes Beruhende, Kōdansha, 1986, S. 149
144 ebd. S. 212
145 Bonhoeffer, S. 328
146 Lk 14,33
147 → Joh 1,5 (Finsternis)
148 → Mt 10,39
149 → Joh 15,1-8
150 Lk 12,35
151 → Joh 2,25
152 → Joh 3,19b
153 Bonhoeffer, S. 307
154 → 2 Petr 2,20f
155 Tamaki, Das im Ursprung des Buddhismus Beruhende, S. 4f
156 → Weish 1,12-14
157 Tamaki, ebd. S. 220
158 Suttanipāta 1094
159 → Joh 12,24
160 → Mt 8,22
161 Hebr 4,12f
162 → Lk 12,48b
163 Suttanipāta 1123

Das Tor im Wasser

164 Dnt 30,11-14
165 → Hebr 11,8
166 Mk 4,35-41
167 Mk 8,35
168 → Joh 14,6
169 → Weish 13,1-9
170 → Joh 20,28
171 → Kol 1,15-17
172 1 Joh 4,18
173 → Lk 8,5-8
174 Joh 20,29b
175 Kol 1,16b-17
176 → Lk 24,35ff
177 → Joh 6,1-15
178 → Joh 6,16-21
179 → Mk 7,24-30